사도의 창조론

주님은 우리를 주님처럼 만드시려고
우리처럼 되셨습니다
- 이레니우스 -

지은이 문 경 규
펴 낸 곳 복음문고
초판1쇄 2007년 4월 5일
주   소 서울 중구 을지로3가 260-9
전   화 02)2269-7673
          Fax.730-7674
출판등록 제300-1988-125호
I S B N   978-89-88759-23-3
총   판 선교횃불 : 02) 2203-2739
값 10,000원

샤론의 창조론

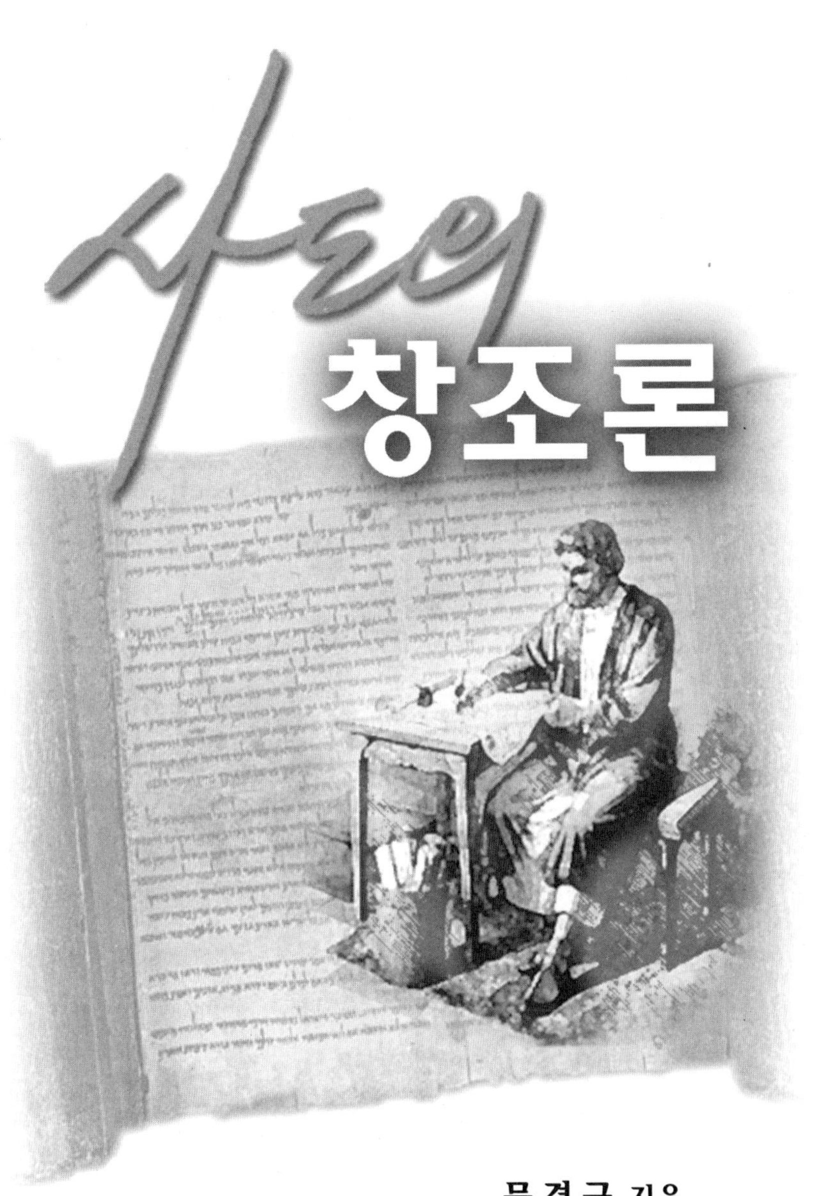

문경규 지음

목 차

책 머리에	9
제1장 초기 기독교의 3대 창조론	11
1. 터툴리안의 '완결 창조론'	13
2. 오리겐의 '이원적 창조론'	15
3. 이레니우스의 '통시적 창조론'	18
1) 이레니우스 소개	18
2) 요한, 폴리갑, 이레니우스	20
3) 이레니우스의 통시적 창조론	21
4) 이레니우스와 터툴리안의 비교	24
제2장 창조의 목적	28
1. 하나님의 창조	29
1) 창조는 하나님의 신(神)적 사역이다	29
2) 하나님의 창조 과정	32
2. 인간의 창조 행위	33
3. 하나님의 인간 창조 컨셉(Concept)	35
1) 디자인과 컨셉(Concept)	35
2) 하나님의 인간 디자인 컨셉	36
4. 창조의 컨셉과 비밀	38
1) 형상에 대한 여러 견해들	38
2) 하나님의 형상은 그리스도이다	40
3) 하나님의 형상의 미래성	43
4) 필자의 경험	48

5. 그리스도를 위한 창조의 비밀　51
　1) 창조의 비밀계획　52
　2) 인간의 비밀　54
　3) 교회의 목적　57
　4) 형상과 영광　59

제3장　창조와 자연　64
1. 자연창조의 모형성　65
　1) 태초의 아담은 그리스도의 모형이다　65
　2) 아담과 하와는 그리스도와 교회의 모형이다　67
　3) 아담의 복은 성도가 받는 복의 모형이다　69
　4) 문화명령은 대명령의 모형이다　70
　5) 행위언약은 은혜언약의 모형이다　72
　6) 하늘과 땅은 새 하늘과 새 땅의 모형이다　75
　7) 태초의 안식은 영원한 안식의 모형이다　76
2. 미완결의 창조　77
　1) 자연의 임시성　77
　2) 자연의 제한성　79
　3) 창조자연의 미완결성　81
3. 창조의 이중 과정　83

제4장　창조와 안식　89
1. 창조와 안식과 거룩　90
　1) 거룩은 완성을 의미한다　90
　2) 태초의 안식은 영원한 안식의 모형이다　92
2. 안식일 규례와 거룩　95
　1) 이스라엘에게 왜 안식일을 주셨는가　95
　2) 이스라엘을 어떻게 거룩하게 하시는가　96

　　　3) 이스라엘을 왜 거룩하게 하시는가　　　100

　3. 히브리서와 안식　　　101

　　　1) 구약의 세가지 안식　　　101

　　　2) 삼위 하나님의 안식　　　103

제5장　창조와 구원　　　110

　1. 창조와 구원의 목적은 같다　　　111

　2. 창조의 목적은 구원을 통해 완성된다　　　113

　3. 첫째 창조와 둘째 창조　　　114

　4. 첫 창조와 안식은 둘째 창조와 안식의 모형이다　　　115

　5. 믿음은 창조의 법이다　　　116

　6. 창조와 구원의 관계　　　119

　7. 성경의 창조의 책이다　　　125

제6장　창조의 이원성　　　128

　1. 자연의 이원성　　　129

　2. 육과 영의 이원성　　　129

　3. 적대적 이원성　　　131

　4. 이원성의 치유와 통합　　　131

제7장　창조의 분열과 수호　　　134

　1. 영지주의의 이원론　　　135

　2. 1세기의 영지주의자 케린투스　　　138

　3. 영지주의의 수장 마르시온　　　140

　4. 사도요한의 총체적 계시　　　148

　　　1) 요한과 소아시아 신학　　　150

　　　2) 사도요한의 소명　　　152

　　　3) 사도요한의 총체적 진리　　　154

　　　4) 정통 진리의 확립　　　164

제8장   어거스틴에 의한 창조의 분열 — 167

  1. 창조 변증 — 168

  2. 천사 창조론 — 172

  3. 창조론의 축소 — 176

  4. 구원론의 축소 — 178

  5. 믿음론의 축소 — 181

  6. 믿음과 행위의 분열 — 184

  7. 축소된 믿음의 승리 — 192

  8. 축소된 믿음과 예정론 — 196

  9. 예정론에 의한 복음의 분열 — 206

  10. 누가 정통인가 — 226

제9장   '믿음만의 구원'의 3대 보루 — 228

  1. 강도의 구원 문제 — 229

  2. 공력의 비유 — 236

  3. 포도원 품꾼의 비유 — 247

사도의 구원론 — 256

책 머리에

오늘날의 성도들에게 한 가지 놀라운 사실이 있다. 그것은 우리가 지난 1800여년 동안 초대교회가 가르쳤던 '사도의 창조론' 즉 이레니우스(Irenaeus, 130-202)의 창조론을 잃고 있었다는 사실이다. 이레니우스는 '정통 진리의 수호자'로 칭송될 만큼 그의 가르침은 성경적이요 사도적인 것으로 유명하다. 그러나 어찌된 일인지 오늘날의 교회는 그의 창조론을 가르치거나 계승하지 않는다. 그가 증거했던 '사도의 창조론'은 과거의 문서를 통해서나 겨우 볼 수 있을 뿐이다.

이레니우스는 사도 요한과 폴리갑의 가르침을 계승하여 기독교 신앙을 수호하며 2세기 신학을 대표하는 교부였다. 또한 이단들에 대항하여 성경과 사도의 신앙을 요약·정리하고 그것을 증거하는 일에 평생을 바친 신학자요 목회자였다. 그래서 그의 진리가 사도적이며 정통교회의 진리라는 것에 대하여 이의를 제기하는 자가 없다. 하지만 역사 가운데 교회는 그의 진리를 인정하면서 그 내용은 가르치지 않는 이중성을 견지해 왔다. 그럼으로써 그가 가르쳤던 진리의 많은 부분들이 잊혀지고 유실되었는데 그 중 대표적인 것이 '사도의 창조론'이라 할 것이다.

오늘날 우리가 알고 배우고 있는 창조론은 이레니우스의 창조론이 아니라 터툴리안(Tertullian, 160-225)의 창조론이다. 애석하게도 교회는 이레니우스의 '사도의 창조론'을 외면하는 대신에 터툴리안의 창조론을 교회 창조론의 규범으로 삼았다. 하지만 터툴리안의 창조론의 내용은 이레니우스가 증거한 창조론의 10%에도 미치지 못한다. 터툴리안의 창조론은 단지 창세기에 나타난 기초적인 창조 사실만을 증거할 뿐, 요한계시록까지 이어지는 성경 전체의 창조론을 증거하지 못한다. 뿐만아니라 터툴리안은 그 자신이 진리에 견고하지 못하여 말년에 몬타누스라는 이단에 빠지기도 하였다.

본서는 지난 1800년간 교회가 잃어버렸던 이레니우스의 창조론을 조명하고 새롭게 회복하기 위한 책이다. 독자들은 본서를 통하여 지금까지 침묵과 어둠에 덮여 있어 볼 수 없던 창조의 진리들을 발견할 것이며 진정으로 성경이 밝히는 창조의 핵심과 비밀들을 깨달을 것으로 믿는다. 이 진리들을 허락하신 주님께 모든 영광을 돌리며...

2007년 봄에 문경규

제1장

초기 기독교의 3대 창조론

초기 기독교 시대 교회 안에는 크게 세 가지의 창조론이 있었다. 서방신학의 터툴리안이 주장한 '완결 창조론'이 있었고, 동방신학의 오리겐이 주장한 '이원적 창조론' 그리고 소아시아신학의 이레니우스가 증거한 '통시적 창조론'이 있었다. 도대체 각각의 창조론이 갖는 내용은 무엇이며, 과연 어느 창조론이 성경의 창조론이라 할 것인가!

AD 2-3세기는 기독교 신학이 체계화, 조직화되는 중대한 시기였다. 이 때 기독교의 신학적 흐름은 크게 세 갈래로 나타나기 시작하였다.[1] 가장 먼저 나타난 흐름은 2세기를 대표하는 교부였던 이레니우스(Irenaeus)에 의한 소아시아 신학이다. 소아시아는 계시록에 기록된 일곱교회가 있었던 곳으로 사도적 정통성이 강한 지역이다. 이 곳 소아시아 신학을 대표하는 이레니우스는 기독교 최초로 조직신학을 기술하며 '정통진리의 수호자'로 불리울만큼 사도적 진리를 충실하게 증거했던 교부였다.

두 번째 신학적 흐름은 카르타고의 터툴리안(Tertullian)에 의해 시작되었다. 터툴리안은 라틴어로 신학을 기술한 최초의 인물이며 서방신학의 중요한 기초들을 놓았고 서방신학의 아버지라 불리운다. 터툴리안에 의해 시작된 서방신학은 키프리안(Cyprianus)을 거쳐 어거스틴에게 이르러 완성되었다. 어거스틴에 의해 체계화된 서방신학은 기독교 신학을 집대성한 것으로 인정받고 있다.

세 번째 신학적 흐름은 알렉산드리아의 오리겐(Origen)에 의해 시작되었다. 알렉산드리아는 세계 최대의 도서관이 있을 정도로 당시의 학문적, 철학적 교류의 중심지였다. 알렉산드리아 태생의 오리겐은 그의 탁월한 능력과 학문적 업적, 경건한 행실 등으로 높은 평판과 명성을 얻은 인물이다. 오리겐은 당시의 철학과 기독교 신학의 일치를 이루는 일에 많은 노력을 기울였으며 그의 학문적 노력으로 동방신학이 시작되었다.

이 세 가지 신학적 흐름은 그 지역과 인물이 다른 만큼 신학의 내용도 상이하다. 당연히 창조론의 내용도 각각 다르게 나타난다. 터툴리안은 6일의 과정으로 하나님의 창조가 종결되었다는 '완결 창

---

1) 후스토L. 곤잘레스. 〈기독교사상사〉. 이후정 역. 컨콜디아사. 1995. p197이하. 여기 정리한 세 가지 창조론은 이 책을 참조로 정리한 것이다.

 사도의 창조론

조론'을 주장하였고, 오리겐은 하나님의 창조를 영과 육의 두 개의 차원으로 분리하여 '이원적 창조론'을 주장하였다. 그리고 이레니우스는 창조와 종말을 전체적으로 보는 '통시적 창조론'을 제시하였다. 이제 각각의 창조론을 살펴 보면서 과연 어느 것이 사도적인 정통성을 가진 창조론인가 알아 보자.

1. 터툴리안의 '완결창조론'

세 가지 창조론 중에 가장 먼저 살펴볼 것은 터툴리안 (Tertullian, 155-220)의 창조론이다. 터툴리안은 북아프리카 카르타고 태생의 법률가이자 신학자였다. 그의 부친은 로마의 장교였으며 이교도의 가정에서 태어난 터툴리안은 40세 즈음에 기독교로 개종하였다. 터툴리안은 학문성이 뛰어나고 강한 의지와 근면한 정신을 가진 사람이었지만 성격은 거칠고 괴팍하였다고 한다.[2] 그는 진실하고 정의로운 것에 대하여는 목숨까지 바칠 정도로 단호하였으나 사실을 왜곡하거나 과장하는 경우도 많았다. 하지만 그는 탁월한 논리적 사고를 가지고 기독교를 변증하는데 뛰어난 업적을 이루었다. 터툴리안은 기독교 신앙을 법률적으로 변호하면서 삼위일체론, 원죄론 등에서 서방신학의 중대한 기초를 놓았으며 라틴어로 신학을 기록한 최초의 인물로서 '서방신학의 아버지'라 칭송을 받았다.

터툴리안의 창조론은 오늘날 우리가 알고 있는 창조론의 내용과 일치한다. 터툴리안은 존재하는 모든 것이 하나님에 의해 창조되었

---

2) 필립샤프. 〈교회사전집2〉. 이길상 역. 크리스천다이제스트. 2005. p707.

고 육조차도 하나님의 피조물이며, "이 세계는 삼위 하나님을 통해 무(舞)로부터 창조되었다"고 말하였다. 그에게 태초의 모든 것은 어떤 문제도 없이 선하고 완전한 것이었다. 하나님이 창조하신 태초의 상태는 완전한 질서의 상태였으며 지극히 아름다운 것이었고 그것이 창조의 목적이었다.

법률가였던 터툴리안은 하나님을 우주 최고의 법 제정자로 이해하였다. 법적인 관점에서 볼 때 태초의 창조는 아무 문제가 없는 완전무결한 선의 상태였다. 그런데 인간이 문제를 일으켜 죄라는 채무를 지게 되었고 그에 상응하는 대가를 치러야 하는 처지에 놓였다. 하지만 인간은 그 무엇으로도 하나님께 대가를 치를 수 없으며 채무를 지불할 수 없었다. 그리스도의 구원은 이러한 인간의 채무를 대신 갚아주기 위한 것이었다. 그리스도의 피는 아담의 채무 때문에 흘린 것이었으며 그의 죽음의 피로써 인간의 채무는 탕감될 수 있었고 그리하여 인간과 하나님과의 관계는 창조 이전의 상태로 회복할 수 있게 되었다.

이처럼 터툴리안은 최초의 창조 상태를 완전하게 끝마쳐진 종결 상태로 전제하고 난 후 타락과 구원의 관계를 설명하고 있다. 그에게 있어 태초의 창조는 더 이상 바라거나 이루어야 할 것이 없는 완결된 상태였는데 단지 아담의 타락 때문에 문제가 발생한 것이었다. 이같이 태초의 창조를 완결된 것으로 이해하는 관점을 '완결창조론'이라 한다. 완결창조론은 "하나님이 무로부터 천지를 창조하셨고 창조는 더 이상의 과정이 필요없이 완결된 상태였다"는 주장으로써 창세기 1-2장의 창조기록을 문자적으로 확증하는 창조론이다.

터툴리안이 주장한 '완결창조론'은 키프리안을 통해 어거스틴에게 계승되었다. 그리고 어거스틴을 통해 교회 창조론의 규범으로 확고한 자리를 잡게 되었고 오늘에까지 이르고 있다. '완결창조론'은 그 자체가 창세기의 창조기사를 강조한 것이기에 논쟁의 여지가 없었고 모든 교회가 수용할만한 것으로 받아 들여졌다. 더구나 어거스틴이 터툴리안의 신학을 계승하여 기독교 신학을 집대성함으로써 '완결창조론'은 어거스틴 이후 오늘날까지 교회 창조론의 표준으로 자리잡고 있다.

2. 오리겐의 '이원적창조론'

오리겐(Origen, 185-254)은 185년경 알렉산드리아에서 태어나 기독교인이었던 부모로부터 성서교육을 받았다. 오리겐은 신앙과 학문에 탁월한 재능을 보여 18세에 이미 세례입문학교 교장으로 임명되어 기독교 신앙을 가르치는 일을 시작하였으며[3] 다량의 저술과 신앙적 모범을 통해 당대에 명성을 떨쳤다. 오리겐의 학교에는 많은 학생들이 있었으나 학생들이 주는 선물을 일체 받지 않았고 오직 겉옷 한 벌과 신발 한 컬레외에는 재물을 소유하지 않았고 맨바닥에서 잠을 자며 심지어 음란에 빠지지 않도록 거세까지 하였다.[4] 오리겐은 당시 세계 최고의 철학적, 지적 사조들이 집결하는 중심지인 알렉산드리아를 대표하는 신학자답게 기독교 신앙을 헬라철학과 일치시키려고 노력하였다. 그는 성서의 하나님을 헬라철학이 말하는 지고의 신, 일자(一者)로 이해하였으며, 말씀이신 그리스도를 영원하신 일자와 다양한 세계 사이의 중간 매개자인 지혜

---

3) 필립샤프. 〈교회사전집2〉. 이길상 역. 크리스천다이제스트. 2005. p676.
4) 앞의 책. p680

(nous)로 설명하려 하였다.[5] 그는 성경을 광범위하게 해석하여 기독교의 체계를 확립하려 하였으나 또한 성경에 근거가 없는 사사로운 견해들을 주장하기도 하였다.

창조론에 있어서 오리겐은 하나님의 창조를 두 개의 영역으로 구분한다. 이런 해석은 창세기에 나타난 인간 창조의 과정을 근거로 한 것이다. 창1장에는 인간이 하나님의 형상을 따라 창조되었다고 기록하고 있다. "하나님이 자기 형상 곧 하나님의 형상대로 사람을 창조하시되 남자와 여자를 창조하시고".(창1:27)라는 말씀이다. 그런데 창세기 2장에서 하나님은 먼저 흙으로 아담을 만드시고 다음에 아담의 갈비뼈로 하와를 만드셨다고 기록하고 있다. 오리겐은 이러한 인간 창조 기사를 근거로 하나님의 창조가 이원적(二元的)으로 이루어졌다고 해석하였다. 왜냐하면 창세기 1장의 인간을 창조할 때는 절대적인 창조를 의미하는 히브리 단어인 '바라'를 사용하는데 비해 창세기 2장의 아담의 창조에서는 상대적인 창조를 의미하는 '야차르'를 사용하기 때문이라는 것이다. 오리겐은 이같은 이유가 실제로 두 개의 창조가 있었기 때문에 두 개의 표현을 사용한 것이라고 임의로 해석하여 창조를 두 개의 영역으로 나누었다.

오리겐은 하나님이 처음에는 본래적이고 비가시적인 순수한 영들의 세계를 창조하셨으며 다음으로 가시적인 물질세계를 창조하셨다고 보았다.[6] 맨 처음 영계의 창조 시기에는 순수한 영들만이 존재하였으며 그들은 하나님의 완전하심에 참여하여 평화와 사랑이 충만하였다고 한다. 그러다가 얼마의 시간이 흐르면서 영들은 자족감에 젖어 하나님을 원치 않게 되었고 완고하고 교만에 빠지게

---

5) 후스토L. 곤잘레스. 〈기독교사상사 I 〉. 이형기 차종순 역. 장로교출판사. 1997. p268-270.
6) 윌리스턴 워거. 〈기독교회사〉. 송오설 역. 크리스천다이제스트. 1997. p575.

되었다. 순수한 영들은 타락하기 시작하였으며 타락의 정도에 따라 천사, 인간, 마귀가 되었다고 한다. 하나님께서는 이렇게 타락한 영들이 견책을 받고 다시 순수한 영의 상태로 회귀하기를 원하셨다.

그래서 하나님은 2차적으로 가시적인 물질계를 창조하시고 물질계 안에서 타락한 영들이 견책을 받고 새롭게 되도록 계획하셨다. 물질계에서 타락한 영들이 충분히 견책되고 만물이 다시 새롭게 되는 마지막 때에 모든 영들은 본래적인 영계의 세계로 들어가며 그 영광을 회복하게 될 것이다. 사단 역시 물질세계 안에서는 인간을 포로로 잡고 있었으나 그들도 하나님의 사랑에 의해 순수한 영들의 세계로 복귀하게 된다. 그리고 타락한 영들이 모두 회복되었다 할지라도 그들이 다시 타락할 요소가 있으므로 견책의 장소인 물질계는 계속 보존될 것이라 한다.

오리겐은 이와 같은 창조론을 통해 모든 인간의 영들이 구원을 받게 될 것이라는 만인구원설을 제기하였고 심지어 마귀조차도 최후적으로 구원을 얻을 것이라고 주장하였다. 그리고 하나님은 일자로서 영원히 계셔야 하기 때문에 하나님이 창조하신 피조세계도 영원해야 한다고 주장하였다. 오리겐은 이러한 내용들이 성경에 기초한 내용이라고 주장하였지만 이러한 내용은 실제로 플라톤주의자들이 주장하는 것과 흡사하다. 오리겐의 창조론은 그것이 성경적이라기보다는 플라톤주의와 혼합된 것으로써 후대의 교회는 이같은 비성경적인 주장들, 피조세계의 영원성, 순수 영들의 세계로의 복귀, 만인구원설, 마귀의 최후구원 등의 주장들을 반대하였으며, 실제로 오리겐의 이같은 가르침은 543년 제2차 콘스탄티노플 공의회에서 이단으로 정죄되었다.7)

---

7) 필립샤프. 〈교회사전집2〉. 이길상 역. 크리스천다이제스트. 2005. p683.

3. 이레니우스의 '통시적 창조론'

1) 이레니우스 소개

이레니우스(Irenaeus, 130-202)는 소아시아 지역에서 출생하였다. 그는 어려서부터 서머나의 감독인 폴리갑(Polycarp)에게 신앙과 진리를 배웠다. 폴리갑의 지도 아래 성장한 이레니우스는 170년경 프랑스 남부의 리용(Lyon)으로 가서 장로가 되었다. 그리고 177년경 이레니우스가 로마교회로 떠난 사이에 감독 포티누스(Pothinus)가 순교를 당하자 그의 뒤를 이어 리용의 감독으로 선출되었다. 감독이 된 이레니우스는 리용을 기독교의 모범지역으로 성장시킬만큼 훌륭한 목회를 하였다. 투어의 그레고리(Gregory of Tours)에 의하면 이레니우스는 리용 사람들을 대부분 회개시켰을 정도로 선교열이 뜨거웠다고 한다.[8] 그의 성격은 너그러움과 보편성을 갖추었고, 로마 교회와 소아시아 지역의 유월절 논쟁을 중재할만큼 평화의 사람이었다. 교회사가 유세비우스(Eusebius)는 이레니우스가 "교회 평화의 진정한 주창자이며 사랑의 목회자였다"고 평한다.

이레니우스의 많은 저작들은 대부분 유실되었으나 오늘날 남아있는 저서로는 '이단논박'(Against Heresies)과 '사도논증'(Epideixis)이 있다. '이단논박'은 발렌티누스와 마르시온을 비롯한 많은 영지주의자들의 주장을 반박하기 위한 것이다. 헬라철학에 박식하였던 이레니우스는 '이단논박'을 통하여 영지주의자들의 모순

---

8) 필립샤프. 〈교회사전집2〉. 이길상 역. 크리스천다이제스트. 2005. p658.

을 철학적으로 반박하였고, 그것을 다시 교회의 전승과 사도의 정통성에 비교하여 반박하였다. 특히 성경에 능통했던 이레니우스는 신·구약의 통일성을 부인하고 창조의 하나님과 구원의 하나님을 분열시키려 했던 영지주의의 책략을 효과적으로 제압하였다. 이레니우스는 신약과 구약, 창조와 구원이 서로 일치하여 한 분 하나님의 섭리를 성취하는 것임을 증거하며 영지주의를 물리치는 일에 그의 온 생애를 헌신하였다.

'사도논증'은 사도들의 가르침을 요약한 안내서였으며, 최초의 창조에서 시작하여 최후의 구원에 이르기까지의 과정을 총체적으로 서술한 책으로써 영지주의의 창조론을 제거할 수 있는 결정적인 것이었다.9) 이 책은 인간의 창조, 범죄와 타락, 그리스도의 구속과 영광에 이르기까지 하나님의 구원계획 전체를 일목요연하게 설명하고 있다.

감독으로서의 이레니우스의 관심은 성도들을 위한 목회에 있었다. 이레니우스의 저술들은 교회와 양떼들을 보호하고 성장시키기 위한 것이지 결코 철학적이거나 사색적인 활동을 위한 것이 아니었다. 이러한 면에서 이레니우스의 신학은 법의 관점으로 신학을 서술했던 터툴리안이나 철학적 관점의 신학을 시도했던 오리겐과는 많은 차이가 난다. 터툴리안은 우주 최고의 법 제정자로서 하나님을 이해하고, 오리겐은 철학의 관점에서 하나님을 일자(一者)로 이해하려 하였으나 목회자였던 이레니우스는 하나님을 목자되신 분으로 보았으며 인간을 양육하고 성장시켜 하나님의 형상을 회복하도록 이끄시는 하나님으로 이해하였다.

이레니우스의 철학에 대한 탁월한 이해, 교회와 사도의 가르침을

---

9) 후스토L. 곤잘레스. 〈기독교사상사〉. 이후정 역. 컨콜디아사. 1995. p197.

계승하는 정통성, 성경에 대한 깊은 성찰, 생애를 바친 목회적 헌신 등은 실로 모범적인 것이었다. 이런 점에서 이레니우스는 2세기 기독교를 대표하는 교부라 불리우기에 손색이 없었다. 게다가 이단들의 도전에 대응하여 교회가 계승했던 사도의 진리들을 논증하고 기독교신학을 조직적으로 증거했던 일은 매우 뛰어난 것이었다. 이런 연유 때문에 이레니우스는 오늘날까지도 사도의 진리를 계승한 '정통신학의 수호자', '기독교 최초의 위대한 조직신학자'로 칭송받고 있다.

2) 요한, 폴리갑, 이레니우스

이레니우스의 신학과 창조론은 그 자신의 독자적인 연구에 의한 것이 아니었다. 이레니우스는 자신이 독창적이거나 사유적인 신학자로 인정받기를 원치 않았으며 단지 교회 안에 전승된 사도의 진리를 자기 사변의 덧붙임없이 온전하게 증거하는 전달자가 되기를 원하였다. 이레니우스가 증거했던 진리는 당시의 교회 안에 전승되었던 진리였고 또한 스승 폴리갑으로부터 배운 진리였다. 이레니우스는 말하기를 "소년 시절에 폴리갑의 가르침을 주의깊게 경청하였고 그것들을 하나도 빠짐없이 마음에 새겨두고 항상 그 내용들을 회상하였다"고 한 것처럼 평생동안 폴리갑을 존경하며 그의 가르침을 기억하고 계승하고자 노력하였다.

이 점에 있어서는 스승 폴리갑 역시 이레니우스와 동일한 입장에 서 있었다. 폴리갑의 가르침도 그 자신의 독자적인 연구에 의한 것이 아니었다. 폴리갑이 가르친 진리들은 사도들, 특히 사도요한의 가르침을 따른 것이었다. 폴리갑은 사도요한에게 세례를 받았으며,

 사도의 창조론

후에 서머나 교회의 감독으로 임명되어 헌신하다가 156년경 순교하였다. 폴리갑은 순교할 당시 유명한 말을 남겼는데 "주님은 86년 동안 내게 한번도 부당하게 대우하신 일이 없는데 어찌 그분을 부인할 수 있겠는가"라며 기꺼이 순교의 길을 택하였다. 유세비우스에 의하면 폴리갑은 "사도들에게 직접적인 가르침을 받았으며 그리스도를 목격한 사람들과 친밀한 교제를 나누었고, 사도들에 의해 서머나 교회의 감독으로 임명되었다"고 한다.[10] 이레니우스는 친구 플로리누스(Florinus)가 영지주의 이단에 빠지는 것을 경고하기 위하여 쓴 문서인 '오그도드에 대하여'(On Ogdoad)에서 스승 폴리갑은 사도들로부터 본원(本源)적인 진리를 상속받았다고 기록하였다. 폴리갑 자신도 "오직 사도들로부터 배운 것, 교회가 전해준 것, 참되고 유익한 신앙만을 가르쳤다"고 증언하였음을 기록하였다.[11]

이와 같이 이레니우스와 폴리갑이 증거했던 진리들은 사도요한에게 상속받은 것이었다. 이 점이 앞서 설명했던 서방신학의 터툴리안이나 동방신학의 오리겐과 크게 차이가 나는 점이다. 이레니우스의 창조론은 전자의 두 경우와 달리 교회 전통의 계승에 의한 것이었다. 이레니우스의 창조론은 달리 '사도요한-폴리갑-이레니우스'라는 사도적 정통성의 계보를 가진 창조론이라는 점에서 의의를 갖는다.

3) 이레니우스의 통시적 창조론

이레니우스의 창조론은 그가 쓴 '사도 논증'(Epideixis)에 잘 나타나 있다. 사도 논증에 의하면 그리스도는 창세 전부터 인간의 원

---

10) 유세비우스. 〈유세비우스의 교회사〉. 엄성옥 역. 은성출판사. 1990. p207.
11) 앞의 책. p288

형(原形)으로 이미 존재하고 계셨으며 아담은 태초부터 그리스도의 형상을 이루기 위해 창조되었다.[12]

아담은 처음부터 완전한 하나님의 형상(그리스도의 형상)으로 지어진 것이 아니며 계속적인 성장을 통하여 그리스도의 형상의 영광에 온전히 이르러야 하는 존재였고 이러한 성장의 과정은 창조의 계속적인 과정에 속하는 것이었다. 이레니우스에게 인류 역사란 창조의 계속되는 과정-아담을 그리스도의 형상의 영광에 일치하도록 만드는 창조의 과정이었다. 하지만 역사의 시초에 인간은 타락하여 하나님의 형상의 영광이라는 목적성을 상실하고 죄와 사망의 노예가 되고 말았다. 아담과 함께 모든 인간은 죄에 가로막혀 하나님의 형상에 이르지 못하게 되었다.(롬3:23)

인간이 타락 때문에 하나님의 영광에 이르지 못하자 하나님의 형상의 원본이신 그리스도께서 인간의 죄의 문제를 해결하고 좌초된 창조의 목적을 완성하기 위해 땅에 내려 오셔야 했다. 이로써 이레니우스는 그리스도의 구원이란 인간을 최초의 아담의 상태로 회복할 뿐만 아니라, 인간이 하나님의 형상으로 완성되는 중대한 과정이라고 설명한다. 이레니우스는 우리가 그리스도를 믿고 따르는 것은 하나님의 형상으로 완성되는 것을 목표로 한다고 말한다. "그리스도는 인간이 신이 되도록 하기 위하여 인간이 되었다"고 기록하고 있다. 그는 인간과 우주의 총괄적이고 궁극적인 목표가 인간의 신화(Divinization), 곧 '하나님의 형상의 영광' 에 일치되는 것이라고 말한다.

이레니우스에게 인간이 완성해야 할 하나님의 형상은 물론 그리스도이다. 그리스도는 인간이 도달해야 할 형상의 본체로서, 창세

---

12) 곤잘레스. 〈기독교사상사〉. 이후정 역. 컨콜디아사. 1995. p197 이하.

 사도의 창조론

전부터 완전한 하나님의 형상으로 그리고 완전한 인간의 형상으로 존재하고 계셨다는 것이다.

그래서 이레니우스에게 아담의 창조는 창조의 완성이자 동시에 창조의 새로운 시작이다. 아담은 창조의 더 높은 완성을 위해 에덴에서 인간의 역사를 출발한 것이었다. 이레니우스에게 인간의 역사는 타락으로 인해 어쩔 수 없이 파생된 것이 아니라 인간의 더 높은 창조의 과정을 수행하기 위해 예정된 시간의 무대이다. 첫 아담은 이 과정에서 실패하였지만 둘째 아담이신 그리스도는 첫 아담으로 인한 모든 실패를 회복시키며 전 인류를 새로운 창조로 갱신하고 완성하신다. 종말적으로 그리스도는 자신의 구원 안에서 우주와 인간을 총괄적으로 회복하고 완성하신다. 이것을 이레니우스의 '통시적 창조론' 이라 한다.

통시적 창조론은 '창조'라는 틀을 통하여 하나님의 사역 전체를 논증하는 독특성을 보여 준다. 통시적 창조론에 의하면 그리스도의 구원은 창조를 위해 있으며 구원은 창조의 계속적인 과정에 해당하는 것이 된다. 그리고 구원은 창조의 완성을 위해 존재한다. 이러한 통시적 창조론은 그 특별한 시각이나 영적 깊이로 볼 때 인간의 발상이나 논리로는 진실이라고 주장하기 어려운 것이다. 통시적 창조론은 하나님의 깊은 뜻을 통달하며, 성경 전체와 역사 전체, 우주 전체를 향하신 하나님의 섭리를 이해하지 않고는 감히 진실이라고 주장할 수 없다. 이런 점에서 이레니우스가 자신의 사유를 근거로 하지 않고 폴리갑과 사도요한의 진리를 계승하여 그것을 진술하는 가운데 창조론을 제시하였다는 사실은 대단히 중요하다. 이레니우스의 창조론은 사도의 전승과 계보를 근거로 하기에 그 정통성이 담보될 수 있는 것이다.

4) 이레니우스와 터툴리안의 비교

그러나 애석하게도 오늘날의 교회는 이레니우스의 통시적 창조론을 계승하지 않고 있다. 교회 역사 안에서 통시적 창조론은 잊혀진 것이 되었으며 그것은 겨우 문서적으로만 남아 있는 죽은 유물이 되었다. 그 이유는 어거스틴이 서방신학을 계승하여 기독교 신학을 종합하는 가운데 통시적 창조론 대신 터툴리안의 완결창조론을 교회 창조론의 모범으로 확립시켰기 때문이다. 그래서 어거스틴 이후 서방교회는 이레니우스의 창조론을 소외시키고 대신에 터툴리안의 창조론을 따르며 터툴리안의 완결창조론을 교회 창조론의 표준으로 굳게 믿고 있다.

교회사가인 곤잘레스는 '기독교사상사'에서 이레니우스는 목회적 관점에서, 터툴리안은 법적 관점에서, 오리겐은 철학적 관점에서 기독교의 체계화를 시도하였으나 이레니우스의 신학이 다른 두 학파의 신학보다 확고한 사도적 전통을 계승하는 신학이라 하며 "성경과 사도의 전통에 근거를 두고 있는 이레니우스의 신학은 거듭 신학적 갱신의 원천이 되어 왔다"고 하였다.[13] 또한 이레니우스의 신학이 터툴리안의 신학보다 확고한 사도적 전통을 계승한 신학이었지만 목회와 순종을 강조한 이레니우스의 신학은 철학적, 법적, 경향이 우세한 당시의 로마 지배층이나 엘리트들의 요구에 일치되기 어려웠기에 교회에서 소외되었다고 증언한다.[14]

반면에 터툴리안은 스토아 철학의 영향으로 법적, 도덕적 특성이 강한 카르타고에서 신학과 로마의 법체계를 효과적으로 결합시켰

---

13) 곤잘레스. 〈기독교사상사〉. 이후정 역. 컨콜디아사. 1995. p109 도표 참조.
14) 앞의 책. p129-130.

고 그것은 당시 지배계층의 입장에 적절히 수용될 수 있었다고 한다. 결국 사도성만을 논증하였던 이레니우스의 신학은 교회 현실을 둘러싸고 있는 사회 문화적, 지적 욕구들로부터 멀리 떨어져 있음으로 사람들로부터 외면 되었다는 것이다. 니브(J. L. Neve)도 평하기를, 알렉산드리아 학파의 로고스 개념을 기독교 신학의 원리로 사용한 오리겐은 기독교를 일종의 철학과 같은 수준으로 전락시킨 과오를 겨우 면하였고, 모든 관심을 법에 집중시킨 터툴리안은 편파적인 현실주의에 집착하게 되었으나 이레니우스는 건전한 성서주의와 전승에 대한 건전한 태도와 그리스도 중심의 신학으로 이 양극간의 위험을 극복했다고 하였다.[15]

이레니우스와 터툴리안의 창조론은 그 기초적인 내용만을 보면 크게 다르지 않으며 서로 일치하는 부분도 많다. 일찍기 터툴리안은 이레니우스의 신학에 영향을 받았으며, 창조론에 있어서 '선한 창조', '무(無)로부터의 창조'에 대한 내용들은 이레니우스로부터 수용한 것이었다. 이레니우스는 하나님의 '두 손' 곧 성자와 성령을 통하여 세계를 창조하셨다고 말함으로 삼위 하나님의 창조활동에 대한 내용도 이미 증거하였다. 그러므로 "삼위 하나님이 무로부터 선하고 완전하게 천지를 창조하셨다"는 서방신학의 표준적인 창조론은 터툴리안 이전에 먼저 이레니우스로부터 소급되는 것이었다.

물론 이레니우스와 터툴리안 사이에는 중대한 차이점도 있다. 터툴리안은 태초의 창조가 완전하게 마쳐진 상태, 종결된 상태라고 본다. 태초의 창조는 지극히 영광스러웠고 최고의 법 제정자로서의 하나님과 피조물인 인간 사이에는 아무 문제도 없었으며 자연과 인간은 하나님 앞에 완전하고 흠이 없는 것이었다. 터툴리안은 이 태

---

15) 베른하르트로제. 〈기독교교리사〉. 구영철 역. 컨콜디아사. 1988. P64.

초의 완전함이 창조의 '최종목적' 이라고 보았다.

반면에 이레니우스는 태초의 창조가 최종적인 완결의 상태라고 생각하지 않았다. 이레니우스에게 태초의 창조는 창조의 완성이긴 하지만 동시에 더 높은 단계를 향한 새로운 시작이었다. 그 더 높은 단계는 인간이 완전한 하나님의 형상이신 그리스도처럼 완성되는 것이었다. 그 일은 처음에 아담에게 맡겨졌으나 실패되었고 다시 그리스도에게 맡겨진 것이었다. 그래서 이레니우스는 그리스도를 창조를 완결하시는 분, 전우주적인 총화를 완결하시는 분으로 이해하였다.

이레니우스에게 구원은 창조의 연속선 상에 있는 것이다. 구원은 태초의 창조를 회복하는 것에 그치지 않고 태초의 창조보다 더 높은 차원의 창조를 완성하는 일이다. 다시 말해 구원은 그리스도의 형상을 완성하는 창조의 계속적인 사역이다. 그러므로 이레니우스는 인간을 그리스도처럼 완성하는 것이 창조의 '최종완성' 이라고 주장한다.

바로 이 점이 이레니우스와 터툴리안의 창조론이 차별되는 가장 중대한 점이다. 터툴리안의 창조론은 기초적이며, 부분적이다. 그것은 창세기 2장에서 모든 것이 종결되는 창조론이다. 터툴리안에게 하나님의 창조는 이미 지나간 과거적인 사역이다. 반면에 이레니우스의 창조론은 훨씬 포괄적이고 종말적이다. 이레니우스에게 창조는 현재적이고 미래적이며 창세기에서 계시록까지 이어지는 전(全)성경적인 섭리이다. 그것은 현재도 계속되고 있는 하나님의 사역이다. 이런 하나님의 창조사역 안에서 창조와 구원은 동일한 목적을 향하고, 태초와 종말이 동일한 목적을 위해 결합하며, 하나님과 인간조차도 이 목적 안에서 일치되고 하나가 된다. 이 목적은 하나님의 형상 곧 그리스도이다.

제 2 장

창조의 목적

창조에는 목적이 있다. 인간을 하나님의 형상으로 완성하는 것이 목적이다. 그런데 이 목적은 아담 안에서 완성되지 않고 그리스도 안에서 완성된다. 예수께서 이 땅에 오신 것은 단지 아담의 죄의 문제만을 해결하기 위함이 아니다. 바로 아담 안에서 이루지 못한 창조의 목적 – 인간을 하나님의 형상으로 만드는 것을 완성하기 위함이다.

오늘날의 교회는 창조의 목적이 '하나님의 영광을 위하여' 라고 대답한다. 그런데 '하나님의 영광을 위하여' 라는 대답은 너무 광범위하다. 이 대답은 어떤 답도 모두 답이 되게 만든다. '아름다운 창조' 도 하나님의 영광을 위한 것이 되고, '거대한 창조' 도 하나님의 영광을 위한 것이고, 다른 어떤 목적을 갖다 붙인다 하여도 그것이 하나님의 영광을 위한 것이라면 모두가 답이 될 수 있게 만든다.

따라서 '하나님의 영광을 위하여' 라는 현재의 대답은 좀 더 구체적으로 진술되어야 한다. 성경이 그렇다고 분명하게 적시하고 있으면 몰라도 그렇지 않다면 성경이 제시하는 창조의 목적에 보다 가깝게 접근하는 것이 마땅한 태도라 할 것이다. 또한 이레니우스의 진술이 사도적이요 정통적이라 해도 무작정 그의 창조목적을 수용하기에도 무리가 따른다. 아무리 이레니우스의 논리라 할지라도 그것이 과연 진리인가 하는 점은 성경을 통하여 재차 확증되어야 하는 것이다. 성경의 확증이 없는 논리는 그것이 아무리 대단하다 해도 유보적인 것이 될 수밖에 없다. 그러므로 이제부터라도 과연 창조의 목적이 무엇인가에 대해 성경이 밝히는 내용들을 심사숙고해야 할 것이다.

1. 하나님의 창조

1) 창조는 하나님의 신(神)적 사역이다.

성경의 기록은 "태초에 하나님이 천지를 창조하시니라"는 장엄한 선포로부터 시작하고 있다. 태초에 시간과 역사가 있기 전에, 우

주와 만물이 존재하기 이전에 하나님이 계셨고 하나님의 창조행위
가 있었다. 창조는 인간이 인식하게 된 최초의 神적 행위이며 세계
와 인간을 잉태하고 실체화시킨 하나님의 독특한 능력이다. 하나님
은 창조를 통해서 세계와 인간을 자신에게 관련 지으셨다. 창조는
거룩한 신성과 능력을 바탕으로 하나님 자신의 거룩한 궤적을 완전
한 아름다움으로 구현하신 神적 사역이다. 창조란 다른 사람들이
생각하지 못한 것을 생각하고 보지 못한 것을 보는 것이다. 그러나
진정으로 참다운 창조의 행위는 하나님만이 하신다.

하나님은 창조의 근원이시며 창조의 주인이시므로 창조의 모든
능력들은 하나님께 속하여 있다. 하나님의 창조의 독특성은 무(無)
로부터의 창조(bara)에 있다. 'bara'는 성경에서 무에서 유를 창조
하는 것과 인격과 의식(혼)을 창조할 때 쓰인 동사로써 하나님 만을
주어로 대응한다. 하나님은 또한 유에서 유를 창조하는 아사(asah)
의 주인도 되신다. 'asah'는 성경에 2,600여 회 나오는 히브리 동
사로 이차적인 창조 즉 선재(先在)하는 것을 새롭게 변화시키는 재
창조를 뜻한다. do, make, work 등의 의미를 가지고 있는 'asah'
의 창조 역시 하나님의 神적 사역에 속하는 것이다. "여호와 하나님
이 아담과 그 아내를 위하여 가죽 옷을 지어"(창3:21)라는 기록에서
하나님은 가죽 옷을 창조(asah)하여 주셨음을 볼 수 있다.

하나님은 태초에 창조를 행하심과 동시에 피조물이 자신의 창조
를 모방하도록 허락하셨다. 하나님은 인간에게 복을 주시되 특별히
인간이 피조물을 정복하고 다스릴 수 있도록 asah의 창조력을 부
여해 주셨다. asah의 창조력은 하나님의 창조를 재창조할 수 있는
능력이다. 이 asah의 창조력을 통하여 인간이 이성으로 사유하고,
지식을 축적하며, 도구를 만들고, 자연을 재창조하여 문화를 생산

할 수 있는 존재가 되게 하셨다. 하나님은 인간이 이 asah의 힘과 능력으로 땅의 주인된 삶을 영위하며, 세계 안에서 하나님의 창조를 모방하고 대행하는 청지기로 서게 하셨다.

창조력은 존재의 위계와 힘을 상징한다. 존재는 창조력의 크기에 비례하는 힘과 권위를 가질 수 있다. 아무것도 없는 가운데에서 모든 것을 창조하는 'bara'의 창조력을 가진 하나님은 모든 만물을 창조하실 수 있으며 모든 만물 위에 가장 높으신 분이다. 인간은 하나님 다음의 창조력을 가졌다. 선재하는 것을 변화시키는 asah의 창조력을 가진 인간은 이미 창조되어 있는 대상을 정복하고 다스릴 수 있는 힘과 권위를 가진다. 또한 인간보다 하위적인 존재인 생물들은 각자의 종(種)의 범위 안에서의 주어진 힘대로 창조하며 보다 상위적인 창조력을 가진 인간의 다스림을 받는다.

생물들이 창조를 한다는 말이 이상하게 들릴지 모르겠으나 그것은 창조의 의미를 통해 이해될 수 있다. 창조의 사전적 의미는 "새로운 것을 만듦"을 뜻한다. 그러나 본질적인 의미에서의 창조란 "존재가 자기 자신을 고정시키지 않고 새롭게 확대하는 것"을 말한다. 이런 의미에서 생명체가 잉태를 한다는 것은 또 다른 존재를 낳아 자신을 확대하는 창조행위라고 볼 수 있으며 생명체가 생명체를 낳은 것은 경이롭고 새로운 창조가 되는 것이다. 인간에 있어서도 어머니의 출산은 여자 만이 갖는 고유하고 위대한 창조의 신비이다. 하나님은 이 생육과 번성을 통해 확대하는 복을 인간과 생물에게 동일하게 주셨다. 그리하여 인간과 생물은 하나님의 직접적인 창조사역이 아니어도 항상 새롭고 존귀한 생명체를 창조하여 하나님의 창조를 대행하고 확대하는 존재가 된다.

2) 하나님의 창조 과정

하나님은 인간을 창조하실 때에 많은 주의와 관심을 기울이셨다. 하나님은 다른 피조물을 창조하실 때와 달리 인간을 창조하실 때의 과정들을 자세히 말씀하고 계시다. 창1, 2장에는 그 구체적인 내용들이 잘 나타나 있다. 하나님은 인간을 만들기 전에 먼저 어떤 존재로 만들 것인가에 대하여 계획하셨다. 창1:26절의 상반절에 기록된 대로 인간을 어떤 정체성을 가진 존재로 만들 것인가에 대하여 삼위 하나님께서 숙의하셨다. 그 숙의의 결과로써 "우리의 형상을 따라 우리의 모양대로 만들자"고 결정하셨다.

다음으로 하나님은 인간을 만드는 창조 과정을 자세히 설명하신다. 그 과정은 창2:7절과 21-22절에 자세하게 기록되어 있는데 아담은 흙을 재료로 하고 하와는 아담의 갈빗대를 재료로 하여 만드신다. 그리하여 1:27절에 기록된대로 하나님의 형상을 따라 남자와 여자를 창조하셨다. 물론 인간의 이해를 위해 기록하고 있음을 배제할 수 없지만 하나님은 인간을 창조하실 때에 먼저 계획하시고 다음으로 실행하는 순서로 설명하고 계심을 볼 수 있다. 하나님은 최초의 계획 단계에서 인간을 어떤 정체의 존재로 만들 것인가에 대하여 미리 결정하고, 창조의 과정에서는 원하시는 방법과 재료를 선택하며, 최종적으로 본래 계획이 성취되도록 완성하셨다. 성경은 말씀만으로 피조물들을 창조하던 때와 달리 인간의 창조 과정을 이처럼 자세히 설명하고 있다. 그것은 인간이 하나님의 창조의 핵심이라는 것과 또한 인간 창조의 목적을 깨닫게 하시려는데 그 이유가 있다.

2 인간의 창조 행위

인간의 창조 행위는 여러 면에서 하나님의 창조를 모방하고 있다. 먼저 계획하시고 다음에 존재하도록 만드신 하나님의 창조 과정은 인간의 창조 과정에도 그대로 나타난다. 인간이 가지는 많은 예술형식 중에서 특히 Design은 계획하고 존재하도록 만드는 창조 행위로써 하나님의 창조 과정과 매우 유사하다. 18세기 이전까지만 하더라도 Design은 '신적 구상', ' 절대자에 의한 계획' 등 하나님과 관련된 신적 용어로만 사용되었었다. Design의 어원을 살펴보면 De는 '계획하다'라는 뜻을 가지고 있고 sign은 '존재하다'라는 뜻을 가지고 있다. 따라서 Design이 가지는 본래 의미는 '계획하여 존재케 하는 것'이 된다. 이 계획하여 존재케 하는 행위는 디자인의 필연적 과정이며, 창1, 2장에 나타난 하나님의 인간 창조 과정에서도 동일하게 나타난 과정이다.

하나님이 인간을 만드실 때 먼저 계획하신 후에 만드신 것처럼 디자인도 되어지는대로 창조하거나 우연이나 도발의 개입과는 무관한 순전히 '계획'이 선행하는 창조행위이다. 디자인은 계획에 의해 창조물을 만들어 낸다. 디자인의 행위는 계획과 실천이 결합하는 행위이다. 디자인은 무엇보다 목적을 위한 창조행위이다. 디자인에서 목적성은 계획과 실천에 대한 지표가 된다. 이 목적성을 위해 모든 디자인 과정은 총체적으로, 유기적으로 협력하고 일치해야 한다. 그래서 인간의 디자인 행위는 하나님의 창조를 닮고 있다. 우리는 앞에서 하나님이 인간을 창조하신 과정이 계획과 실행이라는 단계로 기록되어 있음을 보았다. 창1:26절 전반부에 "하나님이 가라사대 우리의 형상과 모양대로 사람을 만들자"는 말씀은 Design 의 De, 즉 계획에 해당하는 의미가 되며 "사람을 창조하시되 남자 와 여자를 창조하시고"라는 말씀은 sign, 즉 실행하여 존재케 만든 것에 해당한다고 볼 수 있다. 이 점에 있어서 하나님의 창조 행위 안에는 Design의 근원적인 요소가 있음을 발견할 수 있다.

물론 하나님의 창조 행위를 인간의 디자인 행위와 비교한다는 것 은 하나님의 창조 사역을 단편적으로 보려는 것에 불과할 것이다. 하나님이 인간을 만드실 때 계획과 실행의 과정으로 창조하셨다고 성경이 기록하고 있지만 그것이 꼭 디자인의 행위와 동일하다고 볼 수는 없다. 무엇보다 디자인이란 창조 사역의 한 특성이 될 수는 있 어도 전체적 의미는 아닌 것이다.

그럼에도 이렇듯 굳이 하나님의 창조와 디자인을 비교하는 것은 하나님께서 창조의 과정을 인간의 이해력에 맞추어 기록하셨기 때 문이며 그 의미를 디자인의 개념을 통하여 설명하기에 적합성이 있 다고 여겨지기 때문이다. 그리고 창세 전에 이미 계획하시고 역사 가운데 섭리하시며 종말을 통하여 완전함을 성취해 내시는 과정에 서 보여지듯, 계획하고 성취하는 디자인적 특성이 하나님의 창조 특성에 적절히 비교됨을 부인할 수 없기 때문이다. 어차피 인간의 디자인 행위는 하나님의 창조력의 일부이다. 더구나 디자인의 의미 는 본래 '절대자에 의한 계획'이라는 개념을 지니고 있었다.

이런 의미에서 "태초에 하나님이 천지를 창조하시니라"는 창1:1 절의 말씀을 "태초에 하나님이 천지를 디자인하시니라"는 말씀으 로도 생각해 볼 수 있다. 그러므로 불완전하나마 가장 적합한 대안 으로써, 디자인적 의미를 통하여 계속적으로 하나님의 창조를 살펴 보려 한다.

3. 하나님의 인간 창조 컨셉(Concept)

1) 디자인과 컨셉(Concept)

창조자에 있어서 창조 목적은 창조 행위의 궁극이다. 창조자는 자신의 능력과 제반 요소들을 총괄하여 창조 목적을 완성하려 한다. 창조 목적은 모든 창조 과정의 열쇠가 되는 것으로써 창조자의 내·외적 욕구와 능력에 의해 결정된다. 창조된 물체 자체는 그 스스로 어떤 목적을 생성하거나 자신의 정체(Identity)를 규정짓지 못한다. 창조물의 정체는 창조자가 추구하는 창조의 목적에 의해 결정될 뿐이다. 창조물의 정체는 바로 창조물에 어떤 특성을 부여할 것인가 하는 창조자의 의도에 따라 좌우된다. 바울은 토기장이가 진흙 한덩이로 하나는 귀히 쓸 그릇을, 하나는 천히 쓸 그릇을 만드는 권이 있다고 강변한다.(롬9:21) 같은 그릇이라 하더라도 창조 목적이 다르면 형태나 재질도 달라진다. 토기장이는 그릇의 목적에 따라 그 목적에 부합하는 크기와 모양으로 그릇을 만든다. 디자인에 있어서 이러한 창조의 목적을 '컨셉'(Concept)이라고 칭한다. 디자인에 있어서 컨셉(Concept)이란 단어는 창조 목적과 동의어이며 모든 창조물에는 반드시 컨셉이 있게 마련이고 컨셉을 완전하게 성취하여야만 비로서 창조물로써의 본질과 기능을 완성하게 된다. 아울러 창조주는 자신의 창조물에 어떤 컨셉을 부여할 것인가를 계획하고, 그 컨셉이 온전히 성취됨을 확인할 때에 비로소 창조를 완성할 수 있다.

컨셉(Concept)이란 단어는 본질, 개념이라고 번역되며 본래는 철학적 용어로써 아리스토텔레스가 철학의 핵심 과제인 "실체란 무엇인가"에 대해 열가지 범주의 질문을 통해서 얻어진 결론을 대신하는 의미로 사용하였었다.[16] 디자인에서 이 용어를 사용할 때는 '디자인 목적' 혹은 '창조 목적' 이라는 뜻으로 사용한다.

　그러므로 디자인에서 컨셉이란 창조물이 갖는 목적을 결정하며, 최종 완성을 가름하는 기준이 되는 용어이다. 예를 들어 자동차는, 사람이나 짐을 태우고 신속히 이동하는 것이 목적이며 이것이 바로 자동차의 기본 컨셉이다. 물론 자동차는 다른 문화적 용도나 혹은 재산의 의미, 사회적 신분을 나타내는 부가적 특성을 지니기도 한다. 그리고 같은 자동차라도 차별화된 컨셉에 따라 많은 짐을 신속히 옮기는 트럭이나, 경주용의 빠른 스피드를 컨셉으로 하는 레이스카, 패션과 레저의 컨셉을 갖는 스포츠카 등으로 세분되기도 한다. 이처럼 인간이 만들어 낸 창조물은 각기 나름대로 목적과 가치를 갖게 마련이며 동시에 기본적인 컨셉을 갖게 된다. 앉기 위한 컨셉의 의자, 발을 보호하는 컨셉의 신발, 거주를 위한 컨셉의 집, 상품의 매매를 위한 컨셉의 시장, 책을 보관하는 컨셉의 도서관 등등... 인간이 문화적으로 창조한 모든 창조물은 인간에게 컨셉을 부여받아 그 본래적 목적과 기능을 수행한다.

2) 하나님의 인간 디자인 컨셉

　마5:13절에 보면 소금의 비유가 나오고 있는데 본래 소금이란 짠맛을 내는 것에 그 본질(Concept)과 목적이 있다. 예수께서는 비유를 통해 본질(Concept)을 상실한 소금에 대하여 이렇게 말씀하셨

---

16) C. 프리틀라인. 〈서양철학사〉. 강영계 역. 서광사. 1985. p75.

 사도의창조론

다. "소금이 만일 그 맛을 잃으면 무엇으로 짜게 하리요 후에는 아무 쓸데 없어 다만 밖에 버리워 사람에게 밟힐 뿐이니라"(마5:13) 예수님은 이 말씀을 통해 성도가 본질(Concept)을 잃은 상태를 비유하고 있다. 예수님은 맛을 잃은 소금이 밟히듯이 하늘의 컨셉을 잃은 성도는 바깥 어두운데 내어 쫓기리라고 말씀하고 계시다. 그러므로 성도는 하나님께서 인간을 창조하신 목적과 본질이 무엇인가를 깨달아 하나님이 원하시는 자로 존재하여야 한다. 그렇지 않은 인생은 밟히는 소금의 신세처럼 밟혀 부서질 것이기 때문이다. 그렇다면 예수님이 요구하시는 인간의 짠맛(Concept)은 무엇인가? 나에게 짠맛은 있는가? 하는 문제는 대단히 중요한 문제가 된다. 이 짠맛이야말로 천국과 지옥, 영생과 영벌을 가르는 척도가 되기 때문이다.

놀라운 사실은 하나님께서 인간을 창조하는 과정에서 인간의 짠맛이 무엇인가에 대한 컨셉을 이미 밝히고 있다는 사실이다. 성경은 창조기사를 통해서 인간을 만드신 컨셉과 인간이 가져야 할 본질이 무엇인가에 대하여 명확하고도 분명한 관점을 제시하고 있다. 전통적인 관점에서는 인간의 제일된 목적(Concept)이 하나님을 영화롭게 하는 것이라고 말하고 있지만 창세기의 기록에서는 훨씬 구체적인 의미의 표현을 쓰고 있다. 앞서 말했듯이 창1:26절은 Design의 계획인 De에 해당하는 구절이다. 이 26절 말씀을 자세히 살펴 보면 인간의 창조 목적인 컨셉에 해당하는 함축적 단어가 있음을 발견할 수 있다. "하나님이 가라사대 우리의 형상을 따라 우리의 모양대로 우리가 사람을 만들고"라는 말씀에서 창조 주체는 하나님이시고 인간을 만드신 컨셉은 '하나님의 형상'이 되어서 전체 문장은 하나님이 인간을 어떤 존재로 만드시겠다는 창조 컨셉을 제시하는 말씀임을 알 수 있다. 창1:26절 말씀은 인간의 컨셉이 '하나님의 형상' 임을 가르쳐 준다. 인간의 컨셉이 하나님의 형상이라는 것은 인간 창조의 목적과 최종 결과가 하나님의 형상이 되어야 함을 말한다. 어찌 보면 인간이 하나님의 형상을 목적으로 만들어졌다는 것은 새삼스러운 내용이 아닐 것이다. 그것은 상식적으로 받아들여지고 있는 성경의 명확한 기록이고 일반적으로도 익숙한 지식이기 때문이다. 그러나 이 지식을 성경의 창조론 안에서 이해한다면 놀라운 창조의 비밀을 깨닫는 열쇠가 될 것이다.

4. 창조의 컨셉과 비밀

1) 형상에 대한 여러 견해들

창1:26절에 나타난 '하나님의 형상' 이 무엇인가에 대하여는 여러 가지 해석들이 있어 왔다. 하나님의 형상에 관한 관점은 이레니우스에 의해 처음으로 제시되었다. 이레니우스는 인간에게 있어서 하나님의 형상을 Imago와 Simliltudo의 이분법적 의미로 나누었다.[17] Imago는 인간의 이성과 의지 속에 있는 인간적 특성을 말하고 Simliltudo는 하나님을 경외하고 그에게 순종하는 영적 특성을 의미한다고 한다. 이레니우스는 인간이 타락하여 상실하는 것은 영적 특성인 Simliltudo이며 Imago는 하나님의 형상의 인간적 특성으로서 계속 존속한다고 말하였다. 그래서 인간은 죄인임에도 미약하나마 하나님의 형상을 여전히 지니고 있다고 해석한다. 이 해석은

---

17) J. 몰트만. 〈창조안에 계신 하나님〉. 김균진 역. 한국신학연구소. 1994. p273.

초기 기독교 신학에 수용되어 15세기까지 교회 인간론의 기초가 되었다.

토마스 아퀴나스의 인간학도 이러한 이분법의 구조 속에 있다. 아퀴나스는 인간이 가지는 초자연적인 은총은 타락으로 상실했으나 인간의 이성과 의지는 존속한다고 이해하였다. 아퀴나스는 영적 특성인 Simliltudo는 타락으로 잃어졌으나 하나님의 인간적 특성인 Imago는 존속한다고 본 것이다. 그래서 아퀴나스는 하나님의 형상이 인간의 이성적 본성(Nature Intellectualis) 안에 충분히 남아 있다고 생각하였다.[18]

칼바르트(Karl Barth)는 일종의 동반자 됨 혹은 관계의 입장에서 형상을 해석한다. 바르트는 인간의 내적 본질과 능력에서 하나님의 형상을 찾는 노력을 지양하고 '나와 너'의 관계와 대면 속에서 하나님의 형상을 찾으려 하였다. 그는 인간을 남자와 여자로 만드시고 한 몸이 되도록 하셨다는 점에서 형상의 의미를 찾으려 한다.

벌뒤인(Leonard Verduin)을 비롯한 최근의 몇몇 학자들 특히 기독교세계관의 입장에 선 월터스(A. Walters) 등과 같은 학자들은 하나님의 형상이 자연을 다스리는 지배력에 있다고 주장한다. 그들은 인간이 자연을 다스리기 위해 창조되었으며 자연을 개발하는 문화의 성취가 인간의 소명이라고 말한다. 이들은 자연에 대한 인간의 통치에서 하나님의 형상을 발견하려고 노력한다.[19]

칼빈은 창1:26절에서 형상(Imago)과 모양(Simliltudo)을 구분하지 않으며 그것은 히브리 어법의 전통적인 방식으로써 동의어를 반복하는 것일 뿐이라고 말한다.[20] 칼빈은 창1:26절에서 형상과 모양

---

18) 앞의 책. p281.
19) 윌리엄 베이커. 〈인간 하나님의 형상〉. 김성웅 역. 생명의말씀사. 1994. p43.
20) 존칼빈 성경주석출판위원회. 〈칼빈성경주석〉. 성서교재간행사. 1982. vol1. p68

이라는 두 단어가 히브리어의 '그리고'에 해당하는 단어없이 함께 나온다고 설명한다. 반면 형상은 창1:27절에서만 나오고 모양은 창 5:1절에서만 나온다고 한다. 다시 이 둘이 창5:3절에 나오는데 이 때에는 순서가 뒤바뀌어 나온다. 또 창9:6절에도 나오는데 형상이 란 단어만 쓰고 있다. 따라서 이 두 단어의 용례를 볼 때 특별한 구 분없이 서로 교호적으로 쓰일 수 있다고 설명하고 있다. 칼빈은 하 나님의 형상이 인간의 외형 속에서도 빛나고 있지만 그것은 의심할 여지없이 인간의 영혼 속에 자리잡고 있다고 주장하며, 하나님의 형상은 성도의 의와 거룩함에서 실현된다고 보았다.

2) 하나님의 형상은 그리스도이다.

하나님의 형상이 무엇인가에 대하여는 창세기와 아담의 상태에 국한하여 해석하기 보다 성경 전체의 흐름에서 살펴보아야 제의미 를 찾을 수 있다. 물론 우리는 아담에게 나타나는 하나님의 형상의 모습을 발견할 수 있다. 실제로 아담은 하나님의 형상의 영광을 드 러낼 수 있도록 세심한 배려와 은총을 받은 존재였으며 아담의 본 질과 전체 인간(Totus Homo) 안에는 하나님의 형상이 새겨져 있었 다. 그러나 하나님의 형상에 대한 문제는 성경이 스스로 그 실체를 제시하고 증거하는 명확한 해답이 있다. 그 해답은 그리스도가 오 시기 전까지는 비밀에 속한 것이었으나 그리스도가 오심으로 형상 의 의미가 확연하게 밝혀졌다.

성경은 하나님의 형상의 실체가 무엇인지 분명히 제시해 준다. 성경은 그리스도가 곧 하나님의 형상임을 가르킨다. 그리스도는 근 본적으로 하나님의 본체이시며(빌2:6), 그리스도는 "하나님의 영광의 광채시요 그 본체의 형상이시라"(히1:3), "그는 보이지 아니하시는 하나님의 형상이요 모든 창조물보다 먼저 나신 자니"(골1:15), "그리스도는 하나님의 형상이니라"(고후4:4) 라는 말씀들을 통해 하나님의 형상이 곧 그리스도임을 증거하고 있다.

예수께서도 말씀하시기를 나를 보는 자는 나를 보내신 이를 보는 것이라 하였고(요12:45), "나를 본 자는 아버지를 보았거늘 어찌하여 아버지를 보이라 하느냐"(요14:9)고 빌립에게 말씀하셨다. 요1:1절에 "이 말씀은 곧 하나님이시라", 요1:18절에 "본래 하나님을 본 사람이 없으되 아버지 품 속에 있는 독생하신 하나님이 나타내셨느니라"는 말씀들은 모두 보이지 않고 볼 수 없는 하나님의 형상이 곧 그리스도임을 증거한다.

일반적으로 성경에서 그리스도의 오심을 예표하는 최초의 말씀이 원시복음으로 불리워지는 창3:15절이라 말하지만 그보다는 창1:26절에서 먼저 그리스도의 모습과 사역이 예표되고 있다고 보아야 한다. 창1:26절에 나타난 '우리의 형상'은 곧 하나님의 형상이며 하나님의 형상은 그리스도의 형상이고 그리스도의 형상은 인간이 이루어야 하는 하나님의 형상이기 때문이다. 어거스틴은 이에 반대하여 만일 그리스도가 하나님의 형상이라면 성경이 '우리의 형상'이라고 하지 말고 "당신(그리스도)의 형상을 따라 사람을 만들자"라고 해야 한다고 주장하였지만 그것은 문자의 형태에 얽매인 해석에 불과하다.[21] 어거스틴의 말대로라면 여기서 '우리의 형상'이라고 하는 말과 '하나님의 형상'이라는 말도 다른 것이라고 주장해야 할 것이다. 그러나 성경은 '우리의 형상'이라 표현한 것이 곧 하나님의 형상을 뜻하는 것이며, 볼 수 없고 만질 수 없는 하나님의 형

---

21) J. 몰트만. 〈창조안에 계신 하나님〉. 김균진 역. 한국신학연구소. 1994. p279.

상을 그리스도를 통하여 "우리가 들은 바요 눈으로 본 바요 주목하고 우리 손으로 만진 바라"(요일1:1)고 증거하고 있다. 성경의 증거대로 우리가 그리스도를 볼 때 우리는 그리스도를 통해 완전한 하나님의 형상을 보고 깨닫고 만질 수 있게 된다.

그리스도는 하나님 자신이시며 하나님의 본체요 형상 자체이시다. 그러므로 그리스도가 하나님의 형상이 아니라고 말하는 것이 더 이상할 것이다. 아버지와 아들과 성령은 그 본성과 형상이 일치하는 것이며 하나님의 신적 형상은 그대로 아들에게도 나타나며 성령께도 동일하게 나타난다. 이러한 일치된 신적 형상은 인간에게도 전가될 수 있는 것이어서 주님께서는 제자들이 삼위 하나님의 형상과 하나되기를 위하여 간절히 기도하셨다. "내게 주신 영광을 내가 저희에게 주었사오니 이는 우리가 하나가 된 것같이 저희도 하나가 되게 하려 함이니이다"(요17:22), 요한은 우리가 장래에 주님과 같게 될 것이라고 하였다. "그가 나타내심이 되면 우리가 그와 같을 줄을 아는 것은 그의 계신 그대로 볼 것을 인함이니"(요일3:2) 베드로도 이 지극히 큰 은혜를 우리에게 주신 이유가 우리로 하나님의 성품(형상)에 참여토록 하기 위해서라고 증거한다.(벧후1:4) 맥도날드(H.D.McDonald)는 그리스도께서 하나님의 독특한 아들되심 때문에 하나님의 형상이라고 말한다.[22] 이레니우스도 그리스도는 성부의 보이는 형상(Visible Aspect)이라고 하였다. 그러므로 하나님은 태초에 인간을 창조하실 때 삼위 하나님의 형상을 따라 만드셨고 그리스도와 같은 자 곧 하나님 자신과 일치하여 하나되는 형상을 목적하여 창조하셨던 것이다.

---

22) 윌리엄 베이커. 〈인간 하나님의 형상〉. 김성웅 역. 생명의말씀사. 1994. p44.

3) 하나님의 형상의 미래성

아담은 하나님의 형상을 따라 창조되었다. 아담은 자신 안에 무슨 결함이나 문제를 가지고 있지 않았다. 그가 하나님의 형상을 따라 만들어진 이상 그에게는 형상의 영광을 온전히 발현할 수 있는 충분한 능력도 내재되어 있었다. 그러나 아담은 무조건 하나님의 형상으로 반응하도록 기계처럼 지어진 존재가 아니었다. 하나님은 아담이 자동적으로 복종하거나 수종들도록 종으로 지으신 것이 아니라 인격적 자율성과 독립적 책임을 갖는 존재로 만드셨다. 아담은 자신의 의지와 선택의 순종을 통하여 하나님의 형상을 드러낼 수 있는 책임있는 존재였고 자신의 의사에 의해 스스로의 행동과 운명을 결정할 수 있는 자유적인 존재였다.

이 점이 다른 피조물과 인간과의 차이이다. 다른 피조물들은 한 번의 말씀으로 모두 창조되었으며 외부의 힘이 작용하지 않는 한 창조된 상태 그대로를 유지한다. 하지만 인간에게는 사고하고 선택할 수 있는 자유의지가 있으므로 창조된 자신의 상태를 더욱 영광스럽게 할 수도 있었고 그렇지 않을 수도 있었다. 인간은 하나님의 형상으로 만들어졌으나 그는 그리스도처럼 완전한 존재도 아니었으며 반대로 불순종을 행하도록 지어진 존재도 아니었다. 이 말은 곧 최초의 아담의 상태가 어떤 가능성의 상태이지 확정적인 상태가 아니었음을 의미한다. 안토니 후크마(Anthony Hoekema)는 태초의 아담에 대하여 "아직 종결되지 않은 작품으로서, 조건적인 상태에 있었다"고 말한다. 테오필로(Theophilo), 클레멘스(Clemens)도 태초의 아담은 아직까지는 하나님의 완전한 형상이 아니라 그리스도의 장성한 형상에 이르기까지 접근해가는 과정에 있는 유아적 시작이라고 하였다. 이레니우스 역시 태초의 아담이 어린아이처럼 미숙하며 불확정적인 상태에 있었다고 말하였다. 아담은 죄를 짓지 않을 수 있었으나 죄를 짓지 않는 완전한 존재는 아니었던 것이다.

태초에 하나님은 자신의 형상의 거룩함을 온전히 발현하여 창조의 영광을 충만케 하는 일을 아담에게 맡기셨지만 아담이 하나님의 형상의 영광을 온전히 발현하는 일에 곧 실패할 것을 아셨다. 혹은 아담이 실패하지 않을지라도 아담과 하와는 장성한 자를 낳는 것이 아니라 어린 아기를 낳고 생육해야 했으므로 여러 어린아이들의 성장과정에서 어떤 실패가 개입할 지 알 수 없는 일이었다. 성장에는 실패가 동반되기 마련이다. 성장의 과정에는 미숙함과 오해와 불신과 거역마저 개입할 수 있다. 이러한 연유로 하나님은 아담 안에서 하나님의 형상의 영광이 온전히 발현되는 일이 어려울 것임을 미리 예지하셨다. 또한 하나님의 창조의 영광마저도 인간들에 의해 훼손될 수 있음을 예지하셨다. 그래서 하나님은 창세 전에 이미, 인간이 창조 안에 파생시키는 모든 죄와 실패와 허물마저도 창조의 거룩함으로 치환할 수 있는 완전하고 비밀한 대책을 마련해 두셨다. 하나님은 불안정한 땅의 아담과는 다른 완전한 인간, 완전한 하나님의 형상, 창조의 영광을 거룩하게 성취할 수 있는 한 아들을 예비하고 계셨다.

하나님은 이 모든 일을 역사(歷史)라는 시간의 무대 안에서 이루시기로 작정하셨다. 하나님은 인간이 하나님의 형상의 거룩함에 이르도록 시간의 과정을 허락하였으며 인간이 실패할 때 그리스도를 통하여 계속해서 형상의 거룩함을 성취하실 것을 예비하셨다. 그래서 창조는 필연적으로 시간의 역사를 과정으로 삼는다. 역사 안에서 인간은 실패하고 넘어지며 새롭게 회복되면서 완전함으로 나아갈 수 있다. 역사는 하나님의 창조의 계속적 과정이며 창조의 작업 시간이 된다. 아담으로부터 인간은 하나님의 형상에 이르기 위하여, 신약적 표현을 빌리자면 아들의 형상을 이루기 위하여 땅의 역사를 시작하였다. 인간은 자연의 낙원에서 영원토록 행복하게 살라고 창조된 것이 아니라 하나님과 교제하고 동행하면서 말씀으로 성장하여 하나님의 형상의 영광을 발현하도록 훈련받기 위하여 동산 가운데 놓여졌다. 인간은 흙으로 만들어졌으나 하나님의 말씀을 통하여 하늘의 영적 형상으로 완성되는 존재이며 말씀으로 온전케되는 것이 땅에서의 인간의 삶의 목적이어야 했다. 이 말은 곧 인간 창조의 컨셉이 아담의 창조시에 단숨에 완전해지지 않고 역사무대를 통하여 그리스도를 목적으로 성취되는 것임을 의미한다.

아담은 처음부터 완성되고 종결된 피조물이 아니라 시간의 무대 위에서 그리스도의 형상을 입음으로 완전해지는 피조물이었다. 아담은 자신 안에서 완전치 못하며 미래적으로 그리스도 안에서 완전케 될 존재였다. 간단한 예를 들더라도 이러한 사실은 명확하다. 태초에 아담이 입은 몸과 그리스도로 말미암아 하늘에서 입는 성도의 몸은 확연히 다르지 않은가. 아담은 흙으로 만들어져 흙에 속하여 생육과 번성을 해야 하는 존재였다. 그러나 성도는 성령으로 거듭나서 하늘에 속하며 생육이 필요없는 영생의 존재이다. 아담은 땅의 흙으로 만들어 졌으나 성도는 하나님 자신의 생명의 피로 만들어진다. 아담은 자연을 다스리며 사는 존재 즉 문화를 생산하며 사는 존재이다. 그에 비하여 성도는 땅을 기업으로 삼는 문화적 존재가 아니라 하늘을 기업으로 상속받는 영광되고 신령한 존재이다. 또한 아담은 처음부터 불확정적인 위치에 있었으나 성도는 이제 그리스도 안에서 확정적인 위치에 있다. 하지만 아담은 하나님의 형상의 실체가 아니고 그림자였다. 아담은 하나님의 형상의 그림자로서, 그리스도의 모형 역할을 하기에 완전한 창조물이었다. 태초의 아담은 하나님의 완전한 형상이 될 수 없었다. 하나님의 완전한 형상은 오직 그리스도이기 때문이다.

태초의 아담은 에덴에서 완성의 과정을 걸어야 할 창조의 계속 안에 있었다. 아담은 완성되었지만 또 다른 완전한 완성을 위한 존재였다. 만일 아담이 처음부터 이 땅에 영원히 살도록 완전한 하나님의 형상으로 만들어졌는데 타락했다면 하나님의 창조는 실패의 오점을 지울 수 없으며 하나님은 실패를 복구하는 하나님, 중요한 문제에 봉착하여 실패할 수도 있는 하나님이 되어 버릴 것이다. 그러나 아담이 하나님의 형상의 그림자로서 완성되었기에 아담의 타락은 형상의 그림자에 손상을 주는 것이지 형상의 실체에 손상을 주는 것은 아니다. 만일 아담이 완전한 하나님의 형상으로 종결되었는데 타락했다면 하나님의 완전과 거룩은 손상을 입을 것이다. 하지만 아담의 타락은 형상의 그림자로서의 손상에 그치는 정도이며 더구나 하나님은 그리스도를 통하여 아담의 타락과 손상을 회복하고 더 낫고 완전한 형상을 완성하실 것이므로 아담의 손상은 창조의 실패로 이어지지 못한다. 아담은 예지된 실패, 손상될 가능성이 있는 손상을 당한 것이다. 하지만 그리스도의 창조는 실패될 수 없고 손상될 수 없다. 그것은 완전하고 거룩하게 완성되는 것이다. 그리스도야말로 하나님의 완전한 형상이기 때문이다.

따라서 인간의 창조는 창세기의 여섯째 날에 끝난 사역이 아니라 지금도 계속되고 있는 하나님의 사역이다. 인간이 하나님의 형상과 영광으로 거룩케되는 일은 아직도 종결되지 않았다. 하나님께서는 오늘도 많은 아들을 부르시어 자신의 형상으로 완성하는 일을 행하신다. 하나님은 태초의 창조의 때가 아니라 역사의 현재를 통하여 인간의 컨셉을 성취하고 계신다. 역사 안에서 인간을 자신의 아들로 만드시려는 창조 최초의 계획, 그 크고 깊은 비밀들을 성취하신다. 그 창조의 비밀을 하나님의 보내신 자 예수 그리스도로 말미암아 이루신다. 그리스도를 통해 비로서 인간의 창조와 컨셉을 완결하신다. 그리스도 안에 있는 거룩한 무리들이야말로 하나님의 아들이요, 하나님의 형상이 온전히 성취된 자요, 완전한 창조물이며 하나님께서 오랜 시간 섭리하신 영광스러운 창조의 첫 열매들이라 할 것이다. "그가 그 조물 중에 우리로 한 첫 열매가 되게 하시려고 자기의 뜻을 좇아 진리의 말씀으로 우리를 낳으셨느니라"(약1:18)라는 말씀처럼 그리스도 안에서 새롭게 창조된 인간이야말로 창조의 첫 열매이다.

이처럼 창조는 과거의 끝난 사실이 아니라 역사적 시간을 통해 계속적으로 진행하는 하나님의 작업이요 노동이다. 아담을 통해 첫 창조를 완성하신 하나님은 그리스도를 통한 새 창조를 통해 인간의 컨셉을 완전케 하신다. 그리스도의 새 창조야말로 인간 창조의 완성 과정이며 그로 인해 하나님의 창조는 최종적인 안식(참 완성)에 들어갈 수 있다. 따라서 창1:26절 말씀을 성경 전체의 흐름에서 본다면 인간의 창조목적은 창조의 제 6일에 완결되지 않고 그리스도 안에서 완성되는 것임을 알 수 있다. 인류의 역사와 구원사의 모든 과정은 모두 이 창조의 컨셉을 이루기 위하여 전면적으로 나아가는 것이다.

4) 필자의 경험

> 하나님이 가라사대 우리의 형상을 따라 우리의 모양대로 우
> 리가 사람을 만들고 그로 바다의 고기와 공중의 새와 육축과 온
> 땅과 땅에 기는 모든 것을 다스리게 하자 하시고 하나님이 자기
> 형상 곧 하나님의 형상대로 사람을 창조하시되 남자와 여자를
> 창조하시고 하나님이 그들에게 복을 주시며 그들에게 이르시되
> 생육하고 번성하여 땅에 충만하라, 땅을 정복하라, 바다의 고기
> 와 공중의 새와 땅에 움직이는 모든 생물을 다스리라 하시니라
> (창1:26-28)

필자는 지난 1992년부터 기독교세계관에 대한 연구를 했었다. 기독교세계관은 문화의 문제를 세상 것으로 치부하지 않고 성경적으로 이해하고 수용하려는 운동이다. 기독교세계관은 문화의 근거가 창1:26-26절 말씀에 있다고 주장한다. 곧 "땅을 정복하고 다스리라"는 1:28절의 말씀이 성경이 밝히는 문화의 근거이며, 사람은 땅을 다스림으로 문화를 만드는 존재라는 것이다. 또한 사람이 땅을 다스릴 수 있는 근거가 1:26절에 나와 있는데 사람이 하나님의 형상으로 만들어진 것은 다스리기 위한 것이라고 한다.

기독교세계관 운동론자들은 이 창1:26-28절의 말씀을 '문화명령'이라고 해석한다. 문화명령이야말로 창조의 정점이며, 인간은 문화명령을 성취하여 창조의 영광을 드러내는 소명을 받았다고 말한다. 그래서 종말적으로 이 땅에 성취된 아름다운 기독교 문화는 하늘나라에까지 유입되는 것이라 한다. 따라서 성도는 '대명령'(마 28:19-20)에만 치중할 것이 아니라 문화명령을 성취하는 일에도

힘을 기울여야 한다는 것이다.

그러나 필자는 창조의 정점이 문화명령이며, 사람이 문화명령의 소명을 위해 하나님의 형상으로 지어졌고, 이 땅의 아름다운 문화가 하늘나라로 유입된다는 기독교세계관의 주장을 이해할 수 없었다. 성경에 의하면 장차 땅과 땅의 문화들은 모두 멸해지고 사라지는 것들인데, 그것들이 창조의 중요한 목적이 된다는 것은 무언가 앞뒤가 맞지 않는 것이다. 만일 '문화'가 창조와 인간의 중요한 목적이었다면 땅의 좋은 문화는 어떤 형태로든지 보존되고 하늘에까지 전승될 것이다. 그러나 성경은 그 어디에서도 땅의 문화가 하늘에까지 전승되고 하늘에서도 땅의 문화를 보존한다는 말이 없다.

기독교세계관의 논리는 처음과 끝이 어긋나 있다. 그들은 문화를 창조의 목적이라고 주장하지만 종말적으로 볼 때 문화란 잠시 있다가 사라지는 것들이다. 이 때문에 필자는 창1:26-28절 말씀을 되내이고 다니면서 한동안 문화의 문제를 고민하게 되었다. 그러던 어느 날, 창1:26절 말씀을 암송하다가 갑자기 불일듯 스치는 생각 때문에 몸이 얼어붙는듯 했다. "아, 이 말씀이 문화명령이 아니라 인간의 컨셉(Concept)과 본질(Identity)을 설명하는 말씀이구나!"라는 생각이었다. 그 순간 성경의 수 많은 말씀들이 파노라마처럼 눈 앞을 스쳐 지나갔다. 마치 옛날에 머리를 부딪히고 넘어져 기절할 때, 눈 앞에 파란 불이 일며 수많은 영상들이 눈 앞을 스쳐 지나갔던 것과 비슷한 경험이었다. 물론 그 때와 달리 나의 정신을 멀쩡하고 투명하기까지 했다.

그 때 받은 충격과 아이디어를 체계적으로 정리하기 위해 성경의 여러 말씀들을 탐독해 보고, 기도하며, 이책 저책을 뒤져보게 되었다. 그리곤 알게 되었다. 흔히들 문화명령이라고 일컫는 창1:26절의 도입부, "하나님이 가라사대 우리의 형상을 따라 우리의 모양대로 우리가 사람을 만들고..."라는 말씀은 문화명령이기 이전에 인간의 본질이 무엇 인가를 설명하는 말씀이며, 하나님이 인간을 만드실 때 세우신 인간 창조의 컨셉(Concept)이었음을. 더불어 그 인간의 컨셉은(Concept)은 아담의 창조시에 완성된 것이 아니라 그리스도 안에서 미래적으로 성취되는 것임을 신약의 증거들을 통해서 확인할 수 있었다. 하나님의 창조의 목적은 인간을 하나님의 형상으로 만드는 것이었고 그것은 그리스도 안에서 종말적으로 완성되는 것이었다. 이같은 논리는 처음과 끝이 성경 안에서 일치되고 모순이 없는 논리였다.

필자가 창1:26절을 창조의 컨셉(Concept)으로 깨달은 것은 필자의 직업적 사고와도 관련된 것이다. 필자는 시각디자인을 전공한 탓에 컨셉에 대한 의미를 잘 알고 있었고 평소에도 디자인 작업을 할 때면 늘 컨셉을 염두에 두고 작업하고 했었다. 그러다보니 창1:26절의 의미를 디자인인 관점에서 생각하게 된 것이었고, 그 창1:26절 말씀에 하나님의 창조 컨셉이 있음을 깨닫게 된 것이었다.

하나님의 창조 컨셉을 알게 된 후, 창1:26절에 나타난 인간의 컨셉이 종말적으로 완성된다는 논리를 연구하여 내가 다니던 연구 모임에서 그 사실을 강의하였다. 그런데 강의가 끝나자 신학대학원에 다니던 한 자매가 나를 불러 한다는 말이 "그거 이레니우스의 주장과 비슷한데 혹시 이레니우스 것을 말한 거 아닌가요?" 하는 것이다. 이레니우스? 부끄러운 말이지만 나는 그때까지도 이레니우스가 누군지 전혀 모르고 있었다. 지금 기억해 보면 우리 모임에서 교회사를 스터디 했었기에 이레니우스란 이름을 들어 보았을 것도 같은데 사실 나는 그를 전혀 알지 못하고 있었다. 나중에 그 자매는 자신이 아는 목사님을 통하여 이레니우스에 관한 논문집을 구해서 갖다 주었다. 나는 그 자매가 구해 준 논문집과 나의 강의와 비교하고서 놀라움을 금치 못했다. "이건? 비슷한 정도가 아니라, 똑같네...." 이렇게 나는 1800년 전의 이레니우스와 첫 만남을 갖게 되었다. 나의 강의는 이레니우스라는 인물과 그의 신학을 전혀 알지 못한 상태에서 단순히 성경에 나타난 사실만을 근거한 것이었지만 그것은 이레니우스의 창조론과 다르지 않았다. 그것은 이레니우스의 창조론이 성경을 통해서 얼마든지 확증될 수 있다는 사실을 증거하는 것이다. 이레니우스 창조론은 성경 안에서 발견하고 확증할 수 있는 성경의 창조론이었던 것이다.

5. 그리스도를 위한 창조의 비밀

1) 창조의 비밀계획

하나님은 인간에게 자신을 드러내실 때 제일 먼저 창조의 하나님이심을 계시하셨다. 창조에는 하나님의 거룩한 성품과 인간에 대한 지극한 사랑이 들어 있다. 하나님은 창조를 통하여 당신의 모든 계획을 우리에게 알리시며 우리에게 더 좋은 세계를 열어주려 하신다. 하나님이 창조를 통해 우주와 인생을 조성하신 것이 그저 보기 좋으라고 만드신 것인가. 그렇지 않다. 하나님은 자신의 창조를 통해 우리에게 다가오시며 우리와 하나가 되려고 있는 힘을 다하신다. 피와 죽음을 불사하는 고통과 희생을 감당하면서까지 자신의 창조에 집중하고 계신다. 하나님은 창조사역에 있어서 하나님 자신의 생명을 소진하기까지 전면적이고 최후적인 노력을 불사하신다.
아무도 막지 못할 기운으로 하나님은 자신의 창조를 행하신다.

　그런데 우리는 하나님의 창조에 대하여 그저 찬탄에 그칠 뿐 창
조를 통한 하나님의 의도가 어떤 것인지 창조의 숨겨진 실체가 무
엇인지 거의 이해하지 못하고 있다. 대부분의 사람들은 창조란 단
지 피조세계를 만든 것을 의미하며 이미 과거에 지나간 사건이라고
만 생각한다. 창조는 과거의 영광일 뿐이고 현재에는 구원이 훨씬
긴급하고 중대한 목적이라고 생각한다. 이것은 우리가 하나님의 창
조에 대하여 얼마나 어두운가를 잘 보여주는 예이다. 우리는 창조
의 과거적 의미만 알뿐 현재적 의미는 알지 못하며 창조의 표면적
의미만 알뿐 숨겨진 실체는 알지 못한다. 혹은 창조와 구원을 따로
알뿐 창조와 구원이 어떻게 서로 긴밀하게 관련되어 창조 안에 숨
겨진 비밀한 계획들을 성취하는지 알지 못한다.

　성경은 창세기에서만 하나님의 창조를 말하는 것에 그치지 않고
성경 전체에 걸쳐 창조의 계획과 비밀들을 배열하고 있다. 그 짝들
을 맞춤으로 창조를 통해 드러나는 하나님의 뜻과 섭리를 깨달을
수 있다. 하나님은 태초의 창조 안에 이 비밀계획을 감추어 놓으셨
다. 성경의 기록은 다름 아닌 태초로부터 감추어진 이 비밀계획의
전개이다. 하나님의 말씀과 섭리는 이 비밀계획을 완성하기 위하여
서로 짝을 이루며 총체적으로 결합하고 있다. 성경은 창조의 비밀
과 관련하여 하나님의 비밀(고전4:1), 그리스도의 비밀(골4:3), 복음
의 비밀(엡6:19), 천국의 비밀(마13:11) 등을 말하고 있는데 이 모든
비밀들도 창조의 비밀계획과 관련된 비밀들이다. 따라서 창조의 비
밀계획이 제대로 조명될 때 성경의 모든 비밀들도 제대로 밝혀질
수 있다.

창조의 비밀계획 안에 태초의 창조에서부터 아담의 타락, 인간의 운명, 그리스도의 수난, 믿음의 법, 성도의 구원과 영광, 하나님나라 등이 이미 전제되어 있었으며 인류의 역사는 창조의 비밀계획을 성취하는 과정이며 작업대로 예정되어 있었다. 창조 전에 이미 예수 그리스도의 오심과 거룩한 성도들이 예비되어 있었고(엡1:4-5) 영원한 안식과 하늘나라의 상속마저 준비되어 있었다. 따라서 창조란 전(全)성경적인 의미를 갖는 것으로써 성경을 푸는 가장 큰 열쇠이다. 창조는 구원마저 포함하는 하나님의 가장 큰 사역이다. 창조 안에는 그리스도를 통한 구속사와 인류의 총체적 완성과 하늘나라를 위한 위대한 마스터플랜(Grand Master Plan)이 감추어져 있다. 이 마스터플랜의 핵심에 창조의 비밀목적이 들어 있다. 창조의 비밀목적은 성경 전체와 인류사의 거대한 흐름의 목적이기도 하다. 그리고 이 창조의 비밀목적을 성취하는 핵심과정이 바로 그리스도의 구원 사역이다. 구원은 철저하게 창조의 비밀목적에 이바지한다. 그러므로 누구도 창조의 의미를 올곧게 인식하지 않고는 성경과 복음에 나타난 하나님의 비밀한 계획들과 섭리의 구조를 제대로 이해하기 어렵다. 구원마저도 제대로 인식할 수 없다. 창조의 비밀목적은 성경의 전체성과 궁극성을 우리에게 계시한다. 따라서 우리가 창조의 비밀계획을 충분히 깨닫는다면 창조 안에서 비로서 구원의 제의미를 이해하게 되며, 구원을 통해 창조의 비밀목적이 성취되고 있음을 깨닫게 될 것이다. 나아가 창조란 구원의 전제 정도이거나 성경을 구성하는 기초가 아니라 성경 전체의 핵심과 궁극을 결정짓는 가장 포괄적인 의미임을 알게 될 것이다.

2) 인간의 비밀

하나님은 인간을 창조하실 때, 자신의 형상과 같은 존재로 만드시겠다고 말씀하셨다. 그것은 아담에게는 대단히 영광스러운 일이 아닐 수 없었다. 그것은 천사장이었던 사단 루시퍼가 충격을 받고 질투감에 휩싸일만큼 강력한 것이기도 했다. 감히 흙의 존재가 하나님의 형상을 따라 만들어지다니... 더구나 나중에 하나님의 아들로 완성되어 하늘기업의 후사로까지 올라가게 되다니... 그때까지의 어떤 피조물도 하나님의 형상으로 만들어진 예가 없었기에 하나님의 이같은 결정은 하늘 전체가 놀랄만큼 파격적인 것이었다.

그러나 인간은 처음부터 단 한번의 창조로 하나님의 형상으로 만들어지지 않았으며 형상의 원본이신 그리스도 안에서 미래적으로 완성될 예정이었다. 그 완성의 날까지 인간은 하나님과 동행하며 그 말씀을 따라 순종해야 했다. 아담은 원래 무드셀라처럼 969세를 장수하다가 죽는 존재가 아니라 에녹처럼 하나님과 동행하며 하늘에 올려져야 할 존재였다. 우리는 성경의 기록에서 하나님과 동행한 에녹이 죽지 않고 하늘에 올라간 사실을 알고 있다. 하지만 아담은 하나님과 동행하지 않았고 하늘의 길에서 돌아 나와 자아와 생명을 뱀에게 저당잡히고 탐욕의 잔을 들이마셨다. 그러자 땅의 왕이었던 아담은 단번에 죄와 사망의 노예로 전락하였고 그가 다스렸던 땅과 그에 속한 만물 역시 사단의 권세 아래 놓이게 되었다. 영광의 몸으로 갈아 입어야 할 육신은 썩어내려 영혼의 무덤이 되어버렸고 하늘에 닿을 수 있는 신령한 소망은 꺾여 자연의 순환을 따라 동물과 다름없이 쓰러지는 육체가 되었다.

아담을 하나님의 아들로 만드시어 하늘의 후사로 세우시고 자신과 하나되게 하시려는 선한 계획은 파산되었고 하나님의 형상과 영광을 드러내야 하는 아담은 한순간에 하나님을 배반하고 사단의 종이 되어 창조세계마저 팔아 넘겼다. 그리하여 거대하고 무거운 죽음의 그림자가 모든 인류를 삼키고 온갖 죄가 우후죽순처럼 돋아나는 가운데 역사는 선하고 아름다운 창조를 파괴하고 모든 관계를 분열시키는 형국을 만들었다.

참빛, 참생명, 예수 그리스도가 오시기까지 땅은 잃어버린 황무지였을 뿐이었다. 그 분은 본래부터 흙에 속한 자가 아니므로 하늘로부터 내려오셨다.(고전15:47) 창세 전부터 인간을 그리스도처럼 만드시려는 계획 때문에 인간을 위하여 땅의 육신을 입으셨다. 그리스도는 아버지께서 하라고 맡기신(요17:4) 창조의 일을 완성하기 위하여 땅에 내려 오셨다.

그 일은 먼저 아담이 빚진 대가를 지불하고 사단의 머리를 쳐서 죄와 사망에서 인간을 건지는 일이고, 다른 하나는 창조의 목적대로 인간을 하나님의 형상 곧 자신의 형상으로 온전케 하는 일이다.

그리스도는 공생애를 시작하실 때 사탄의 시험을 물리치시고 죽기까지 순종하사 십자가에 달려 피를 흘리셨다. 이것은 아담이 지었던 죄의 채무를 갚고 그리고 아담이 실패했던 하나님의 형상을 온전히 발현하는 일을 이루신 것이었다. 그리스도는 아담이 굴복했던 사단을 물리치고 아버지의 말씀을 따라 온 생애를 순종하심으로 하나님의 형상의 영광을 확증하셨다.

예수께서는 공생애 3년 동안 하나님나라를 전파하고 가르치며 병든 자를 돌아보시고 특별히 12제자를 택하셨다. 예수께서는 3년여의 사역을 통하여 하나님의 형상으로서의 아들의 모습을 우리에게 세세하게 보여주셨다. 그 모습은 완전한 인간의 모습이었으며 또한 하나님 자신의 모습이었다. 땅에서 주님의 삶의 모습은 완전한 하나님의 형상이셨다. 주님의 삶에는 하나님과 인간의 하나됨과, 흙의 몸에 하나님의 형상이 구현된 완전한 인간의 모습이 나타나 있다. 주님은 하늘로서 내려오사 사람의 아들로 태어나셨고 자연적 성장과정을 거쳐(눅2:40) 굶주림(눅4:2)과 슬픔(마26:37), 가난(눅9:58), 피로(요4:6) 등 모든 일에 인간처럼 시험을 받으신(히4:15) 분이다. 그러나 죄가 없으시며 온유하고(마11:29), 겸손하며(빌2:8), 하나님 일에 열심을 품고(눅2:49), 순종하시며(마26:39), 근면하며(눅4:42), 정직하고(벧전2:22), 기도하시며(막14:32-35), 성실하며(눅4:43), 의로우신(사53:11) 분이다. 그는 근본 하나님의 본체시나 만물의 찌끼같은 후욕을 당하면서 죽기까지 순종하셨다. 그 안에는 신성의 모든 충만이 육체로 거하신다.(골2:9) 그분은 하나님의 형상의 실체가 무엇인지 완전한 인간의 모습이 어떤 것인지를 몸소 보여주셨다. 주님은 자신의 모든 삶을 제자들과 성도들을 위해 아낌없이 내어주셨다. 그리고 주님께서는 이 땅을 떠나시며 제자들에게 이렇게 의탁하셨다.

"모든 족속으로 제자를 삼아.. 내가 너희에게 분부한 모든 것을 가르쳐 지키게 하라". 주님은 하나님의 형상으로서의 완전한 모습을 보이시고 모든 족속을 가르쳐 자신처럼 행하게 만들라는 대명령을 남기셨다. 성령으로 잉태되어 십자가에 죽으시고 부활하여 승천하시기까지 주님은 하나님의 형상의 완전한 본을 보이셨고 동시에 하나님 자신이 이루셔야 할 창조를 위한 모든 일들을 완전하게 성취하셨다. 그리하여 주님은 "다 이루었다"(요19:30)고 말씀하신 후 돌아가셨다. 모든 믿는 자가 동일하게 따라 걸어야 할 하나님의 형상의 길, 참 인간의 완성길을 열어 놓으시고…

이처럼 땅의 인간으로 오신 그리스도야말로 창조의 목적이며 아담의 목적, 완전한 하나님의 형상이었다. 태초부터 하나님의 형상이신 그리스도는 창조 안에 감취어져 있었다. 아담은 하나님의 완전한 형상이 아니라 완전한 형상을 예표하는 모형으로 서 있었고 그리스도를 향하여 서 있었다. 아담은 완전한 하나님의 형상이신 그리스도의 모형으로서, 그리고 그리스도 안에서 하나님의 형상으로 완성되기 위해 창조되었다. 이것이 태초의 창조의 비밀이며 아담의 비밀, 인간의 비밀이라 할 수 있다.

3) 교회의 목적

대명령의 본질은 주님이 가르친 모든 것을 배우고 행하며 전하는 것에 있다. 주님께서 분부한 모든 것을 배우고 지키는 것은 그리스도를 따르는 만국의 성도들이 동일하게 이루어야 할 주님이 명령이다. 그리고 그 최종적인 결과는 교회가 그리스도의 형상 곧 하나님의 형상대로 거룩케 되는 것이다. 그것은 태초의 창조의 목적이며 아담과 하와에게 실패되었던 하나님의 목적이었다. 성도는 자기를 창조하신 그리스도의 형상을 따라 지식에까지 새롭게 하심을 받으며(골3:10) 그리스도를 믿는 것과 아는 일에 하나가 되어 그리스도의 장성한 분량을 충만하게 이루는 온전한 사람이 되어야 한다.(엡4:13) 이것이 사도들이 전파한 복음의 목적이었다. 사도들은 그리스도를 전파하고 그리스도의 형상을 온전히 이루는 성도로 만들기 위해 해산의 수고를 아끼지 않았다.(갈4:19) 바울은 고백하기를 우리가 그리스도를 전하여 모든 지혜로 각 사람을 가르치는 것은 모든 자를 그리스도 안에서 '온전한 자—그리스도의 형상'을 이루는 자로 세우기 위함이라고 하였다.(골1:28) 바울은 하나님께서 주님을 맏아들로 삼아 모든 성도들이 아들의 형상을 본받도록 미리 정하셨다고 증거한다.(롬8:29) 그래서 베드로는 주 앞에서 흠도 없고 점도 없이 평강 가운데서 나타나기를 힘쓰라고 권면하고 있다.(벧후3:14) 그리스도의 가르침을 따라 그 말씀을 지키는 자(요일2:5)로 만드는 것은 대명령을 따르는 사도의 전통이요 복음의 본질적인 목적이다.

사도들은 창조의 비밀을 따라 인간을 그리스도처럼 만드는 영광의 계획을 성취하기 위해 목숨을 다해 충성하였다. 인간의 성품 뿐만 아니라 인간의 낮은 몸조차도 그리스도와 같은 신령한 몸으로 변하여 영광으로 영광에 이를 것을 알고 가르쳤다.(고후3:18) 즉 인간이 신화(Divinization)되는 영광을 가르쳤다. 인간이 신(god)이 되는 것이야말로 창조 본래의 목적이다. 우리가 그리스도의 성품처럼 온전케되고 그리스도와 같은 몸을 입고 죽지 않는 삶을 사는 것이 바로 신이 되는 것이 아니고 무엇이겠는가. 하나님의 아들이 되는 것은 곧 신이 되는 것을 의미하는 것이다. 성경은 인간을 신이라고 말하고 있으며(시82:6) 예수께서도 하나님의 말씀을 받은 사람들이 신(god)이라고 증거하셨다.(요10:34) 베드로는 성도로 하여금 신의 성품에 참여하게 하려고 지극히 큰 약속을 우리에게 주셨다고 말한다.(벧후1:4) 주님의 대명령을 따르는 일은 하나님의 형상을 완성하는 일이며 이것은 성도들을 그리스도와 같은 영광스러운 신적 존재로 만드시는 하나님의 지상 최대의 사역이다.

그리스도의 교회는 창세 이전부터 감추어진 창조의 비밀계획의 핵심이다. 하나님은 처음부터 아담과 하와를 목적으로 창조하신 것이 아니라 그리스도와 교회를 목적으로 창조하셨다. 아담과 하와의 결합은 다름 아닌 그리스도와 교회의 결합을 의미하며, 아담과 하와의 결합이 땅의 역사의 시작이었듯이 그리스도와 교회의 결합은 하늘 역사의 시작이다. 그리하여 하나님의 형상이 그리스도에게 나타나고 그리스도의 형상은 교회를 통해 완전히 드러나게 된다. 교회는 완전한 그리스도의 형상과 영광이다. 주님께서는 교회를 자신의 형상으로 완전케 하시려고 물로 씻어 말씀으로 깨끗케 하시고 자기 앞에 영광스러운 교회로 세우사 거룩하고 흠이 없게 하려 애쓰신다. "이는 곧 물로 씻어 말씀으로 깨끗하게 하사 거룩하게 하시고 자기 앞에 영광스러운 교회로 세우사 티나 주름잡힌 것이나 이런 것들이 없이 거룩하고 흠이 없게 하려 하심이니라"(엡5:26-27) 주님은 교회 안에서 성도에게 그리스도의 충만한 분량을 채우시어 하나님의 형상을 완성하려 하신다. 하와의 완성이 첫 창조의 완성인 것처럼 교회의 완성이 새 창조의 완성이기에 주님은 교회를 완전하게 하려 하신다. 그러나 하와는 실패하였어도 교회는 실패하지 않는다. 마치 아담이 실패하였으나 그리스도는 실패하지 않으신 것과 같다. 교회와 그리스도는 최후까지 승리하여 하나님 앞에 설 것이다. 그리하여 '하나님-아담-하와'로 이어지는 첫 창조의 그림자는 '하나님-그리스도-교회'로 이어지는 새 창조의 완전함으로 나타날 것이다.

4) 형상과 영광

하나님의 형상과 영광은 서로 긴밀한 내적 관련성을 지니고 있다. 흙으로 만들어진 피조물이 하나님의 형상을 따라 지음을 받은 것은 실로 영광스러운 일이었으며 더욱이 하나님과 동행하며 그 형상의 영광을 드러내는 삶을 산다는 것은 더할 수 없는 영광일 것이다. 하나님께서도 자신이 창조한 인간이 하나님의 형상과 신적 거룩을 드러내는 것을 볼 때 참으로 영광을 얻으시게 될 것이었다. 그러나 아담은 그 스스로의 불순종의 행위로 하나님의 형상을 드러내는 일에 실패하여 자신의 영광을 깨트림과 동시에 하나님의 영광마저도 가리우게 되었다. 이 점에 있어서 하나님의 형상과 영광은 서로 긴밀하다. 하나님의 형상을 성취하면 영광이 있으나 형상을 훼손하면 영광 역시 훼손되게 마련이다. 마찬가지로 하늘의 형상을 온전히 성취한 자에게는 하늘의 영광이 있고 하늘의 형상을 성취하지 못한 자에게 영광은 소멸된다.

타락 이전의 아담은 그 자신이 아직 선이나 악에 치우치지 않은 상태에 있었다. 아담은 그의 자유의지를 따라 말씀에 순종할 수도 그렇지 않을 수도 있었으나 아담이 순종을 계속하는 한 그에게 하나님의 형상과 하나님의 영광은 동일하게 머무르는 것이었다. 타락 이전의 아담에게는 하나님의 형상을 반사하는 선하고 의로운 영광이 드러나고 있었다. 그가 하나님의 형상의 자리로 계속 성숙해 나아가는만큼 아담의 영광은 더욱 광대하게 빛날 수 있었다. 그러나 아담이 범죄하였을 때 하나님의 형상은 채 발현이 되기 전에 훼손되었고 아담에게 있었던 영광의 명예는 한 순간에 쇠락하고 말았다.

이는 마치 사법 연수생이 도적질을 하여 연수원에서 쫓겨난 것과 같다고 볼 수 있다. 사법 연수생은 재판관으로서의 지위와 그에 따른 영예를 약속받은 자이다. 그는 재판관이 될 수 있는 법적 지식을 가지며 판결의 지혜를 배우는 과정에 있는 자이다. 그가 연수생의 과정을 잘 마친다면 훌륭한 재판관으로서의 자질과 영광을 얻을 수 있다. 하지만 그가 짐짓 도적질을 하게 된다면 재판관이 될 수 있는 특권을 상실함은 물론이요 즉시로 죄인과 같은 방에 갇혀 버릴 것이다. 그는 자신의 힘으로는 도저히 빠져 나올 수 없는 회복 불가능한 상태에 붙잡히게 된다.

도적질한 사법 연수생처럼 아담은 하나님의 형상을 온전하게 반영하는 완성의 길을 상실하고 말았다. 하나님의 형상을 닮았다고 하는 영예는 도리어 부끄러운 것이 되었고 만물을 다스릴 수 있는 권위 역시 상처받고 말았다. 하나님의 형상을 현시하는 기쁨은 폐기되고 그로 인한 영광도 증발되어 버렸다. 인간이 하나님의 형상과 영광을 잃어버리자 인간은 그 자리에 다른 대용물을 놓으려 부유하게 되었다. 우상과 탐욕의 버러지의 모양들을 하나님의 형상의 자리에 올려놓게 된 것이다. 자기 동일화의 대상이 나무나 돌로 새긴 형상이 되었고 돈이나 권력 혹은 성, 명예나 예술이나 자기를 숭배하는 쾌락으로 바뀌어져 버렸다. 인간은 죄에 죄를 더하여 영원한 저주와 형벌의 종노릇을 자초하는 것이다. 죄는 하나님의 형상과 반대되는 것이다. 죄는 인간이 하나님의 형상 즉 하나님의 영광에 이르지 못하게 막는다. 죄는 인간이 하나님의 형상에 이르도록 성장하는 것을 훼방하며 사망은 형상에 대한 소망 자체를 끊어버린다. 그래서 바울은 "모든 사람이 죄를 범하였으매 하나님의 영광에 이르지 못했다"(롬3:23)고 증거한다.

그리스도는 하나님의 형상과 영광을 되찾고 완성하는 사역을 수행하기 위하여 오셨다. 그리스도는 먼저 십자가를 통하여 하나님과의 잃었던 관계를 회복시키신다. 에덴에서 잃어버렸던 인간의 아버지, 자기 동일화의 대상, 영광의 목적을 다시 바라보게 하신다. 태초에 하나님께서 인간에게 하나님의 형상을 완성하도록 하신 약속과 기회를 다시금 보장받게 하신다. 그리스도의 중재로 인해 실추되었던 인간의 명예가 회복되고, 하나님과 다시 사귈 수 있는 화목의 기쁨을 보혈의 은혜로써 되돌려 받게 하신다. 그러나 주의해야 할 것은 인간은 여전히 땅의 몸을 입고 있으며 아직은 영광의 자리에 온전히 이른 것이 아니라는 사실이다. 태초의 아담의 자리에 복직되었으며 영광의 미래를 다시 약속받은 것 뿐이다. 인간을 하나님의 형상으로 완성시키려는 하나님의 창조의 목적은 이제 다시 새로운 출발선 상에 서게 되었고 그 대표주자를 아담이 아닌 그리스도께서 대신 맡으셨다. 그러나 이 영광의 길은 그리스도가 이미 닦아 놓고 완성해 놓으신 순종의 길이기에 성도는 주님의 뒤를 좇아 주님의 도우심으로 아담처럼 실패하지 않고 이 길을 다 달려갈 수 있다. 그를 맏아들로 하여 많은 아들들이 하나님의 형상을 이루어 영광의 나라, 영광의 자리에까지 다다를 수 있다. 인간의 약함과 스스로의 어쩔 수 없는 죄가 가로 막을지라도 그리스도를 통하여 완전히 변화될 수 있다. 징계와 연단을 받음으로 온전해진 믿음을 통해 죄를 이기고 순종으로 완전케 된다. 하나님은 이 약속과 벅찬 소망, 그 보장된 지위와 신분의 존재가 되도록 우리를 그리스도 안에 있게 하셨다. 그러므로 우리는 이 땅에서의 고난의 삶을 그리스도의 형상을 이루기 위하여 기쁘게 걷는다. 성도는 두려움과 떨림으로 우리의 구원-하나님의 형상을 이루기 위해 나아간다. 십자가에서 죽기까지 순종하사 우리에게 본을 보이신 주님의 뒤를 따라 그리스도의 장성한 분량을 이루고자 나아간다.

주께서 재림하실 때 성도들은 주님의 형상과 동일한 신령한 몸을 입고 주님의 형상처럼 화하여 영존하시는 하나님의 아들의 영광 속으로 들어가게 될 것이다. 그럼으로써 인간은 하나님의 창조의 목적을 온전히 이루는 존재로서 하나님의 영광이요 형상이 될 것이다. 성도는 그리스도의 형상과 영광이요 그리스도는 하나님의 형상과 영광으로 빛날 것이다. 신부로 단장한 성도는 온갖 보석으로 빛나는 거룩한 성전이 되어 신랑이신 그리스도를 맞는 기쁨을 누릴 것이다. 하나님의 형상과 영광은 이와 같은 것이다. 이 둘은 별도의 나누어진 의미를 갖는 것이 아니라 동일한 의미로 빛나는 것이다. 선을 행하는 자에게 상급이 있듯이 형상을 이룬 자에게는 영광이 있다. 하나님의 형상은 인간의 영광이요, 하나님의 형상으로 완성된 인간은 하나님의 영광이다. 태초의 창조 안에 숨겨진 비밀 계획의 핵심과 궁극에 하나님의 형상과 영광 곧 그리스도가 계시다.

제 3 장

창조와 자연

태초의 6일의 창조는 땅과 인간을 만든 '자연세계'의 창조였다. 그러나 '자연세계'는 창조의 진정한 핵심이 아니며 완성도 아니다. '자연'은 하나님의 창조의 기초이자 출발이다. 진정한 창조는 그리스도 안에서 이루어진다. 그리스도는 '자연' 안에서 땅의 인간을 하늘의 자녀로 만드신다. 이 과정이 진정한 창조의 핵심과정이며 자연은 이 핵심과정을 위한 무대로 사용된다.

터툴리안의 주장대로 '창조의 6일'로 창조가 종결되었다면 또는 어거스틴의 말처럼 '선한 창조'가 창조의 유일한 목적이었다면 창조는 더 이상의 과정이 필요없는 완결된 상태라 할 것이다. 그러면 창조는 곧 6일의 창조와 같은 것이 되며 6일의 창조는 곧 자연만물의 창조를 의미하는 것이 되니 '자연만물'이야말로 창조의 진정한 실체이며 핵심이 된다. 그러면 '창조 = 자연'이라는 도식이 만들어진다. 실제로 서방신학은 3세기부터 현대에 이르기까지 "하나님의 창조는 6일의 '자연'의 창조와 같으며 따라서 창조는 모두 완결되었다"는 도식을 굳게 믿고 따르고 있다.

그러나 태초의 6일의 창조가 하나님의 창조의 실체이며 창조가 완결된 것이라는 주장은 옳지 않다. 성경의 많은 증거들은 6일의 창조가 창조의 완결이라는 사실을 승인하지 않으며 오히려 그것들이 모두 임시적이며 하나의 모형에 해당한다는 사실을 가르치고 있다. 자연의 창조는 영원한 창조의 모형으로 세워진 것이기에 참된 완성을 고대하는 창조일 뿐이다. 태초의 6일에 완성된 인간을 포함한 자연만물은 창조의 완전한 실체가 아니며 단지 창조의 실체를 표상하는 그림자로 창조된 것이었다.

1. 자연창조의 모형성

1) 태초의 아담은 그리스도의 모형이다.

하나님이 아담을 창조하신 것은 창조의 여섯째 날이었다. 하나님은 아담을 창조하신 후에야 비로서 그 지으신 모든 것이 '심히 좋았다'고 표현하셨다. 아담은 6일 동안의 창조에 있어서 하나님의 창조의 정점이요 중심이었다. 그래서 하나님은 아담에게 창조된 모든 피조물들을 위임하시고 그것을 다스리라고 말씀하셨다. 아담은 땅의 지배자요 관리자로 임명되었으며 동시에 모든 창조물의 머리요 유일한 대표자가 되었다. 그런데 얼마 지나지 않아 아담은 문제를 일으켰다. 그는 인류의 대표로서의 위상을 지키지 못하고 사탄의 사술과 결탁하여 죄와 사망의 권세 아래 굴복하였다. 창조의 영광을 드러내야 할 땅의 주인으로서의 아담은 자신의 영광을 내어버리고 한갓 사단의 노예로 전락하고 말았다. 아름답게 창조된 땅 마저도 썩어짐의 종노릇에 매이고 가시와 엉겅퀴를 내도록 만들었다. 아담 한 사람으로 인해 창조세계에 죄와 사망이 역사하기 시작하였으며 죽음이 인류 위에 왕노릇하게 되었다. 땅의 모든 인간은 이 사슬에 함께 묶여 역사와 세대를 통하여 아담과 함께 흙으로 돌아가는 신세가 되었다. 아담으로 인해 창조의 영광은 쇠락되었으며 하나님의 창조는 실패라는 오명 위에 불시착하게 되었다.

성경은 이러한 문제들을 치유하기 위해 아담과 같은 대표성을 가진 한 사람을 언급한다. 아담으로 인한 모든 문제를 해결하고 인류의 새로운 머리요 대표가 되실 한 사람을 제시한다. 바로 죄없는 하나님의 아들 예수 그리스도이다. 성경은 그리스도를 둘째 아담 또는 마지막 아담이라 칭한다.(고전15:45) 그리스도는 아담의 죄와 상관없이 하늘로부터 오신 사람이기에 아담이 가졌던 대표성을 가질 수 있으며 예수님 이외에 더 이상의 대표성을 가진 인간이 필요하지 않기에 마지막 아담(고전15:15)이 된다. 그러나 그리스도는 아담과는 전혀 다른 차원의 대표성을 가진 분이다. 아담은 땅의 인간을 대표하지만 그리스도는 하늘과 땅의 인간을 대표한다. 아담은 땅의

지배자이지만 그리스도는 하늘과 땅의 지배자이며 아담은 흙으로
만들어진 피조물이지만 그리스도는 창조주이시다. 아담은 죄와 불
순종을 대표하지만 그리스도는 완전한 의와 순종을 대표하며, 아담
의 불순종은 죄와 사망을 가져왔지만 그리스도는 죽기까지 순종하
사 은혜와 생명을 넘치게 하였다.

아담은 참된 인간의 그림자이나 그리스도는 인간의 원형이시다.
아담은 태초부터 인간의 참 대표가 아니었으며 단지 참 대표의 모
형이요 그림자의 역할을 하는 존재였다. 이레니우스는 그리스도야
말로 인간의 원형이라고 말하였다. 성경도 이를 뒷받침하고 있다.
바울은 로마서를 통해 아담이 그리스도를 예표하였다는 사실을 증
언한다. "아담은 오실 자의 표상이라"(롬5:14)고 말한다.

따라서 태초의 창조는 아담 안에서는 결코 완결될 수 없는 것이
었다. 아담의 한계는 '모형'이라는 사실에 있으며 그는 하나님의
형상의 모형이고 그리스도의 모형이었다. 모형을 만들어 놓고 그것
으로써 창조가 완결되었다고 주장하는 것은 이치에 맞지 않는다.
아담의 완성은 그리스도를 향한 출발에 불과한 것이었다. 이 때문
에 아담의 창조는 완결의 의미를 가질 수 없는 창조이다.

2) 아담과 하와는 그리스도와 교회의 모형이다.

하나님은 아담을 지으신 후 사람이 독처하는 것이 좋지 못하다
하시며 남자를 돕는 배필을 지으셨다. 하나님께서는 아담을 깊이
잠들게 하신 후 갈빗대 하나를 취하여 살로 대신 채우시고 갈빗대
로 하와를 만드셨다. 그리고 "이러므로 남자가 부모를 떠나 그 아내
와 연합하여 둘이 한 몸을 이룰지로다"(창2:24) 하시며 남녀가 하나

되어 인류의 모체인 가정을 이룰 것을 말씀하셨다.

하나님께서는 한 남자와 한 여자 만을 지으셨다. 이는 자연의 창조 안에서 이루어진 일이지만 이 역시 창조의 모형과 밀접하게 관련되어 있다. 바울은 사람이 부모를 떠나 그 아내와 합하여 한 육체가 되는 것이 큰 비밀이라고 증거하면서 아담과 하와와의 관계가 곧 그리스도와 교회에 대한 상징이라고 밝힌다. "이러므로 사람이 부모를 떠나 그 아내와 합하여 그 둘이 한 육체가 될지니 이 비밀이 크도다 내가 그리스도와 교회에 대하여 말하노라"(엡5:31-32)

하나님은 아담의 갈빗대로 하와를 지으신 것처럼 그리스도의 피로 교회를 지으셨다. 아담의 배필이 하와이듯 그리스도의 배필은 교회이다. 아담이 하와의 머리가 되는 것처럼 그리스도께서는 교회의 머리가 되신다.(엡5:23) 아담이 하와와 한 몸을 이룬 것처럼 주님은 교회를 사랑하사 위하여 자신을 주시며 거룩한 신부로 맞아 하나가 되신다. 아담과 하와가 한 몸이 되어 이 땅의 가정을 시작하였듯이 그리스도와 교회가 하나가 될 때 천국 가정이 시작된다.

천국은 어린양의 혼인잔치로부터 시작된다. 종말로 혼인기약이 이르면 신랑이신 그리스도를 위하여 신부인 교회가 아름답게 단장되어(계19:7) 거룩한 혼인을 치를 것이다. 어린양의 혼인잔치는 하나님께서 자연의 창조 이전부터 그리스도를 위하여 예정하신 것이며 창조 안에 감추어 두신 비밀한 혼사계획이었다. 그것은 창조의 제6일에는 나타나지 않았으나 종말에 완성될 것으로써 이미 아담과 하와를 통하여 모형적으로 예표되어 있었다. 결국 아담과 하와는 미래에 있을 영적인 부부의 모형과 그림자로 의미로 창조된 존재였던 것이다.

3) 아담의 복은 성도가 받는 복의 모형이다.

　하나님은 아담을 창조하신 후 그에게 복을 주사 땅을 정복하고 다스리라고 말씀하셨다. 하나님은 아담에게 땅의 만물을 다스릴 수 있는 권세를 주셨다. 하지만 우리가 성경을 주의한다면 아담의 지배권이 철저히 땅에 국한된 것임을 알 수 있다. 창1:28절은 "하나님이 그들에게 복을 주시되 생육하고 번성하여 땅에 충만하라, 땅을 정복하라, 바다의 고기와 공중의 새와 땅에 움직이는 모든 생물을 다스리라"고 기록하고 있다. 말씀을 보아 알 수 있듯이 아담이 다스리는 영역은 땅(자연)에 제한되어 있다. 아담은 땅에 충만하고 땅을 정복하고 땅을 다스리는 존재이다. 아담은 흙에서 나온 피조물중 유일하게 하나님의 형상을 따라 창조되는 영광을 얻었지만 아직 하늘의 복을 받는 신령한 존재는 아니었다.

　구약에서 아담과 다른 차원의 복을 약속받은 사람이 아브라함이다. 아브라함은 하나님께 복을 받되 복의 근원이 되며 '네 자손'으로 말미암아 천하만민이 복을 얻을 것이라는 놀라운 축복을 받았다. 성경이 말하는 '네 자손'이란 그리스도를 말한다. "여럿을 가리켜 그 자손들이라 하지 아니하시고 오직 하나를 가리켜 네 자손이라 하셨으니 곧 그리스도라"(갈3:16) 바울은 아브라함이 복을 받은 것처럼 천하만민도 그리스도 안에서 아브라함처럼 복을 받을 수 있다고 말하였다.(갈3:8) 구약의 아브라함이나 오늘의 성도는 동일한 복, 그리스도를 통한 하늘의 복을 받는 것이다.

　하나님은 태초의 아담에게는 하늘의 신령한 복을 허락치 않으셨다. 약속하신 자손이 오기까지 복의 근원이 되었던 아브라함마저도 하늘의 신령한 복을 멀리서 바라보아야 했다. 아브라함은 하늘의 복이신 그리스도가 오실 것을 기대하다가 보고 기뻐하였다.(요 8:56)

우리는 이러한 복의 의미들을 통해서 다음과 같은 내용을 유추할 수 있다. 가장 먼저 창세 전에 예정된 하늘에 속한 복의 원형이 있었다. 첫사람 아담은 그 복의 모형격인 땅의 복을 먼저 받았다. 아담은 순종을 통하여 하늘의 복을 받을 수 있었지만 타락함으로 그 소망을 잃어버렸다. 그러자 하나님은 오랜 후에 아브라함과 그 자손에게 다시 복의 원형을 약속하셨고 그리스도 안에 속한 믿음의 자손들에게 하늘에 속한 복의 원형을 허락하기로 약속하셨다. 엡 1:3절에 "우리 주 예수 그리스도의 아버지께서 그리스도 안에서 하늘에 속한 모든 신령한 복으로 우리에게 복 주시되"라는 말씀은 오늘의 성도가 받는 복의 내용을 증거하고 있다. 오늘의 성도들은 아담과 달리 하늘의 권세를 누리며 '하늘에 속한 모든 신령한 복'을 받는 것이다. 그러므로 아담이 받았던 땅의 복은 그리스도로부터 받는 하늘의 복을 예표하는 그림자였음을 알 수 있다.

4) 문화명령은 대명령의 모형이다.

하나님께서는 아담에게 복을 주시되 "생육하고 번성하여 땅에 충만하라, 땅을 정복하라, 바다의 고기와 공중의 새와 땅에 움직이는 모든 생물을 다스리라"(창1:28)고 말씀하셨다. 오늘날 이 말씀은 흔히 문화명령(Cultural Mandate) 이라고 일컬어진다. 문화명령은 인간이 땅을 다스리고 계발하여 문화를 만드는 일의 성경적 근거이다. 그리고 문화란 인간을 인간이게 만드는 인간적 특질이다. 인간은 본성적으로 자연을 근거로 문화를 생산하는 방식으로 살아가는 존재이다. 땅의 모든 인간은 문화 안에서 태어나 문화 안에서 살다가 죽은 다음에야 문화의 경계를 넘는다. 그것은 하나님께서 땅의 모든 인간들이 자연을 근거로 문화적 삶을 살도록 규정하셨기 때문이다.

하지만 하나님은 인간이 땅의 문화적 존재로만 머무는 것을 기뻐하지 않으셨다. 인간은 땅의 문화적 존재에서 문화를 초월하는 하늘의 존재로 부르심을 받는 존재이다. 하나님은 처음에 문화명령을 주심으로 인간을 땅의 존재로 부르셨지만 이제는 그리스도 안에서 대명령(Great Command, 마28:19-20)을 주심으로 인간이 하늘의 존재로 완성되도록 부르신다.

문화명령과 대명령은 서로 위계와 차원이 다른 명령이다. 먼저 문화명령은 아담과 땅에 속한 명령이다. 문화명령은 인간이 땅을 다스리되 땅의 영역을 초월하는 것에 대하여 말하지 않는다. 이에 비해 대명령은 땅의 지배권은 물론이고 하늘의 권세와 기업까지 포괄하는 명령이다. 주님은 대명령을 주실 때 대명령이 갖는 권세의 영역이 어디까지인지를 분명히 밝히셨다. "예수께서 나아과 일러 가라사대 하늘과 땅의 권세를 내게 주셨으니 그러므로 너희는 가서 모든 족속으로 제자를 삼아... 내가 너희에게 분부한 모든 것을 가르쳐 지키게 하라".(28:19-20) 이 말씀을 보아 알 수 있듯이 대명령은 문화명령과 달리 하늘과 땅을 다스리는 모든 권세에 근거하고 있다. 이러한 권세의 차이는 곧바로 다스리는 영역의 차이를 나타내며, 문화명령과 대명령의 차이를 타나낸다. 또한 이러한 차이는 대명령이 문화명령보다 더욱 포괄적이고 상위적인 명령임을 나타낸다.

최근 들어 기독교세계관 운동론자들이 문화명령과 대명령이 서로 병행하며 균형을 이루는 것이므로 교회는 이 두가지 명령을 동시적으로 성취해야 한다고 주장하지만 그것은 성경의 진리와 거리가 멀다. 그들은 교회가 두가지 명령을 병행함으로 문화적 사명과 복음전파의 사명을 동시적으로 성취할 수 있다고 말하지만, 대명령을 지키는 자는 문화명령을 따로이 지키지 않아도 저절로 문화명령을 지키는 자가 될 수 있다. 대명령이야말로 땅의 문화와 함께 하늘까지 포괄하는 거시적이고 상위적인 명령이기 때문이다. 대명령을 지키는 자들은 주님이 분부하신 '모든 것'을 지키는 자들이다. 주님이 분부하신 모든 것에는 복음 전파의 사명 뿐만 아니라 땅의 삶을 온전히 사는 것이 포함되어 있으며, 문화의 형태를 거룩케 하는 것도 포함되어 있다. 그러므로 주님의 대명령이 단지 복음전파에 관한 것이라고 생각하는 것 자체가 대명령을 구원과만 관련된 명령으로 편협하게 오해하는 있는 것이다. 세계관론자들은 문화명령이 대명령 안에서 비로서 완전해지며 문화의 모든 것이 대명령을 통하여 회복되는 것임을 알아야 한다. 두 명령은 서로 합쳐져 균형을 이루거나 혹은 대등한 명령이 될 수 없으며 대명령이 문화명령을 폐하면서 동시에 완전케하며 나아가 초월하게 만드는 완전한 하늘의 명령이 되는 것이다. 문화명령은 처음부터 그 완성을 목적으로 하기보다 대명령을 예표하는 그림자로 존재하고 있었다.

5) 행위언약은 은혜언약의 모형이다.

하나님께서는 아담을 에덴동산에 두사 동산을 지키며 다스리게 하셨다. 이때 하나님과 아담은 창조주와 피조물로서 상호적, 인격적인 관계를 갖기 시작하였다. 먼저 하나님은 창조주로서 피조물인 아담에게 삶의 필요들과 적절한 환경과 그에 따르는 자유를 허락해 주셔야 했다. 하지만 그것은 하나님의 일방적인 공급에 의해서가 아니라 아담 자신이 피조물로서 창조주와의 올바른 관계에 있을 때 허락되는 것이다. 이러한 쌍방간의 인격적이고 정당한 관계 곧 의 (義)로운 관계가 지켜짐으로 인간은 낙원에서의 행복과 안식을 지속적으로 유지할 수 있으며 또한 하나님은 이러한 의(義)를 기초로 아담의 행복과 자유를 보장하며 미래마저 약속할 수 있는 것이다.

아담은 창조에 의한 피조물이며 하나님과 떨어져 스스로 살 수 있는 완전한 존재가 아니었다. 피조물인 아담에게는 본래적의 무 (無)와 존재의 사멸로 돌아갈 불안함이 항존하고 있었다. 실제로 태초의 아담은 하나님과의 관계 여하에 따라 영생할 수도 있고 죽을 수도 있는 불확정의 존재였다. 하나님은 이 점을 아담에게 주지시켰다. 하나님은 동산의 중앙에 선악을 알게 하는 나무와 생명나무를 두셨다. 그리고 하나님은 선악과를 두고 아담과 행위계약을 맺으셨다. 그 내용인즉, 동산 각종 나무의 실과는 아담이 임의로 먹되 선악을 알게 하는 나무는 먹지 말아야 한다는 것이었다. 만일 아담이 창조주의 명을 어기고 선악과를 먹는 날에는 그 불의로 인해 죽을 것이며, 선악과를 보존하면서 하나님과의 의의 관계를 지속하면 그 의로 인해 생명나무를 먹고 영생으로 나아갈 수 있는 것이었다. 이 계약은 창조주와 피조물의 관계에서 자연스럽게 파생되는 의와 자유와 책임에 대한 규약이었다.

아담은 그 자신의 자유의지와 순종에 따라 하나님의 뜻을 선택할 수도 있고 그렇지 않을 수도 있었다. 아담은 순종으로 생명과를 먹고 영생으로 나아갈 수도 있고 불순종하여 선악과를 먹고 죽음으로 나아갈 수도 있었다. 하지만 아담은 불순종을 선택하여 자신이 지켜야 할 의의 상태를 파기하였다. 그는 하나님의 아름다운 창조 안에서 기쁜 안식을 누렸으나 동시에 탐욕을 드러내어 선악과를 탈취하였다. 그는 피조물로서 지켜야 할 마땅한 자리를 벗어나 하나님과의 계약을 손상시켰으며 생명에 대한 안전한 보장과 땅의 왕으로서의 위임받은 권세를 내어 버렸다.(호6:7) 그러자 하나님은 계약의 파기에 따르는 불의의 삯인 사망을 선고하셨고 창조세계와 땅의 저주받음을 말씀하셨다. 또한 하나님은 아담이 생명나무를 먹고 영생하지 못하도록 그 길을 막으셨다. 아담을 에덴동산에서 내어 쫓으시며 생명나무에 이르는 길에 그룹들과 두루 도는 화염검을 두어 지키게 하셨다.

하지만 자비로운 하나님은 인간을 영원토록 내쫓으신 것이 아니었다. 하나님은 인간을 죄와 사망에서 구원하여 하나님 자신과 더욱 완전하고 아름다운 관계 – 창조자와 피조물이 아니라 아버지와 아들의 관계를 맺을 것을 예정하셨다. 이 새로운 계약은 율법과 선지자들을 통해 여러 모양으로 증거되면서 마침내 그리스도에 이르러 성취되었으니 곧 믿음으로써 맺는 은혜의 계약이다.

일반적으로 하나님이 아담과 맺은 언약을 행위언약이라 하고 복음에 의해 그리스도 안에서 제시된 언약을 은혜언약이라고 한다. 어떤 이들은 행위언약과 은혜언약으로 표현하기 보다 창조언약과 구속언약으로 표현하기도 한다. 아무튼 하나님이 아담과 맺은 행위언약은 그것 자체가 유일하거나 완결된 언약이 아니라는 점이 중요하다. 선악과의 행위언약은 그 자체에 의미가 있는 것이 아니라 은혜언약을 예표하는 모형의 역할을 하는 것에 의미가 있다. 그리고 은혜언약은 행위언약의 파기되었기 때문에 어쩔 수 없이 등장한 응

급처치가 아니라 아담의 창조 이전부터 세워진 하나님의 계획에 의한 것이었다. 행위언약은 인간의 행위 여하에 좌우되는 율법적인 언약이며 따라서 불완전하다. 인간이기에 실패할 수도 있고 설사 아담이 아니더라도 그 후손들에 의해 얼마든지 흔들릴 수 있는 언약이다. 하지만 은혜언약은 인간의 행위에 근거하지 않으며 하나님의 약속과 그리스도의 능력에 근거함으로 완전하고 영원한 언약이 될 수 있다. 따라서 행위언약은 일시적이며 잠시 있다가 폐해질 것으로 있었으며 또한 은혜언약 안에서 완전케 될 것으로 서 있었음이 분명하다. 은혜언약이야말로 땅과 인간에 속하지 않은 하늘과 그리스도에게 속한 언약의 원형이다. 이렇듯 아담이 그리스도의 모형이 되는 의미는 비단 아담 자신만이 아니라 아담에게 속한 모든 영역에 걸쳐 나타난다. 그것은 땅의 주인으로서 갖는 대표성과 그가 받은 복, 돕는 배필인 하와, 그리고 문화명령과 행위언약에 이르기까지 미치지 않은 곳이 없다.

6) 하늘과 땅은 새 하늘과 새 땅의 모형이다.

하나님은 태초에 하늘과 땅을 창조하셨다. 하늘과 땅을 창조하시되 헛되이 짓지 아니하시고 사람이 거하기에 알맞도록 창조하셨다.(사45:18) 하지만 태초의 하늘과 땅 역시 그것 자체가 목적이 아니라 장차 나타날 새 하늘과 새 땅의 모형이요 그림자의 역할을 하는 것이었다. "창세로부터 예비한 나라를 상속하라"(마25:34)는 말씀처럼 영원한 하늘과 땅은 창세 전에 미리 마련되어 있었지만 아담에게는 먼저 임시적이고 갈아 입을 모형으로서의 땅만 허락되었다. 땅은 그것이 타락해서라든지 혹은 무슨 결점이 생겨서가 아니라 처음부터 잠시동안 사용될 거처로 예정된 것이며 새 하늘과 새 땅에 비교할 때 임시적인 것에 해당하는 것이므로 처음부터 사라질 운명으로 놓여져 있었다. 온전한 것이 올 때에 임시적인 것이 폐하여지는 것처럼 손으로 지은 창조세계는 손으로 짓지 아니한 영원한 세계가 도래할 때 폐하여진다. 성경은 창세기의 하늘과 땅에서 시작하여 계시록의 새하늘과 새땅으로 세계가 전환됨을 말함으로 이 점을 증명한다. "또 내가 새 하늘과 새 땅을 보니 처음 하늘과 처음 땅이 없어졌고 바다도 다시 있지 않더라"(계21:1)

종말로 하늘과 땅은 불태워지고 사라지게 될 것이다. 인자가 다시 올 때 하늘은 큰 소리로 떠나가며 땅과 땅에 속한 모든 것은 불타 없어질 것이다.(벧후3:10) 이 때 성도들은 아담과는 다른 하늘의 신령한 몸을 입을 것이며 때문에 땅에서 있었던 결혼이나 생육함, 충만한 번성은 더 이상 필요없게 될 것이다. 하나님의 영광이 낮보다 밝게 빛나 태양조차 필요없는 새 하늘과 새 땅이 도래할 때 세계는 비로소 영원하고 완결된 모습으로 바뀔 것이다. 따라서 태초의 하늘과 땅은 인간이 잠시 거하는 곳으로써 영원한 하늘과 땅의 모형 역할을 하는 것이었음을 알 수 있다.

7) 태초의 안식은 영원한 안식의 모형이다.

하나님은 6일 동안 세계와 인간을 창조하시고 일곱째 날에 안식하셨다. 하나님이 안식하실 수 있었던 것은 지으시던 모든 일을 마쳤기 때문이며 지으신 모든 것이 보시기에 심히 좋았기 때문이다. 만일 6일의 창조 안에 부족한 점이 있거나 미완성적인 면이 있었다면 하나님은 그 일을 마무리하신 후에야 안식하셨을 것이다. 안식이란 창조의 완성을 전제로 할 때에야 가능하기 때문이다. 창조에서 완성이 없으면 안식도 없다. 하나님은 창조의 모든 일은 완전하게 마치시고 모든 일을 쉬셨다.(창2:3)

그러나 태초의 안식도 그 자체가 영원한 안식이지 않다. 태초의 모든 창조는 모형과 그림자로써의 의미가 있는 것이므로 태초의 안식 역시 모형의 의미일 수밖에 없다. 태초의 안식은 미래적으로 그리스도로 말미암는 구원의 안식을 위한 모형이요 그림자이다. 구원의 안식이야말로 하나님의 최종적이고 완결적인 안식이며 창조의 안식이 표상하는 참 안식의 실체이다. 구원의 안식은 태초의 창조가 예표했던 본질을 성취하는 안식이며 더 이상 성취해야 할 표상이 없으므로 그것 차체로 영원하고 완전한 안식이 될 수 있다. 창조의 안식은 구원의 안식 안에서 폐하여지고 완전해지기까지 잠시 존재하는 모형의 안식이었다.

2. 미완결의 창조

1) 자연의 임시성

태초에 우주와 만물을 만드신 하나님의 창조는 완전한 창조였다. 그러나 태초의 창조는 신령하고 영구한 하늘나라, 그리스도의 형상으로 변화될 인간의 미래와 비교하면 상대적으로 낮은 창조일 수밖에 없다. 자연의 창조는 낡아지며 지나가는 창조이다.(히1:10-12) 앞서 살펴본 것처럼 처음 창조에 속한 모든 것들은 정해진 때가 되면 모두 사라진다. "다시 사망이 없고 애통하는 것이나 곡하는 것이나 아픈 것이 다시 있지 아니하리니 처음 것들이 다 지나갔음이니라”(계21:4) 처음 창조에 속했던 모든 것들은 그 자체로 의미가 있는 것이 아니라 보다 완전하고 영구한 하늘에 속한 것들의 모형으로써 있기에 영속되지 못한다. 그것은 히브리서 기자의 표현대로 진동하는 세계와 영존하는 세계의 차이에 의한다.(히12:27) 진동하는 세계는 잠시 후면 사라진다.

태초의 창조는 손으로 지은 창조에 속한 것으로써 인간이 하늘나라로 가기 전까지 일시적으로 사용하다가 거두는 장막과 같은 것이다. 그것들은 기능과 목적을 다한 뒤에 반드시 폐하여진다. 마치 우주를 향해 발사된 우주선이 다 쓴 연료로켓을 떨어버리고 계속 나아가는 것과 같다. 다 써버린 연료로켓은 목적지까지 계속 달고 갈 필요가 없다. 자연의 창조 역시 하나님나라라는 목적지에 도착하면 떨어버려야 할 연료로켓과 같은 것이다.

이런 점에서 태초의 창조가 하나님이 보시기에 심히 좋았다는 의미는 처음 하늘과 땅으로서의 역할과 기능을 하기에 손색이 없는 상대적인 완성을 의미하는 것이다. 창1:31절에 “그 지으신 것을 보시니 보시기에 심히 좋았더라”는 말씀은 하나님이 의도하고 계획하신 수준 만큼의 완성을 의미하는 것이지 하늘나라와 같은 절대적 차원의 완성을 말하는 것이 아니었다.

그러므로 성도는 세계를 두 개의 세계로 인식한다. 하나는 피조세계로 불리우는 임시적인 자연의 세계이며 다른 하나는 하늘나라에 속한 영원한 세계이다. 이제 역사의 종말을 경계로 피조세계는 막을 내리고 하늘나라 만이 존재할 것이다. 피조세계는 임시적인 것이며 처음부터 잠시 있다가 폐해지는 것으로써 예정된 것이므로 더 이상 유지되지 않는다.

2) 자연의 제한성

태초의 자연만물은 하나님의 영광을 온전히 발현하기에 충분한 것이었다. 우리는 자연의 창조에 대하여 극한의 찬양을 올리며 신비와 경외감을 갖고 하나님을 찬송함이 마땅하다. 그러나 하나님의 피조자연에 대하여 극도의 미사여구를 동원할지라도 한편으로 피조자연의 제한성을 인정해야만 한다. 피조자연은 하나님이 영구히 거하시는 장소가 아닌 하나님을 제한하는 공간이다. 유대인의 전통에 의하면 하나님이 세계 안에 거하시는 것이 아니라 세계가 하나님 안에 거처를 갖는다.

J.몰트만은 이러한 전통에 의지하여 무한하고 완전하신 하나님은 불완전하고 상대적인 공간을 갖지 않음을 말하였다. 만일 하나님 안에 어떤 불완전한 공간이 있다면 하나님은 불완전성을 공유하는 하나님이 되기 때문이다. 그래서 몰트만은 하나님의 영원한 공간과 창조의 공간을 구분한다. 그에 의하면 창조의 공간은 임시성과 상대성을 갖고 영원한 세계의 모퉁이를 빌어 만들어진 것이다. 하나님은 태초에 자신의 무한한 빛을 거두어 들이시고 의도적으로 빈공간을 창조하셨다. 이를 '침춤(Zimzum)의 이론'이라고 한다:세계를 창조하신 하나님은 그의 현존을 축소하신다.(Drus creaturus mundos contraxit praesentiam suam)는 것이다.[23]

그러므로 영원한 세계에서 하나님은 특별히 의도된 계획 때문에 침춤(Zimzum)을 수행하고 자신을 제한하심으로 영원한 세계 안에 어떤 제한된 공간, 곧 임시적인 피조세계를 창조하셨다고 볼 수 있

---

23) J. 몰트만. 〈창조안에 계신 하나님〉. 김균진 역. 한국신학연구소. 1994. p193.

다. 그 공간은 특별히 계획된 어떤 목적 때문에 하나님의 완전함과 영원함이 잠시 동안 제한되는 임시적인 창조의 공간이었다.

창1:2절은 태초의 창조 때에 "땅이 혼돈하고 공허하며 흑암이 있었다"고 말한다. 이 구절은 하나님이 천지를 창조하셨을 때 땅의 상태를 설명하는 것이지 창조하기 이전에 벌써 혼란된 상태가 존재하고 있었다는 말이 아니다. 이 때의 혼돈과 어두움은 어지러운 상태의 'deform'을 의미하는 것이 아니라 아직 미개발의 상태인 'unform'을 의미하는 것이다. 즉 하나님이 태초에 영원하고 완전한 자신의 공간 안에서 스스로를 제한하고 물러나시어 하늘과 땅을 창조하셨을 때에 거기에 제한적이고 미개발된 시공간이 드러났으며, 자연만물을 지을 수 있는 터가 생겨났다고 생각할 수 있다.

영원하신 하나님은 자신의 비밀계획을 성취하기 위하여 잠시 스스로를 제한하기로 작정하시고 자신의 거처 안에 피조공간을 창조하셨다. 이 피조공간은 완전하신 하나님을 위한 공간이 아니라 유한하며 땅의 흙으로 만들어진 인간을 위한 공간이었다. 이 공간 안에서 하나님은 자신을 제한하시고 낮추신다. 하나님은 자신의 목적을 이루시기 전까지 이 피조공간을 붙드시며 보존하신다.

하나님은 창조 이전부터 이 피조공간에 인간의 더러운 죄가 스며들고 사망의 썩어짐과 추악함이 깃들 것을 아셨다. 창조의 영광은 일시에 손상을 입고 사람들은 하나님을 찬양하기는 커녕 하나님이 어디 있느냐고 손가락질 할 것도 미리 아셨다. 하나님은 사람의 죄악이 세상에 관영함과 그 마음의 생각이 항상 악할 뿐임을 보시고 땅 위에 사람 지으셨음을 한탄하사 마음에 근심까지 하셨다.(창 6:6-7) 그러나 하나님은 영원 전부터 그리스도와 구원을 예정하심으로 이러한 문제를 대비하셨으며 피조세계의 모든 불완전함과 죄악을 그리스도의 완전함으로 대치하시기로 계획하셨다. 하나님은 욥에게 사단을 허용한 것같이 피조세계의 악함을 허용하셨으나 자신을 겸손히 낮추시어 피조세계의 죄와 불완전을 해결할 사랑의 방법을 마련하셨다. 하나님은 세계의 죄를 자신의 죄로 받으사 우리가 받을 질고와 형극을 대신 당하심으로 인간의 죄와 불완전함을 제거하고 자신의 창조를 새롭게 비약시킬 것을 준비하셨다.

하나님은 처음부터 영원하고 완전한 세계를 인간에게 주실 수 있음에도 불구하고 하나님 자신의 비밀계획으로 인해 제한적인 피조세계를 먼저 허락하시었다. 그러나 피조세계는 그 자체로 선하고 완전한 것이며 인간이 거하여 살기에 전연 부족함이 없는 세계이다. 단지 피조세계는 의도된 목적을 수행하기에 적합만 만큼의 수준으로 창조된 것이기에 그 이상의 창조가 필요없을 뿐이었다. 따라서 6일의 창조는 하나님의 자기제한의 요소가 전제되어 있으며 이 점 때문에 창조세계에 죄의 기생과 불완전이 용인될 수 있었다. 피조세계는 처음부터 그런 수준으로 창조되었다. 피조자연은 창조의 진정한 실체를 자신 안에 갖고 있지 않으므로 오염과 손상을 당해도 하나님의 본질적인 의도와 창조성에까지 손상을 줄 수는 없는 것이었다. 이처럼 피조세계는 자신 안에 실체를 갖고 있지 않은 모형성과 임시성, 제한성을 가진 것이기에 애초부터 영원한 세계를 동경하고 고대해야 했다.

3) 창조자연의 미완결성

성경은 "천지와 만물이 다 이루니라"(창2:1), "하나님이 창조하시며 만드시던 모든 일을 마치시고"(창2:3) 라고 기록함으로 마치 하나님의 창조가 모두 완결된 듯한 표현을 하고 있다. 그리하여 사람들은 별다른 생각 없이 창조가 모두 끝났다고 쉽게 판단한다. 하지만 태초의 6일에 창조가 모두 완결되었다는 인식은 성경의 문자적 형태에 붙잡혀 창조의 본질을 통찰하지 못하는 것이다.

창조가 완결되었는가 아닌가를 가름하는 요건은 6일의 창조가 창조의 최종 상태인가 아닌가에 달려 있다. 만일 피조세계의 창조가 창조의 궁극적 목적이며 하나님의 창조가 피조자연의 완전함에 그치는 것이라면 그야말로 창조는 모두 끝났고 창조는 과거에 완결되었다고 말할 수 있다. 하지만 자연이 창조의 실체가 아니요 그림자에 그치는 것이었다면 6일의 창조는 기껏해야 창조의 예비단계가 될 뿐 창조의 핵심과정이 되지는 못한다. 우리는 앞서 피조자연은 창조의 실체나 목적이 아닌 모형임을 확인하였다. 피조자연은 자신의 목적을 미래에 둔 창조로써 하나님이 행하시려는 창조의 준비과정이요 서막에 불과한 초벌의 창조였다.

태초부터 창조의 실체는 그리스도 안에 감취어져 있었다. 태초의 창조가 성취해야 했던 진정한 실체는 그리스도와 교회를 통해 성취되도록 예정되어 있었다. 그러니 창조의 본질과 핵심과정은 그리스도께서 그 손으로 성취하시는 것이다. 주님께서는 안식일에 일하신다는 이유로 유대인들의 핍박을 받으실 때 이렇게 말씀하셨다. "내 아버지께서 이제까지 일하시니 나도 일한다"(요5:17) 주님께서는 분명히 안식하고 계시는 하나님이 안식일에도 계속 일을 하신다고 말씀하며 마찬가지로 자신도 안식일에 동일하게 일한다고 대답하셨다. 하나님이 안식일에 무슨 일을 계속 하신다는 말인가. 6일의 창조가 창조의 완결이라고 믿는 사람들은 창조를 회복하는 일 곧 구원의 일을 하시는 것이라고 대답할 것이다. 그러나 주님께서 하시는 일은 과거 창조의 상태로 복귀하는 일을 하시는 것이 아니라 과거의 창조보다 더 높은 창조, 하늘 영광의 완전함에 일치하는 차원높은 창조를 행하시는 것이다. 곧 역사 안에서 그리스도의 형상과 같은 교회를 만드는 일, 이것이 하나님의 창조의 본론이요 실체이다. 이 일을 이루려고 6일의 창조는 모든 만반의 준비를 갖추고 창조의 미래적 완성을 위해 출발한 것이었다. 하나님의 창조는 지금도 이 일을 이루기 위해 나아가고 있다. 창조는 계속되고 있다.

3. 창조의 이중 과정

이제 우리는 하나님의 창조가 이중 과정으로 진행된다는 사실을 바로 인식해야 한다. 우리가 창세기 만을 바라볼 것이 아니라 성경 전체를 바라본다면 하나님의 창조가 이중적으로 진행하고 있다는 사실을 충분히 알게 된다. 하나는 태초의 아담과 하와의 창조로서 이미 완결된 창조요, 다른 하나는 그리스도와 교회를 목적으로 역사 안에서 진행되는 진행형의 창조이다. 하나는 하나님의 창조로써 첫째 창조요 다른 하나는 그리스도의 창조로써 둘째 창조이다. 대부분의 사람들은 그리스도와 교회를 목적으로 하는 둘째 창조가 태초의 창조를 회복하는 것이라고 생각하지만 그것은 회복이 아니요 태초의 창조에는 없었던 일, 태초의 창조가 실패한 일, 태초의 창조가 이루었어야 할 미래의 목적이라고 할 수 있다. 둘째 창조는 태초의 창조가 경험하지 못했던 전혀 새로운 차원의 창조인 것이다.

하나님의 창조가 두 단계로 진행되는 이유는 만물의 창조는 한 단계로 끝나지만 인간의 창조는 한 단계로 끝나지 않기 때문이다.

왜 인간만이 두 단계로 창조되어야 하는가. 그것은 하나님께서 인간을 만드실 때 처음부터 단 번에 하늘의 세계에 알맞은 신령한 존재로 창조하지 않으시고 성장의 과정을 통해 영생의 존재로 완성하려 하셨기 때문이다. 처음의 인간은 그 자신의 순종에 따라 신령하게 되어 영생을 얻을 수도 있고 죽을 수도 있는 존재였으며 하나님은 그런 인간에게 스스로의 힘으로 둘째 창조를 완성하고 영원하고 거룩한 존재가 되도록 허락하셨던 것이다.

첫째 창조 안에서 인간과 자연은 손상되고 오염되고 파괴될 가능성이 있었다. 그것은 자연의 다스림이 인간에게 허락되었고 둘째 창조를 완성할 수 있는 길도 인간에게 맡겨졌기 때문이다. 하나님은 거룩한 영생의 존재가 될 수 있는 모든 가능성을 아담에게 허락하셨고 동시에 그에 따르는 책임도 부여하셨다. 하나님은 아담이 자기 자신의 의지와 행위를 따라 그 무엇도 할 수 있는 가능성의 존재로 허락하셨다. 그 가능성은 하나님 자신조차 아담의 의지적 선택에 쉽게 개입하지 않으시는 무한한 자유와 인격성이 보장된 가능성이었다. 그러나 아담은 그 일을 실패하였고 따라서 그 일은 그리스도에게 옮겨졌다. 그리하여 그리스도는 아담의 타락을 회복하시는 것을 포함하여 아담이 이루지 못한 일을 대신 이루는 둘째 창조를 행하셔야 했다.

인간의 창조가 두 단계로 진행하는 과정은 마치 토기장이가 도자기를 만드는 과정과 같다. 어느 토기장이가 일생일대의 가장 훌륭한 도자기를 만들려고 결심하였다. 토기장이는 심혈을 기울여 가마를 새로 만들고 땔나무를 구하고 물레를 견고히 설치하는 등 만반의 준비를 하였다. 그리고 가장 좋은 흙을 골라 발과 손으로 골고루 다지고 물레에 돌려 도자기 형태를 빚은 다음 그늘에서 잘 말려 단단하게 건조시켰다. 흙으로 만든 도자기는 얼핏 보면 실제 도자기와 형태 면에서 다를 것이 없고 멀리서 보면 마치 완성된 도자기처럼 보이기도 한다. 하지만 그것은 아직 흙의 상태일 뿐 최종적으로 완성된 상태가 아니다. 흙도자기는 유약을 발라 가마 안에서 뜨거운 불에 충분히 구워져야 비로서 도자기로 완성되는 것이다.

태초의 창조가 바로 이와 같다. 태초의 창조에서 인간은 흙으로 빚은 그릇과 같은 상태이다. 토기장이가 가마 안에 마른 흙그릇을 놓고 불에 구울 준비를 한 것처럼 하나님은 자연이라는 가마 안에 아담이라는 흙그릇을 놓고 불에 구울 만반의 준비를 마치고 안식하셨다. 토기장이가 불을 지피는 것처럼 하나님은 말씀의 불을 통하여 인간을 굽고 거듭나게 하려고 하셨다. 그리고 토기장이가 도자기를 소성한 후 도자기를 다른 곳으로 옮기는 것처럼 하나님은 인간이 거룩한 아들로 완성될 때 인간을 하늘나라로 옮기고 피조세계의 가마를 헐어 버리려 하셨다. 가마는 도자기를 굽고 완성하기 위한 공간이지 도자기가 최종적으로 놓일 공간이 아니었다. 마찬가지로 창조세계 역시 인간을 그리스도처럼 완성하기 위한 공간이지 인간이 언제까지나 살기 위한 공간이 아니었다.

자연은 인간을 굽는 가마와 같다. 자연은 가마와 같이 처음부터 그 자체로 완성이었으며 다른 완성이 필요없다. 그러나 인간은 흙으로는 완성되었으나 아직은 도자기처럼 완성되어야 할 과정이 남아있는 존재이다. 흙이 도자기처럼 완성되려면 가마 안에서 오랜 시간 뜨거운 불에 소성되어야 한다. 그리고 나면 토기장이는 최후적으로 완성된 그릇들을 꺼낸 후 흠집이 있거나 균열이 생긴 것, 모양이 좋지 않은 것 등을 모두 골라내어 여지없이 박살을 내고 만다. 문제가 있는 도자기들로 인해 자신의 양심과 예술성에 손상을 입거나 다른 도자기의 작품성이 떨어지는 것을 방지하기 위해서이다. 주님은 이 토기장이와 같다. 최후적으로 주님은 토기장이와 마찬가지로 하나님 앞에 점도 없고 흠도 없이 완전한 자로 성도를 완성하실 것이며 흠이 있거나 완전치 않은 것들은 모두 모아 바깥 어두운 곳에 깨어 버리실 것이다.

우리는 가마와 도자기의 비유를 통하여 창조의 과정을 충분히 이해할 수 있다. 태초의 아담은 그 자신이 아직 완전하고 영원한 존재가 아니었기 때문에 두 번째 단계의 창조과정을 거쳐야 했다. 아담은 흙으로 조성되었으나 하나님의 말씀을 통하여 하늘의 신령한 몸으로 구워져야 했고 새로운 완성의 차원으로 나아가야 했다. 태초부터 아담은 처음부터 두 번 나야 하며 거듭나야 하는 존재였다. 흙으로 만들어지고 다시 말씀으로 만들어져야 했다. 아담은 땅의 몸으로 나고 다시 한 번 하늘의 영생의 몸으로 나야 했다.

하나님은 창세 전부터 이 두 단계의 창조에 대한 방대한 설계도를 예정해 두고 계셨다. 이 설계도에는 인간과 세계와 역사와 구원에 관한 모든 비밀 계획들이 고스란히 담겨져 있었다. 이 설계도에는 아담의 창조에서부터 그리스도의 오심과 성도의 영광까지 예정되어 있고(엡1:4-5) 하늘나라의 상속이 준비되어 있었다.(마25:34) 이 설계도를 보면 인간은 최후적으로 하늘에 올라가서 영원히 살도록 의도되어 있었는데 그곳은 자연의 세계와 달리 밤도 없고 해와 달의 비침도 없으며(계22:5) 바다도 없고(계21:1) 결혼이나 생육이 존재하지 않으며, 인간이 그리스도와 같은 영광스러운 형상을 입고 사는 그런 신령한 곳이다. 심지어 먹고 마시는 일조차도 폐하여 질 것이다.(골2:16-17) 이것은 첫째 창조의 완성과 비교할 때 전혀 차원이 다른 완성의 상태로써 하나님이 인간에게 더 높은 영광을 주시기 위해 마련된 창조의 비밀계획이었다.

둘째 창조는 태초의 첫 창조에는 일언반구도 언급되지 않았던 하나님의 비밀이었다. 하나님은 그 과정을 그리스도와 교회 안에 아무도 모르게 감추어 두셨다.(엡3:9-11) 태초부터 하나님은 오래도록 침묵하고 기다리셨다. 그리고 때가 차고 이 땅에 주님을 보내시면서 드디어 창조의 비밀에 대하여 서서히 말씀하기 시작하였다. 하나님은 그리스도를 통해 "내가 입을 열어 비유로 말하고 창세로부터 감추인 것들을 드러내리라"(마13:35) 말씀하시며 태초부터 감추셨던 것들을 꺼내어 놓으셨다.

그래서 그리스도의 구원은 둘째 창조이자 더 나은 창조가 된다. 이 둘째 창조는 죄와 타락의 더러운 불순물에도 불구하고 계속하여 인간을 말씀의 불로 소성하여 완성하는 창조의 핵심과정이다. 이 둘째 창조를 이루기 위하여 하나님께서는 지금 땀흘려 자신의 창조를 계속적으로 성취하고 계신다. 하나님은 첫째 창조의 일을 완결하고 안식하신 것처럼 둘째 창조의 일을 마치고 참안식에 들어가기 위해 일하고 계신다. 둘째 창조를 통하여 인간을 새로운 피조물로 만드시고 새 하늘과 새 땅에 들어가게 하시려고 말씀의 불을 뜨겁게 피우고 계신다. 지금 창조는 교회의 가마 안에서 말씀의 불을 통하여 성도를 빨갛게 태우며 거룩하게 만들기 위하여 진행되고 있다.

그리스도께서는 하나님의 뜻을 좇아 말씀의 불로 성도를 정련하고 연단하고 완전케 하려 땀흘려 일하신다. 주님은 금보다 귀한 성도를 만들기 위해 인간을 불도가니에 정련하신다. "나의 가는 길을 오직 그가 아시나니 그가 나를 단련하신 후에는 내가 정금같이 나오리라"(욥23:10)는 말씀처럼 흙의 인간을 보석같은 존재로 만들려고 정련하신다. 이는 곧 구원의 말씀으로 창조를 회복하는 것이며 구원의 말씀으로 창조의 비밀계획을 완성하는 것이다. 그렇다면 구원은 창조를 위해 있으며 창조의 최종목적을 위해 봉사하는 의미가 된다. 구원의 다른 이름은 '둘째 창조'이다. 그리하여 태초의 창조로부터 시간의 모든 역사와 구원의 일과 종말까지의 모든 과정은 하나님의 창조의 연속과정이 되고 만다. 진실로 썩어짐의 종노릇을 하고 있는 모든 피조물과 그리스도 안에 있는 교회는 오늘도 계속되고 있는 하나님의 둘째 창조의 완성을 향해 나아가는 중이다.

제4장

창조와 안식

창조와 안식은 서로 밀접한 관계에 놓여 있다. 창조는 안식을 향하여 있고 창조는 그 일 완전하게 마쳐야만 안식을 가질 수 있다. 창조의 완성이 없으면 안식도 없다. 이런 의미에서 태초의 안식은 아직 종결되지 않은 안식이었다. 그것은 임시적인 안식이요 모형의 안식이었다. 진정한 안식은 그리스도를 통한 창조 사역이 완성될 때에야 가능하다. 그리스도 안에서 창조의 핵심과 목적이 성취되면 비로소 영원하고 완전한 안식이 시작된다.

1. 창조와 안식과 거룩

1) 거룩은 완성을 의미한다.

하나님이 일곱째 날을 복 주사 거룩하게 하셨으니 이는 하나님이 그 창조하시며 만드시던 모든 일을 마치시고 이 날에 안식하셨음이더라(창2:3)

일반적으로 거룩에 대하여 말할 때 크게 두 가지의 의미가 있다. 첫째는 제의적 의미로써 '분리하다', '성별하다' 라는 개념이다. 고대의 셈어 용법에서 거룩함이란 제의를 목적으로 격리하는 것을 의미했으며 제사장들처럼 성별되었거나 인간과 세상으로부터 분리되어 하나님께 속하였음을 뜻했다. 둘째는 윤리적 의미로써 신자의 삶과 생활에 요구되는 순결한 생활로써의 거룩을 뜻한다. 하나님은 내가 거룩하니 너희도 거룩하라(벧전1:16)는 말씀으로 하나님의 백성들에게 의와 경건의 거룩한 삶을 요구하셨다.

성경에서 거룩이란 단어가 처음 사용된 곳은 창2:3절 말씀에서이다. 창2:3절은 하나님이 일곱째 날을 복주사 거룩하게 하셨다고 기록하고 있다. 우리는 이 말씀을 지금 설명된 거룩의 두 가지 개념에 근거하여 하나님이 특별히 일곱째 날을 구분하셨다고 해석할 수 있으며 하나님이 인간과 만물을 거룩하게 하셨다고 볼 수도 있다. 하지만 이 창2:3절에 사용된 거룩이란 단어를 제의적 의미나 윤리적 의미에 맞추어 해석하려는 것은 어딘가 자연스럽지 않다. 태초에 창조가 완성된 때에는 세상의 것과 하나님의 것을 제의적으로 따로 구분할 필요가 없었으며 특별히 인간에게 윤리적 거룩을 강조해야 하는 상황도 아니기 때문이다. 따라서 창2:3절의 거룩의 의미는 일반적인 개념보다 우선 본문의 내용 안에서 사용된 의미가 무엇인가를 살펴보는 것이 바람직하다. 이 창2:3절의 말씀을 관심있게 살펴보면 하나님이 거룩이란 단어를 사용하신 이유를 어렵지 않게 알 수 있기 때문이다.

성경은 그 창조하시며 만드시던 일을 '마치셨기 때문에' 일곱째 날을 복주사 거룩하게 하셨다고 기록하고 있다. 창조를 모두 마쳤으므로 거룩케 하셨다는 말씀은 곧 창조가 완성되지 않으며 거룩케 할 수 없다는 것과 같다. 그렇다. 창조가 완성되어야 하나님의 안식이 가능해지며 창조가 완성되어야 안식은 거룩할 수 있다. 여기서 창조의 완성이란 곧 완전한 완성을 말하는 것으로써 창조가 완전치 않으면 창조는 하나님의 영광이 될 수 없고, 창조 안에 어떤 불완전이 있을 때 안식이 올 수 없으며, 당연히 거룩할 수 없게 된다. 완전한 완성은 거룩의 전제조건이다. 완전은 하나님의 신적 속성이며 완전한 완성은 하나님이 만드신 모든 피조물의 속성이다. 하나님은 완전하시며 행하는 모든 일도 완전하시니 하나님의 창조 안에 완전치 않은 것은 존재할 수 없다. 하나님은 모든 피조물을 그 나름대로의 목적과 의도에 따라 완전하게 지으셨다. 그리고 6일 간의 창조를 모두 완전하게 마치셨기 때문에 완전한 안식에 들어가셨으며 모든 것이 완전하였기 때문에 거룩함을 선포하셨다. 창조의 모든 것에 작은 흠이라도 있었으면 창조는 끝날 수 없었고 거룩하다는 말씀도 기록될 수 없었다.

하나님이 일곱째 날을 "거룩하게 하셨다"는 말씀은 거룩하게 만드셨다(make)는 의미보다 거룩함을 선포하셨다(declare)는 의미가 정당하다. 창2:3절은 하나님이 어떤 흠이나 불완전이 없는 완전한 상태로 창조를 마치셨다고 기록하고 있는데 이러한 완성은 안식이나 거룩을 위한 절대 조건이다. 창조의 일이 완전히 끝났다면 더 이상 일하지 않고 안식하는 것이 자연스러운 일이며 하나님이 완성하신 창조의 모든 것이 거룩한 것도 당연한 것이다. 완전한 창조는 완전한 안식과 거룩으로 이어질 수 있다. 따라서 하나님의 완전한 창조로 인해 거룩함이 확증된 것으로 보아야지 완전한 창조 위에 거룩함을 만들어(make) 보완하는 것으로 해석하는 것은 어색하다.

태초의 창조는 모든 것이 완전하고 더 이상 완전할 수 없다는 확증으로써 거룩함이 선포된(declare) 것이었다. 하나님은 다른 날에 거룩을 선포할 수 없으셨다. 창조의 6일 간은 모두 창조가 진행하는 날들이었기 때문에 그 어느 날에도 하나님은 완전함을 선포할 수 없으셨다. 창조를 마치고 안식에 들어가신 날만이 거룩한 날로 선포될 수 있다. 그 날만이 더 이상 창조의 일이 필요없는 완전한 날이기 때문이다. 그러므로 창2:3절은, 하나님이 창조의 일을 완전하게 마치고 완전한 안식에 들어가셨기 때문에 그 날에 거룩함(완전함)을 선포하셨다는 것으로 해석할 수 있다. 거룩함이란 '창조의 완전함' 혹은 '신적 완전함'을 확증하는 표현이다.

2) 태초의 안식은 영원한 안식의 모형이다.

태초의 창조와 안식의 거룩함은 얼마가지 못하였다. 아담의 타락과 죄는 인간과 창조세계에 부인할 수 없는 손상을 가져왔다. 아담의 죄는 피조세계의 훼손의 문제를 뛰어넘어 창조 사역 전체와 하나님의 안식, 거룩함에까지 손상을 입혔다. 그것은 창조 안에 흠이 생겼음을 의미하며 안식일은 더 이상 완전하거나 거룩할 수 없게

 사도의 창조론

되었음을 의미한다. 그것은 또한 하나님 자신의 신적 본질인 완전함의 흠으로까지 이어질 수 있다. 하나님은 창조하신 모든 것이 거룩하다고 전우주적으로 확언하셨는데 얼마 못가 문제가 발생되고 더군다나 다른 부분도 아닌 하나님의 형상을 따라 지은 인간에 의해 문제가 생겼으므로 창조는 실패라는 오명 위에 불시착하게 되고 창조의 영광과 명예는 위협을 받게 될 것이었다. 하나님의 공적 선포도 신용을 잃게 될 것이다. 아무리 하나님 자신의 생명을 걸고 직접 땅에 오셔서 문제를 해결하시거나 어떤 사랑으로 덮어주신다고 해도 창조가 한 번 실패했었다는 기록은 지워질 수 없을 것이다.

그러나 이러한 생각들은 모두 인간의 기우에 불과하다. 하나님은 창조의 거룩함을 보존하면서 아담의 타락을 더욱 새롭게 하실 지혜를 태초부터 마련해 두셨기 때문이다. 하나님은 처음부터 이러한 모든 문제를 예지하고 계셨다. 그래서 태초의 창조, 안식, 거룩을 절대적인 상태로 종결하신 것이 아니라 모형의 의미로 종결하신 것이었다. 태초의 창조와 안식이 최종적인 완결이 아니라 미래적인 완결을 향한 모형이었다는 사실은 앞서 '자연의 모형성'에서 충분히 논한바 있다. 마찬가지로 창조의 거룩함 역시 모형적인 거룩함으로써 미래에 임할 절대적인 거룩을 향한 그림자에 해당하는 것이다. 그리기에 태초의 모형적 거룩에는 죄와 실패가 기생할 수 있으며 불완전함이 내재할 가능성이 있었다. 태초의 창조의 완전은 상대적이며 임시적인 완전, 주어진 역할이 끝나면 낡아지고 폐해지는 수준 만큼의 완전에 해당하기 때문이다. 따라서 아담의 타락은 거룩의 모형에 손상을 주는 것이지 절대적이고 영구한 거룩함에는 손상을 주지 못한다. 더구나 하나님은 그리스도를 통해 창조의 거룩을 손상시킨 죄와 실패와 불완전을 극복하여 절대적인 거룩을 다시 선포하실 것이다. 그 때가 되면 모형의 거룩 안에 기생하였던 모든 죄와 불완전이 이슬처럼 사라지게 될 것은 정한 이치이다. 따라서 태초의 창조의 거룩은 완전하게 선포되었다가 대책없이 손상된 것이 아니었다. 창조의 거룩은 미래에 임할 절대적인 거룩에 대한 모형이었기에 그에 대한 손상은 영구한 손상이 되지 못한다. 잠시 손상을 입은 창조의 거룩함은 장차 올 절대적인 거룩 안에서 회복되고 폐하여지고 대체될 것이기 때문이다.

하나님은 처음부터 창조의 거룩을 발판삼아 구원의 영원한 거룩을 성취하려고 계획하셨었다. 진정 구원의 거룩이야말로 하나님이 궁극적으로 목적하는 하늘의 거룩이다. 하나님은 지금 구원의 일을 마치고 영원한 안식으로 들어가 하늘의 거룩을 선포하기 위해 계속 일하고 계신다. 그 영광의 날을 위해 하나님은 구원의 거룩을 힘써 완성하고 하신다. 하나님은 교회를 거룩하게 하시며 성도를 거룩케 하심으로 구원의 안식을 준비하고 계신다. 곧 말씀으로 깨끗하게 하사 거룩하게 하시고 자기 앞에 영광스러운 교회로 만들려 하시며 (엡5:26-27) 성도를 거룩하고 흠이 없고 책망할 것이 없는 완전한 자로 구원하려 하신다.(골1:22) 바울은 "우리가 그를 전파하여 각 사람을 권하고 모든 지혜로 각 사람을 가르침은 각 사람을 그리스도 안에서 완전(거룩)한 자로 세우려 함이니"(골1:28) 라고 말한다. 주님은 내가 완전하니 너희도 완전하라고 명하시며(마5:48) 동시에 내가 거룩하니 너희도 거룩하라고 명하신다.(벧전1:16) 진정 하나님은 구원을 통해서 인간을 완전하고 거룩하게 완성하려 하신다. 하나님의 사역에서 완전케 한다는 것과 거룩케 한다는 것은 같은 의미이다. 그래서 성경은 창2:3절에서 자연의 창조를 완전하게 끝마친 때에 처음으로 거룩을 언급했던 것이며 이를 통해 미래의 절대적인 거룩을 예표한 것이었다. 태초의 안식과 거룩은 그것이 선포된 날로부터 이미 영원한 안식과 거룩을 향해 출발하기 시작한 거룩이었다.

2. 안식일 규례와 거룩

1) 이스라엘에게 왜 안식일을 주셨는가.

> 너는 이스라엘 자손에게 고하여 이르기를 너희는 나의 안식일을 지키라 이는 나와 너희 사이에 너희 대대의 표징이니 나는 너희를 거룩하게 하는 여호와인 줄 너희로 알게 함이라(출31:13)

하나님은 광야의 이스라엘에게 안식일을 지키라고 명하셨다. 안식일은 율법이 세워지기 전에도 지켜졌지만(출16:22-30) 특별히 십계명을 통하여 광야의 백성들에게 공표되기 시작했다. 하나님은 안식일을 거룩히 지키도록 명하셨으며 안식일에 일하는 자는 돌로 쳐 죽이라고 하실 정도로 안식일 규례를 엄수토록 하셨다. 그러나 우리가 잘 아는대로 이스라엘이 생명처럼 지켰던 구약의 안식일은 그 날을 지키는 것 자체가 목적이 아니다. 구약의 안식일은 그 자체가 하나의 상징이며 그림자로 세워진 것이다. 그렇다면 하나님은 어떤 상징을 위하여 이스라엘에게 안식일 규례를 주셨는가. 이에 대해 성경은 다음과 같이 직접적으로 설명해 주고 있다. "나는 그들을 거룩하게 하는 여호와인줄 알게 하려 하여 내가 내 안식일을 주어 그들과 나 사이에 표징을 삼았었노라"(겔20:12) "너는 이스라엘

자손에게 고하여 이르기를 너희는 나의 안식일을 지키라 이는 나와
너희 사이에 너희 대대의 표징이니 나는 너희를 거룩하게 하는 여
호와인 줄 너희로 알게 함이라".(출31:13) 성경은 하나님이 이스라
엘을 거룩하게 하는 분인줄 알게 하려고 안식일 규례를 주셨다고
설명한다. 달리 말하면 하나님은 이스라엘을 거룩하게 하시겠다는
증표로써, 이스라엘을 완전케 하시겠다는 언약의 증거로써 안식일
규례를 허락하셨다. 안식일 규례를 주신 하나님의 목적은 이스라엘
의 거룩과 완전을 위한 것이었다.

2) 이스라엘을 어떻게 거룩하게 하시는가.

　하나님은 이스라엘에게 안식일을 주실 때 두 가지 사실을 기억하
여 안식일을 지키라고 명하셨다. 우선 첫 번째로 기억할 내용이 출
20:8절 이하에 기록되어 있다. "안식일을 기억하여 거룩히 지키라
엿새 동안은 힘써 네 모든 일을 행할 것이나 제칠일은 너의 하나님
여호와의 안식일인즉 너나 네 아들이나 네 육축이나 네 문안에 유
하는 객이라도 아무 일도 하지 말라 이는 엿새 동안에 나 여호와가
하늘과 땅과 바다와 그 가운데 모든 것을 만들고 제칠일에 쉬었음
이라 그러므로 나 여호와가 안식일을 복되게 하여 그 날을 거룩하
게 하였느니라"(출20:8-11) 이 말씀은 모세가 시내산에서 받은 십
계명 중 제4계명에 기록된 말씀이다. 이 말씀을 통하여 하나님은
자신이 제7일에 안식하신 것을 기억하여 안식일을 지키라고 말씀
하시며 "하나님이 쉬셨으니 너희도 쉬라"고 명하신다. 곧 자연 창
조의 거룩한 완성(안식)을 기념하여 안식일을 지키라는 말씀이다.
　이스라엘이 안식일을 지킬 때 두 번째로 기억해야 할 내용은 신

5:15절 이하에 기록되어 있다.[24]

> 여호와 너의 하나님이 네게 명한대로 안식일을 지켜 거룩하게
> 하라 엿새 동안은 힘써 네 모든 일을 행할 것이나 제칠일은 너의
> 하나님 여호와의 안식일인즉 너나 네 아들이나 네 딸이나 네 남
> 종이나 네 여종이나 네 소나 네 나귀나 네 모든 육축이나 네 문
> 안에 유하는 객이라도 아무 일도 하지 말고 네 남종이나 네 여종
> 으로 너같이 안식하게 할지니라 너는 기억하라 네가 애굽 땅에서
> 종이 되었더니 너의 하나님 여호와가 강한 손과 편 팔로 너를 거
> 기서 인도하여 내었나니 그러므로 너의 하나님 여호와가 너를 명
> 하여 안식일을 지키라 하느니라(신5:12-15)

이 신명기 5장 말씀은 모세가 앞서 말한 출20장의 안식일 규례를 다시 반복하여 선포하는 내용이다. 출20장에서나 여기 신5장에서나 동일한 율법으로써의 안식일 규례가 반복되고 있다. 단지 출애굽에서의 안식일 규례가 광야 1세대 이스라엘에게 명해진 것이라면 여기 신명기에서의 안식일 규례는 광야 2세대들에게 명해진 것이라는 사실이 다르다. 모세는 가나안 땅을 눈 앞에 두고 이스라엘에게 고별설교를 하는 중에 이 안식일 규례를 다시 언급하고 있는 것이다. 따라서 출20장에 기록된 안식일 규례와 여기 신5장에 있는 안식일 규례는 내용상으로 다를 것이 없다.

그런데 우리가 출애굽기와 신명기 양쪽에 기록된 안식일 규례의 내용을 비교해 보면 한가지 흥미로운 사실을 발견할 수 있다. 양쪽의 말씀이 동일한 계명임에도 불구하고 무언가 다른 차이점이 있다는 사실이다. 하나님은 출20장의 안식일 규례에서는 제칠일을 기

---

24) 박영선. 〈기도〉. 새순출판사. 1987. p130.

억하여 안식일을 지키라고 말씀하는데 비해 신5장에서는 애굽 땅에서 인도해 낸 사실을 기억하여 안식일을 지키라고 말씀하고 계시다. 우리는 여기서 하나님이 동일한 안식일 규례에 대하여 그 내용을 두 가지로 구분하고 계심을 알 수 있다. 하나님은 출애굽기에서는 제 칠일 곧 창조의 완성을 기억하여 안식일을 지키라고 명하시며, 신명기에서는 출애굽의 구원 사실을 기억하여 안식일을 지키라고 각각 명하신다.

우리는 이 점에서 몇가지 의문을 갖게 된다. 첫째는 하나님이 동일한 안식일 규례를 명하시며 왜 두가지로 내용을 구분하시는가 하는 점이고, 둘째는 창조의 완성을 기억하여 안식일을 지키라고 하는 것은 쉽게 이해가 되지만 출애굽 사건을 기억하여 안식일을 지키라는 것은 무슨 의미인가 하는 점이다. 우리는 이 문제들에 대면하여 진지하게 하나님의 말씀을 탐구해야 할 것이다. 이 문제들 가운데 하나님이 안식일 규례를 통해 말씀하시려는 중대한 영적 상징들이 숨겨져 있기 때문이다.

우리는 하나님이 제 칠일에 안식하셨을 때 그것 자체가 절대적 참안식이 아니었다는 사실은 다시 기억해야 한다. 또한 태초의 안식은 두 가지 의미, 곧 창조의 완성을 선포하면서 미래적인 구원의 안식을 고대하는 의미였음도 기억해야 한다. 모세가 증거한 안식일 규례에는 바로 이 점, 태초의 안식이 가졌던 두 가지 의미가 그대로 반복되어 나타난다. 하나님은 태초의 안식이 가졌던 두 가지 본질을 십계명의 안식일 규례에서 다시 정확하게 반복하고 계신다. 하나님은 출20장에서는 창조의 모형적 안식을 기억하며 안식일을 지키라고 명령하시며 또한 신5장에서는 출애굽 사건이 예표하는 바 미래의 그리스도의 안식을 기다리며 안식일을 지키라고 명하고 계시는 것이다. 이 두가지 내용이야말로 하나님이 태초에 가졌던 안식일의 본질이며 이스라엘이 목숨처럼 지켰던 안식일 규례가 가진 본질이다. 따라서 하나님이 태초에 7일에 누리셨던 안식과 이스라엘이 지켰던 안식일의 의미는 동일한 의미를 갖는 것으로써 양자는 미래의 그리스도의 안식을 고대한다는 점에서 정확히 일치하는 것이다. 이 때문에 하나님은 이스라엘에게 '나의 안식일'(출31:13)을 주어 표징을 삼았다고 말씀하시며 '나의 안식일'(레26:2)을 지키라고 명하셨다.

하나님은 안식일 규례를 통해 첫 안식에 대한 의미와 안식의 미래적 완성에 대한 비밀을 이스라엘에게 예표하셨다. 더불어 이스라엘을 거룩하고 완전하게 만들어 영원한 안식에 들이시겠다는 그리스도의 안식에 대한 약속마저 허락해 주셨다. 하나님은 안식일 규례를 통해 이스라엘을 거룩케 하시는 방법에 대하여 분명하게 밝혀 주신 것이다. 그것은 출애굽이 상징하는 바 그리스도의 구원을 통해서 이스라엘을 거룩하게 만드시겠다는 것이다. 이것이 이스라엘의 안식일 규례가 갖는 진정한 핵심이다. 안식일 규례는 그리스도의 구원으로 이스라엘을 거룩하고 완전하게 만드시겠다는 하나님의 약속이자 언약의 증표이다. 하나님은 과거에 창조의 안식으로 그리스도의 안식을 미리 예표하셨으며 다시 이스라엘의 안식일 규례를 통해 그 예표를 반복하여 강조하셨다. 그리하여 창조의 안식과 이스라엘의 안식일 규례는 본질적인 의미에서 동일한 목적을 갖고 그리스도의 구원을 향하여 나아가는 것이었다.

3) 이스라엘을 왜 거룩하게 하시는가.

　안식과 거룩은 서로 불가분의 관계에 놓여 있다. 하나님은 거룩한 분이므로 하나님께 속한 모든 것은 거룩하며 하나님의 안식 역시 거룩하다. 반대로 하나님께 속하지 않은 것은 모두 거룩하지 못하며 거룩치 못한 것은 하나님의 안식에 참여할 수 없다. 거룩한 것만이 안식에 참여할 수 있으니 안식에 들어가는 모든 것은 거룩해야만 하는 것이다. 그러므로 만일 이스라엘이 하나님의 뜻대로 거룩하게 된다면 이스라엘은 하나님의 안식에 참여할 수 있지만, 거룩하게 되지 못한다면 이스라엘은 결코 하나님의 안식에 참여할 수 없게 된다. 바로 이것이 하나님이 이스라엘을 거룩케 하시려는 이유였다. 하나님은 이스라엘을 하나님의 안식에 참여시키기 위해서 필연적으로 이스라엘을 거룩하게 만들려 하셨던 것이다.

　거룩하신 하나님은 이스라엘과 영원한 안식에 들어가기 위해 이스라엘을 부르셨다. 하나님은 이스라엘을 거룩케하여 하늘 기업을 이을 후사로 삼기 위해 이스라엘을 부르셨다. 이스라엘을 거룩케 만들지 않고서 이스라엘을 하나님의 안식에 참여시키는 것은 불가능하기에 무슨 일이 있어도 이스라엘을 거룩케 하시려고 역사하셨다. 이것이 하나님이 이스라엘을 선택하신 이유요, 불순종과 반역으로 돌아나가는 이스라엘을 끝까지 붙들어 하나님의 백성을 삼고자 하셨던 사랑깊은 원인이었다. 하나님은 이스라엘을 자신의 백성으로 삼아 이스라엘의 하나님이 되시려고 애굽에서 종살이하던 이스라엘을 불러 내셨다고 말씀하셨다.(레11:45) 그리고 하나님의 안식일을 주어 거룩하게 하셨으며, 미래의 구원의 안식을 통해 영원한 거룩함을 이루시겠다고 약속하셨다. 그 약속을 두고 내가 거룩하니 너희도 거룩하라고 명령하셨다.(레11:45, 19:2) 하나님은 이스라엘을 자신의 안식에 초대하기 위해 이스라엘을 거룩하게 만드실 모든 길을 예비하시고 이스라엘을 부르셨던 것이다.

2. 히브리서와 안식

성경에서 창조의 의미와 그리고 안식에 대해 가장 깊이있는 이해를 전하고 있는 책이 히브리서이다. 히브리서는 특히 안식에 관한 독특한 관점을 제시하고 있는데 그것은 그만큼 히브리 기자가 성경의 안식에 대해 본질적이고 통합적인 내용을 파악하고 있다는 것을 의미한다. 히브리 기자는 히4장을 통해 하나님의 안식에 대한 깊은 영적인 메시지들을 전하고 있다. 히4:2-8절의 부분을 살펴 보자.

1) 구약의 세 가지 안식

저희와 같이 우리도 복음 전함을 받은 자이나 그러나 그 들은 바 말씀이 저희에게 유익되지 못한 것은 듣는 자가 믿음을 화합지 아니함이라 이미 믿는 우리들은 저 안식에 들어가는도다 그 말씀하신 바와 같으니 내가 노하여 맹세한 바와 같이 저희가 내 안식에 들어오지 못하리라 하셨다 하였으나 세상을 창조할 때부터 그 일이 이루었느니라 제 칠일에 관하여는 어디 이렇게 일렀으되 하나님은 제칠일에 그의 모든 일을 쉬셨다 하였으며 또 다시 거기 저희가 내 안식에 들어오지 못하리라 였으니 그러면 거기

들어갈 자들이 남아 있거니와 복음 전함을 먼저 받은 자들은 순종치 아니함을 인하여 들어가지 못하였으므로 오랜 후에 다윗의 글에 다시 어느 날을 정하여 오늘날이라고 미리 이같이 일렀으되 오늘날 너희가 그의 음성을 듣거든 너희 마음을 강퍅케 말라 하였나니 만일 여호수아가 저희에게 안식을 주었더면 그 후에 다른 날을 말씀하지 아니하셨으리라.(히4:2-8)

히브리 기자는 3절 초두에서 "믿는 우리들이 저 안식에 들어가는도다"라고 증거한다. 그러면서 광야의 이스라엘이 안식에 들어가야 했는데 그들이 순종치 아니하여 들어가지 못했다고 말한다. 여기서 히브리 기자는 안식에 대한 중대한 사실 하나를 밝힌다. 곧 믿는 자들이 안식에 들어가며, 믿지 않는 자는 안식에 들어가지 못하는 일이 "세상을 창조할 때부터 이루어졌다"는 사실이다. 히브리 기자의 진술에 의하면 구약이나 신약에서 믿는 자들이 하나님의 안식에 들어가는 일은 태초로부터 결정된 사항이다. 복음을 믿는 자는 안식에 들어갈 수 있으나 복음을 순종치 않는 자는 안식에 참여하지 못한다. 히브리 기자는 4:2절에서 광야의 이스라엘도 우리와 마찬가지로 복음을 받은 자였으나 저들이 들은 말씀에 믿음을 화합치 아니하므로 안식에 들어가지 못하였다고 한다. 기자는 복음으로 인한 안식이 창조의 안식 때부터 이미 예정된 일임을 밝히며 창조의 안식과 구원의 안식과의 관련성을 일치시키고 있다. 곧 그리스도의 안식을 태초의 안식에 근거하여 설명하는 것이다.

히브리 기자는 위의 말씀을 통하여 구약에서의 안식 개념을 크게 세 가지로 설명한다. 첫째는 4:4절에 "하나님은 제 칠일에 그의 모든 일을 쉬셨다” 라는 말씀에서 나타난 하나님의 첫 창조의 안식이다. 두 번째는 8절에 “만일 여호수아가 저희에게 안식을 주었더면 그 후에 다른 날을 말씀하지 아니하셨으리라”고 기록된대로 여호수아가 광야의 백성에게 준 가나안 안식이다. 세 번째는 4:7절에 기록된대로 다윗을 통하여 예언된 또 다른 안식이다. 히브리 기자는 만일 여호수아가 준 안식이 진정한 것이었다면 다윗을 통하여 또 다른 안식을 언급하지 않았을 것이라고 한다. 여기서 또 다른 안식이란 다윗이 시95편을 통하여 예언했던 ‘그리스도의 구원의 안식’을 의미한다. 그런데 그리스도의 안식은 창조의 안식과 가나안 안식을 모두 포괄하는 안식이다. 하나님은 창조의 안식 때부터 그리스도의 안식을 예정하고 계셨으며 여호수아가 준 가나안 안식 역시 그리스도의 안식을 예표하는 그림자였다. 뿐만아니라 이스라엘이 목숨처럼 지켰던 안식일 규례도 그리스도의 안식을 기다리는 모형의 역할을 하는 것이었다. 결국 구약에 언급된 안식에 대한 모든 표현들은 동일하게 그리스도의 안식을 가르키는 것이니 그리스도의 안식이야말로 최종적이고 완전한 안식의 실체인 셈이다. 구약에 언급된 안식들은 모두 그리스도의 안식을 고대하고 예표했던 안식이었다.

2) 삼위 하나님의 안식

그런즉 안식할 때가 하나님의 백성에게 남아 있도다 이미 그의 안식에 들어간 자는 하나님이 자기 일을 쉬심과 같이 자기 일을 쉬느니라 그러므로 우리가 저 안식에 들어가기를 힘쓸지니 이는 누구든지 저 순종치 아니하는 본에 빠지지 않게 하려 함이라 (히4:9-11)

히브리 기자는 4:9-11절을 통해 또 다른 시각에서 안식의 개념을 세 가지로 설명하고 있다. 먼저 10절 말씀을 살펴보자. "이미 그의 안식에 들어간 자는 하나님이 자기 일을 쉬심과 같이 자기 일을 쉬느니라". 여기 "하나님이 자기 일을 쉬심과 같이"라고 기록된 것처럼 첫째로 하나님의 안식이 있다. 두 번째 안식에 대한 설명은 "이미 그의 안식에 들어간 자"라는 표현에서 찾아볼 수 있다. 히4장에는 안식에 '들어간다'는 표현이 1, 3, 5, 6, 10, 11절에 나타나는데 모두 복수대명사와 함께 사용되고 있다. 그런데 이 곳 10절에서는 단수대명사를 사용하고 있다. 이는 하나님이 자기 일을 쉬심과 같이 쉬고 있는 한 사람이 있음을 표현하는 의미이다. 여기서의 한 사람 '그의 안식에 들어간 자'란 그리스도를 말하는 것이다. 히브리 기자는 3:1절에서부터 모세보다 우월하신 그리스도에 대하여 증거하기 시작하였는데 이러한 논증은 모세와 여호수아가 주지 못했던 진정한 안식을 그리스도께서 주실 수 있다는 4:10절의 말씀으로 절정을 이룬다. 모세와 여호수아를 통해 예표되었던 안식을 오직 한 사람, 그리스도께서 가장 먼저 들어가셨음을 '그의 안식에 들어간 자'라는 말로써 표현하고 있다. 그리고 믿는 우리들은 그리스도의 본을 통해 그의 안식에 들어갈 수 있다.

과연 그리스도는 하나님의 안식에 들어간 최초의 인간이셨다. 히브리 기자는 모세나 여호수아와 달리 그리스도가 대제사장이 되어 최초로 하나님의 안식에 들어가사 우리의 본이 되셨고 우리를 체휼하사 믿는 우리를 영원한 안식으로 인도하심을 증거하고 있다. 과연 주님은 이 땅에서 온전한 순종의 본이 되셨으며 십자가 상에서 물과 피를 다 쏟고 돌아가시며 "다 이루었다"(요19:30)고 말씀하셨다. 주님은 둘째 창조의 사역을 완전하게 이루는 첫 인간이 되셔서 하나님이 예정하신 참 안식에 들어가사 하나님이 자기의 일을 쉬심과 같이 자기의 일을 쉬는 첫 아들이 되셨다. 하나님이 더 이상 창조의 안식을 위해 하실 일이 없으셨던 것처럼 주님도 이 땅에서 구원의 안식을 위해 하실 일들을 모두 마치셨다. 그래서 주님은 하나님처럼 자기의 일을 모두 마치고 안식에 들어가셨다.

다음으로 기자는 "우리도 저 안식에 들어가기를 힘쓸지니"라는 말씀으로 하나님의 안식과 그리스도의 안식에 이어 세 번째로 성도의 안식을 설명한다. 그런데 성도의 안식은 아직 끝나지 않은 진행형의 안식이다. 하나님의 안식과 그리스도의 안식은 이루어졌지만 성도의 안식은 아직 완성되지 않았다. 이것이 히브리 기자가 그토록 간절하게 성도들에게 온전한 순종으로 안식에 들어가라고 권고하는 이유이다. 기자는 하나님과 그리스도께서 자신들의 모든 사역을 마치시고 안식에 들어가셨음을 보았다. 그리고 이제 마지막으로 성령의 인도하심으로 성도가 온전한 믿음으로 안식에 들어갈 일이 남아 있음을 깨달았다. 구약 때에는 그리스도께서 아직 안식에 들어가지 않으셨을 때이므로 그리스도의 안식을 기다려야 했다. 하지만 신약의 때는 그리스도께서 모든 일을 마치고 참 안식에 가장 먼저 들어가셨으므로 이제 남은 것은 성도가 그리스도를 좇아 구원의 안식에 들어가는 일 뿐이다. 성도가 안식에 들어가는 일은 성령의 사역이다. 성령께서는 성도가 안식에 참여할 수 있도록 중생시키고, 인도하시며 온전한 믿음에 이르게 하는 보혜사가 되신다. 성령께서는 성도와 함께 거하고 성도를 책망하고 가르치며(요16:7-10), 진리로 인도하여(요16:13) 그리스도를 영화롭게 한다.(요16:14-15) 이러한 성령 하나님의 사역은 하나님의 첫 창조의 때에 성자와 성령께서 하나님의 두 손으로서 참여하신 것처럼, 둘째 창조의 때에도 동일하게 창조에 참여하심을 의미한다. 그리하여 태초에 "우리의 형상대로 사람을 만들자"라고 말씀하신 것을 이루기 위하여 삼위 하나님은 처음부터 끝까지 함께 협력하여 창조하심을 증거한다. 삼위 하나님은 태초에 연합하여 창조의 일을 마치신 것처럼 지금도 삼위 하나님이 연합하여 구원의 일을 행하고 계신다. 하나님은 인간을 만드시고 그리스도는 인간에게 구원의 근원이 되시며 또한 성령께서는 인간을 인도하사 거룩한 안식에 들어가게 하심으로 태초의 인간 창조의 컨셉을 완성하시며 하나님의 전(全)창조를 완성하고 계신다. 그래서 기자는 "안식할 때가 하나님의 백성에게는 남아 있도다"(히4:9) 라는 말씀으로 성도가 안식에 들어갈 일과 함께 성령의 사역이 남아 있음을 짚어준다.

혹자는 성도의 안식에 대해 히4:3절의 "이미 믿는 우리들은 저 안식에 들어가는도다"라는 말씀을 거론하여 믿는 성도들은 이미 안식에 들어간 상태가 아니냐며 반문할 수 있을 것이다. 많은 사람들은 '이미'라는 단어에 의지하여 땅에서 믿고 있는 성도들은 이미 안식의 상태에 들어간 것과 마찬가지라고 생각하기도 한다. 그러나 이러한 오해는 히브리서의 강해자인 아더 핑크가 잘 해결해 주고 있다. 아더 핑크는 '이미' 라는 단어는 원어에는 '왜냐하면' 이라고 나와 있으며 백스터(Bagster)의 헬라어와 영역대조 성경의 번역에 의해 4:3절은 "왜냐하면 믿는 우리가 안식에 들어갈 수 있기 때문이다"라고 해석되는 것이 바르다고 말한다.[25]

실제로 '이미' 라는 헬라어는 '왜냐하면' 을 의미하는 '가르' 라는 단어를 번역한 것이다. 따라서 4:3절은 광야의 백성들이 그 들은

---

[25] 어더 핑크. 〈히브리서 강해1〉. 서문강 역. 청교도신앙사. 1998. p266.

바 말씀을 믿음으로 화합치 못함으로 안식으로 들었가지 못했지만 "우리들은 믿기 때문에 저 안식에 들어갈 수 있다"는 사실을 말하는 것으로 해석된다. 즉 히브리 기자는 "저 불순종한 광야의 백성들은 안식에 들어가지 못했다. 왜냐하면 믿음으로만 안식에 들어갈 수 있기 때문이다"라고 분명하게 언급하는 것이다. 아더 핑크는 이 구절이 하나님의 안식에 들어갈 특권을 가진 자들이 누구인가를 분명하게 알리는 역할을 하는데 본질적인 의미가 있다고 지적하였다. 그리하여 히브리 기자는 계속적으로 9절 말씀을 통해 "그런즉 안식할 때가 하나님의 백성에게 남아있도다"라고 기록함으로 믿는 자들에게 들어갈 안식이 남아 있음을 분명히 지적할 수 있는 것이다. 그런 다음 11절로 넘어가면서 "그러므로 저 안식에 들어가기를 힘쓸지니"라는 말씀을 통해 땅의 성도들이 남아 있는 안식에 들어가기 위해 불순종의 본에 빠지지 말고 오직 순종으로 안식에 들어가기를 권고하고 있다.

특히 기자는 9절에 기록하고 있는 '남아 있는 안식'을 다른 구절들에 사용한 안식이라는 용어와 차별하여 사용함으로 어떤 의미에서 안식이 남아 있는지를 자세하게 설명하고 있다. 앞서 1절, 3절, 5절, 8절에 언급된 '안식'과 여기 9절에 언급된 '안식'과는 단어상의 차이점이 있다. 기자는 다른 구절과는 달리 9절에서만 안식이라는 용어를 '사바티스모스'로 표현하고 있다. 아더 핑크에 따르면 이는 기자가 의도적으로 사용한 용어이다. 우리말로 번역하면 '안식일의 안식'을 뜻한다. 공동번역 성경에는 '참 안식'으로 현대어 성경에는 '완전한 안식'으로 번역되어 있다. 이는 말씀 그대로 성도들에게 완전하고 거룩한 안식에 들어갈 일이 남아 있다는 것을 의미한다.

　기자는 이스라엘이 안식일 규례를 통해 완전한 안식을 기다렸던 것처럼 신약의 성도들도 '바라고 고대하는 안식'이 남아 있음을 설명하는 것이다. 히브리 기자는 신약의 성도들이 광야의 백성들처럼 안식에 들어갈 복음 전함을 받은 것이라는(히4:2)양자의 유사성을 이 '사바티스모스'라는 단어를 사용하여 지적하고 있다. 양자는 시간적으로 멀리 떨어져 있고 신약의 입장에서 안식을 바라보는 것이 훨씬 구체적이고 직접적이긴 하지만 기자는 "저희와 같이 우리도 복음 전함을 받은 자"라는 표현을 통해 양자가 똑같이 안식에 들어갈 복음을 받은 자들임을 증거한다. 그리고 양자는 믿음으로만 안식에 들어갈 수 있다는 점에서 구약 때나 신약 때나 오직 순종으로 안식에 들어갈 수 있음을 반복한다. 신약의 성도들에게도 안식은 믿음으로 들어가야 하는 안식으로 남아 있는 것이다. 그것은 광야 때의 가나안 안식과 동일하게 온전한 믿음으로만 들어갈 수 있으며 또한 자기를 거룩하게 지키고 믿음으로 온전케 되어야만 들어갈 수 있는 거룩한 안식이다.

　현재의 성도들은 구약의 성도들과 달리 안식일이 아닌 주님이 부활하신 안식 후 첫 날을 지킨다. 주의 날은 구약의 이스라엘이 지켰던 안식일과 형태는 다르지만 본질은 같다. 구약의 이스라엘은 그리스도의 오심을 기다리며 안식일을 지킨 것이지만 신약의 성도들은 다시 오실 그리스도를 기다리며 주의 날을 지킨다. 오늘의 성도는 주의 오심을 소망하며 날마다 그리스도의 형상처럼 자신을 단장하면서 성령과 함께 영원한 안식에 참여할 것을 기뻐하며 주일을 지킨다. 그것은 막연히 때가 오기를 기다리며 시간을 견디는 주일이 아니라 그 안식에 들어갈 수 있기 위하여 철저하게 자기 자신을 깨끗하고 정결케하여 그리스도의 신부로 단장하는 주일이다. 물론 그리스도의 신부로 단장하는 것은 주일에만 국한되지 않는다. 성도는 매일의 삶에서 그 안식에 참여하기를 힘쓰며 참안식을 소망한다. 오늘의 성도에게는 모든 날이 주를 소망하는 날이요 모든 날이 안식을 고대하여 준비하는 날이 되는 것이다. 이것은 성도가 믿음으로 거룩케되어 하나님의 전창조의 안식에 참여함을 의미한다. 지금 성도에게는 그 안식에 들어가기 위해 주님의 순종을 배우고 따라 들어가는 거룩한 안식의 소망이 남아 있다.

그러므로 하나님의 안식은 태초의 창조의 거룩, 그리스도의 구원의 거룩, 성도의 순종의 거룩을 통해 완성되는 전성경적인 안식이다. 성도의 순종이 거룩하게 될 때 하나님이 진정한 창조의 사역이 종결되며 창조는 비로소 절대적인 거룩을 선포하며 참 안식에 들어가게 된다.

제5장

창조와 구원

인간은 반드시 인간으로 태어나야 하며 또한 인간이 되도록 성장해야 한다. 인간으로 태어나고 성장하는 이 두 가지는 인간이 인간다워지는 요건이다. 그런데 하나님도 바로 이와 같은 방법으로 하늘의 인간을 만들고 계신다. 하나님은 창조를 통해 인간을 낳으시고 구원을 통해 인간을 변화하고 성장케 하신다. 인간을 당신의 자녀로 만들기 위하여 창조(출생)하시고 그 다음에 구원(성장)하시는 것이다.

1. 창조와 구원의 목적은 같다.

　성경과 함께 이레니우스의 사도적 전통이 증거하는 창조의 목적은 '인간을 그리스도의 형상'으로 완성하는 것이다. 태초의 창조에서 아담은 그리스도의 형상을 이루기 위하여 지어졌다. 하지만 아담은 그리스도의 형상에 이르지 못하였다. 그는 하나님의 명령에 순종하며 생명나무의 열매를 먹음으로 예수를 만나고 그 열매를 통해 영생을 얻어야 했지만 생명과 대신 선악과를 먹음으로 영생에서 떨어지고 그리스도의 형상에서 멀어졌다. 아담의 범죄 때문에 그리스도의 형상으로 완성하려는 인간 창조의 목적은 출발선에서부터 실패하였다.

　그리스도의 구원은 아담이 실패했던 창조의 목적을 이루기 위한 것이다. 그리스도는 단순히 아담의 죄의 문제만을 해결하는 분이 아니다. 아담의 죄를 대속한 후에 아담이 이루었어야 할 일, 인간이 그리스도의 형상의 영광에 이르도록 구원하시는 분이다. 구원은 창조의 목적—인간이 그리스도의 형상을 이루는 것을 최종목적으로 한다. 이 점에서 구원의 목적은 태초의 창조의 목적과 동일하다. 창조와 구원 모두는 그리스도의 형상을 목적으로 하는 하나님의 동일한 사역이다.

　하나님의 창조와 구원을 한마디로 함축한다면 '예수 농사'이다. 하나님은 아담이라는 밭에서 예수라는 열매를 얻으려고 창조하셨다. 태초의 아담은 예수가 아니며 예수 열매도 아니었다. 아담은 단지 예수라는 씨를 뿌릴 수 있는 땅이요 밭이었다. 그 밭에서 아담은 예수에 이르기까지 자라야 했다. 농부이신 하나님은 아담이라는 밭을 잘 가꾸어 예수 열매를 얻으려 하셨다. 그런데 사단이 나서서 훼방하여 밭을 오염시키고 피폐하게 만들었다. 아담이 예수 열매를 맺지 못하도록 타락시켜 하나님의 창조 사역을 가로막았다. 아담역시 사단의 유혹에 화답하며 자신 안에 예수 열매가 자라는 일을 거부하였다.

하지만 영접하는 자 곧 그 이름을 믿는 자들에게는 예수의 씨가 뿌려진다. 예수 씨인 말씀이 뿌려지는데 인간의 밭이 황폐하고 마른 땅이어서 성장이 어렵다. 그러자 농부이신 하나님은 인간의 밭을 옥토로 바꾸려고 십자가의 피와 성령의 물과 자신의 사랑을 쏟아 부으신다. 하늘에 속한 모든 신령한 은사들로 부어 주신다. 그러면 예수의 씨가 자라고 뿌리가 내려 인간의 밭에 예수 나무가 나타나기 시작한다. 예수나무의 뿌리가 인간의 심층까지 뻗어가며 인간전체를 점령한다. 이 과정에서 인간 자신은 점점 무력화된다. 인간의 영역은 파괴되고 줄어든다. 그러면서 예수 이삭이 나타나고 예수 이삭의 속이 채워지기 시작한다. 인간 밭에 예수 형상의 열매가열리기 시작하며 예수 이삭 하나 하나가 하나님의 형상의 영광을드러낸다. 나무마다 줄기마다 주렁주렁 하늘 형상의 이삭들이 결실을 맺는다. 하나님은 구원의 끝날에 이런 예수 열매들을 거두어 천국에 들이신다.

결국 하나님은 아담 안에서 이루지 못한 일들을 예수 안에서 이루신다. 창조의 목적과 영광을 그리스도의 구원을 통해 성취하신다. 그러므로 하나님이 인간을 창조하신 목적과 인간을 구원하시는 목적은 동일하다. 창조와 구원 모두는 인간을 하나님의 형상 곧 그리스도의 형상을 이루기 위한 일이다. 하나님의 창조는 단지 그 형상을 씨앗의 형태로 내포하고 있었고 그리스도의 구원은 그 씨앗을 회복시켜 나무를 키우고 열매를 거두는 것이다.

2. 창조의 목적은 구원 안에서 완성된다.

창조의 목적은 아담 안에서 이루어지지 못하였다. 태초의 아담은 하나님의 형상으로 온전한 자가 아니었다. 아담은 흙에서 나온 자요 아직은 신령하거나 하늘에 속한 자가 아니었다. 아담은 살아있는 혼(soul)이었지만 땅에서 나왔고 단지 흙에 속한 형상을 입은 자였다.(고전1:45-49) 아담은 점점 성장하여 신령한 자가 되어야 했고 하늘에 속한 신령한 형상을 입어야 했다. 아담 자신 뿐만 아니라 자신의 모든 후손들까지 신령한 하늘의 형상을 입도록 이끌어야 했다. 아담은 그 일을 이루지 못하였다. 흙으로 지어진 땅에 속한 자가 자신과 많은 무리들을 이끌어 하늘 형상의 영광에 이르는 일은 쉽지 않았을 것이다. 이를 아신 하나님은 창세 전부터 아담의 실패를 대비하여 아담 대신에 하늘 형상의 영광을 성취하실 완전한 아들, 예수를 준비하고 계셨다.

아담이 실패한 일은 예수께로 넘겨졌다. 예수는 하나님의 형상의 본체시며 그 영광이시다. 예수는 죽은 영들을 살려줄 수 있는 능력의 영이시며 하늘에서 나셨고 처음부터 신령하고 완전한 분이시다. 예수께서는 하나님의 형상이므로 형상에 관한 일들을 너무 잘 알고 계셨고 많은 사람들을 하나님의 형상으로 인도할 수 있는 유일하고 거룩한 분이셨다. 땅의 아담은 그 일을 완수하시는 분, 예수의 표상이요 모형이었다. 하나님은 창세 전부터 많은 사람들을 이끌어 하나님의 아들로 완성할 자로 오직 예수를 예정하셨다. 그래서 많은 사람들이 예수의 형상을 본받도록 미리 정하셨고 그를 많은 형제 중에서 맏아들이 되게 하셨다.(롬8:29) 첫 창조와 아담 안에서는 모든 것이 실패할지라도 예수의 구원 안에서는 모든 것이 완성될 수 있도록 완전한 보루를 예비하고 계셨다. 종말에 이르러 첫 창조의 자그마한 부분까지라도 모두 거룩하게 완성될 수 있도록 예정하셨다. 태초에 세우셨던 하나님의 모든 계획과 목적은 예수의 구원 안에서 이루어질 것이었다.

3. 첫째 창조와 둘째 창조

하나님의 창조는 두 개의 과정으로 진행한다. 창조는 첫 창조에서 둘째 창조의 과정으로 진행한다. 첫 창조는 아담으로 말미암은 태초의 창조요, 둘째 창조는 예수로 말미암은 구원의 창조이다. 구원의 창조는 첫 창조를 복구하는 임시적인 조치가 아니다. 구원의 창조는 창조의 두 번째 단계로써 창세 전에 예정된 창조의 본론이며 창조의 핵심이다. 첫 창조는 창조의 본론이 아니며 핵심도 아닌 단지 서론일 뿐이다. 첫 창조는 임시적이고 지나가는 것으로 손으로 지은 창조이고 둘째 창조는 영구하며 항존적인 것으로써 하늘에 속한 창조이다. 첫 창조는 땅의 육에 속한 것들의 창조요 둘째 창조는 하늘과 영에 속한 것들의 창조이다.

첫 창조에 비해 둘째 창조는 더 나은 창조가 되며 완전한 창조가 된다. 구원의 둘째 창조는 새 창조이며 마지막 창조이다. 아담에게 속한 모든 창조를 새롭고 완전하게 갱신하므로 새 창조이며 구원의 창조 안에서 첫 창조가 종결되므로 마지막 창조이다. 이는 마치 예수가 아담보다 완전한 인간으로서 새 아담이요, 예수 외에 다른 아담이 필요 없으므로 마지막 아담(고전15:45)이 되심과 같다. 예수께서는 둘째 아담이자 마지막 아담으로 땅에 내려 오셨다. 땅의 타락한 인간을 첫째 창조시의 무죄한 상태로 회복하실 뿐만 아니라 인간이 신령한 몸을 입고 하늘에 들어가는 둘째창조의 일을 성취케 하시려고 오셨다. 인간을 신령한 하늘의 존재로 새롭게 완성하는 일, 예수의 영광을 보고 저와 같은 형상으로 화하여 영광으로 영광에 이르게 하사(고전3:18) 하나님의 형상으로 완성하는 일을 행하러 오셨다.

첫 창조의 사역은 아담에 이어 하와의 완성으로 종결되었다. 이제 둘째 창조의 사역은 예수를 통한 교회의 완성으로 종결될 것이다. 하와는 첫째 창조 곧 임시적이고 지나가는 창조의 목적이었지만 영원하고 완전한 창조의 목적은 아니었다. 영원하고 완전한 창조의 목적은 교회의 완성에 있다. 교회의 완성이야말로 진정한 영적 하와의 완성이요, 교회야말로 하늘에 속한 창조의 완성이다.

4. 첫 창조와 안식은 둘째 창조와 안식의 모형이다.

첫 창조는 둘째 창조에 비하면 낮은 차원의 창조요, 때가 되면 닳아져 갈아 입어야 하고 연대가 다하면 사라지는 창조이다.(히1:11-12) 첫 창조시의 안식 역시 낮은 차원의 안식이요 때가 되면 사라지는 안식에 해당한다. 첫 안식은 영구한 안식이 아니며 완전한 안식도 아니다. 단지 첫 창조의 수준에 알맞은 안식이었고 임시적인 안식이었을 뿐이다. 첫 안식은 거룩하였지만 땅과 육의 완성에 대하여 거룩했던 안식이었다. 첫 안식은 하늘과 영의 창조로 인한 안식이 아니었기에 보다 완전하고 거룩한 창조를 기다리고 고대해야 했다. 첫 안식은 인간이 완전하고 신령한 존재로 완성되어 영원한 안식을 맞기 전까지 잠시 있다가 폐해지는 그런 안식이었다.

첫 창초의 모든 국면이 그렇듯이 첫 창조와 안식은 둘째 창조와 안식을 소망하며 준비하는 유형론의 창조이다. 첫 창조와 안식이 목적하는 완전한 실체는 자신들 안에 있지 않고 둘째 창조와 안식에 들어 있다. 첫 창조와 안식은 단지 그것을 예비하고 표상할 뿐이었다. 첫 창조와 안식은 자신들 안에서 완전할 수 없었다. 오직 둘째 창조와 안식이 올 때까지 기다리는 것이 첫 창조와 안식의 의미였으며 둘째 창조와 안식이 올 때야 비로서 완전해 질 수 있는 것이다. 둘째 창조와 안식이야말로 상위적인 것이요 보다 완전한 것이다. 완전한 것이 올 때에 부분적인 것은 폐하여지게 마련이다. 첫 창조와 안식에 속한 모든 것들은 둘째 창조와 안식이 올 때 폐하지지며 동시에 둘째 창조와 안식 안에서 회복되고 더욱 온전해진다.

5. 믿음은 창조의 법이다.

인간은 믿음으로 구원을 받는다. 기록된대로 의인은 오직 믿음으로 말미암아 살 수 있다.(롬1:17, 합2:4) 인간은 자신의 행위와 능력으로는 구원에 대한 한 터럭만큼의 땅도 확보하지 못하며 아무도 하나님 앞에 자신의 의로움을 주장할 수 없다. 바울은 의인은 없나니 하나도 없다고 선언하였다.(롬3:10) 따라서 인간은 자신의 의로 구원을 받는 것이 아니라 하나님의 의를 통하여 구원을 받으며 자신의 행위로 구원을 받는 것이 아니라 하나님을 믿음으로써 구원을 받게 된다. 믿음은 구원의 빙거요 능력이다. 하나님은 '믿음'을 구원을 시작하고 완성하는 법칙으로 삼으셨고 하나님의 의를 시작하고 완성하는 구원의 원리로 삼으셨다. 믿음은 하나님의 구원의 법이다.

믿음은 구원의 법임과 동시에 창조의 법이기도 하다. 아니 믿음은 구원의 법이기 전에 먼저 창조의 법이다. 믿음은 태초부터 이미 하나님의 안식에 참여하는 법으로써 규정되어 있었다. 히브리서 기자는 태초부터 있었던 믿음에 법에 대하여 다음과 같이 증거하고 있다. "이미 믿는 우리들은 저 안식에 들어가는도다 그 말씀하신 바와 같으니 내가 노하여 맹세한 바와 같이 저희가 내 안식에 들어오지 못하리라 하셨다 하였으나 세상을 창조할 때부터 그 일이 이루었느니라".(히4:3) 여기 3절 끝 부분에 세상을 창조할 때부터 '그 일'이 이루었다고 하는데 '그 일'이란 무엇을 말하는가? 곧 "믿는 자들은 안식에 들어가며 믿지 않는 자들은 안식에 들어가지 못하는 일"을 의미한다. 그리고 '그 일'이 이루어진 것은 세상의 기초를 놓을 때, 태초부터이다. 여기에 '이루어졌다'는 원어의 의미는 '이루다', '계속되다'라는 의미이다. 하나님은 세상의 기초를 놓을 때부터 믿는 자들이 하나님의 안식에 참여하는 일을 이루어 놓으셨으며 지금도 그 일을 계속하고 계시다. 세상을 창조할 때부터 믿는 자들이 안식에 참여할 수 있도록 정하시고 믿지 않는 자들은 안식에 참여치 못하도록 정하셨다. 이렇듯 믿음으로 안식에 참여하는 법은 태초부터 결정된 법이었고 인간이 하나님의 안식에 참여할 수 있는 유일한 법이었다.

믿음은 창세 전부터 창조를 완성하는 법으로 세워져 있었다. 태초의 아담으로부터 인간은 하나님의 말씀을 믿고 순종함으로 하나님의 안식에 참여해야 하는 존재였다. 아담은 비록 실패하였지만 구약의 믿음의 선진들은 믿음으로 하나님의 안식에 참여하였다. 믿음으로 아벨은 가인보다 더 나은 제사를 하나님께 드림으로 의로운 자라 하는 증거를 얻었고 에녹은 믿음으로 하나님과 동행함으로 죽지 않고 하늘에 올려졌고 엘리야는 회리바람을 타고 승천하였다. 많은 믿음의 선진들이 하나님을 믿음으로 안식에 참여하였다. 믿음의 장인 히11장에 기록된 것처럼 믿음의 선진들은 모두 자신과 세상을 이기고 믿음으로 승리하여 안식에 참여하였다.

반면에 히브리서 4장에 나타난 광야의 이스라엘은 그 들은 바 말씀에 믿음을 화합치 아니함으로 안식에 들어가지 못한 자들이었다. "저희와 같이 우리도 복음 전함을 받은 자이나 그러나 그 들은바 말씀이 저희에게 유익되지 못한 것은 듣는 자가 믿음을 화합지 아니함이라"(히4:2) 히브리 기자는 그들도 우리처럼 복음 전함을 받은 자들이었으나 믿음이 없으므로 안식에 들어가지 못하였다고 증언한다. "그러면 거기 들어갈 자들이 남아 있거니와 복음 전함을 먼저 받은 자들은 순종치 아니함을 인하여 들어가지 못하였다"(히4:6)고 한다.

믿음은 하나님의 안식에 참여토록 하는 통로이자 능력이다. 믿음은 믿음으로써 구원을 완성하여 그 안식에 들어가게 만든다. 믿음은 그리스도의 형상의 영광에 이르도록 하여 태초의 아담이 이루지 못했던 일을 이룬다. 의롭다 함을 얻게할 뿐만아니라 세상을 이기고 죄를 이기게 함으로 하나님의 자녀라 칭함을 받기에 온전케 만든다. 믿음은 첫째 창조를 회복하고 둘째 창조를 완성하며 마침내 하나님의 전(全) 창조를 완성한다. 믿음은 구원을 완성하고 동시에

창조를 완성하여 하나님의 영원한 안식에 참여케하는 능력이요 법
칙이다.

6. 창조와 구원의 관계

헬렌켈러의 어린 시절을 보여주는 미라클 워커(Miracle Worker)
라는 제목의 영화가 있다. 1963년에 아카데미 여우주연상과 조연
상을 수상한 작품이다. 헬렌켈러는 2살 때부터 귀머거리, 벙어리에
다 앞까지 볼 수 없는 3중의 장애자였다. 그녀는 세상이나 타인과
소통할 수 없었고 어린 헬렌의 사고와 행동은 동물과 다름이 없었
다. 그녀는 바닥을 기어 다니며 식탁의 음식들을 쏟고 접시를 깨트
리는가 하면 괴성을 지르며 뛰어다녔다. 3중의 장애는 그녀를 정상
적인 인간으로 살 수 없도록 만들었다.

그러던 중 헬렌은 설리반이라는 선생을 만남으로 침묵과 어둠의
벽을 깨고 세상과 소통할 수 있는 희망을 찾게 된다. 헬렌을 감당할
수 없었던 헬렌의 부모가 설리반이라는 여선생에게 헬렌을 맡기게
된 것이다. 헬렌을 맡은 설리반은 헬렌 가족들의 반대에도 불구하
고 헬렌과 단 둘이서 오두막 생활을 하며 그녀를 철저하게 훈련시
키기 시작하였다. 말을 안들으면 헬렌을 굶기고 행동 하나 하나를
철저히 통제하여 알파벳을 학습하도록 가르쳤다. 그러나 헬렌에게
학습의 효과는 나타나지 않았고 헬렌과 설리반은 매일을 미친듯이
서로 싸우며 지냈다. 헬렌은 설리반이 자신을 괴롭힌다고 생각하며
설리반을 미워하고 증오하였다. 하지만 설리반은 이에 아랑곳하지
않고 헬렌을 사랑과 인내로 가르쳤다. 그러던 어느 날 어린 헬렌은

호스에서 나오는 물에 얼굴을 적시면서 알아들을 수 없는 발음으로 "w.. wa.. water!"라는 신음소리를 낸다. 헬렌은 물이 얼굴에 닿는 순간, 물이 이름을 갖고 있으며 그것이 문자로 표현되고 있음을 처음으로 깨달은 것이었다. 그 때부터 비로소 헬렌은 문자를 배우는 첫걸음을 떼며 설리반 선생과 외부세계에 대해 마음의 눈을 열기 시작하였다.

설리반 선생의 도움으로 헬렌은 교육과 학습을 통해 정상적인 인간의 삶을 배울 수 있었고 나아가 세상의 많은 사람들에게 꿈과 희망을 주는 존경받는 삶을 살게 되었다. 필자는 이 영화를 볼 당시 창조와 구원에 대해 고민하던 중이었는데 영화를 보고 큰 깨달음을 얻게 되었다. 영화를 통해 창조와 구원이 어떻게 관련되고 협력하는가에 대한 의미를 발견할 수 있었다.

이 영화는 사람이 사람으로 출생하는 것 못지 않게 사람으로써 배우고 성장하는 것이 얼마나 중요한가 라는 사실을 보여 준다. 헬렌은 한 인간으로 출생하였다. 그러나 헬렌은 자신의 장애 때문에 인간답게 성장하지 못하였다. 인간으로서의 마땅한 삶을 배울 수 없었고 인격적인 행동이나 표현도 계발될 수 없었다. 그런 헬렌을 인간으로 거듭나게 만든 것은 스승 설리반이었다. 헬렌은 설리반을 만나면서 비로소 성장하기 시작하여 사람이 될 수 있었고 인격체가 될 수 있었다. 헬렌을 낳은 것은 그녀의 부모였지만 헬렌을 한 인격으로 자라게 하고 성장시킨 것은 스승 설리반이었다. 헬렌은 부모를 통해 사람으로 출생하였지만 설리반의 가르침을 받은 후에야 진정한 사람이 된 것이다.

사람으로 태어나 사람으로 성장하는 것은 헬렌의 경우에만 해당하는 사실이 아닐 것이다. 사람은 예외없이 사람으로 태어남과 동시에 사람으로 성장해야 한다. 사람은 사람다움으로 성장하며 사람으로써의 가치를 배우고 행할 때 비로소 사람이 될 수 있다. 사람이라는 허울을 쓰고 차마 사람으로써 행치 못할 일을 행하는 금수같은 자들도 많이 있다. 그들은 사람으로 태어났으나 사람이 되지 못한 자들이다.

하나님이 사람을 만드실 때 생육하고 번성하여 땅에 충만하라고 명하셨다. 이를 위하여 아담과 하와가 한 몸을 이루어 아이를 낳고 양육하도록 하셨다. 아기가 출생하여 성인이 될 때까지 부모의 보살핌과 양육 가운데 있게 하셨다. 하지만 부모가 자식을 낳고 양육을 하는 것은 비단 사람의 경우에만 해당하는 것이 아니다. 하나님도 사람이 자식을 낳고 양육하는 것과 동일한 방법으로 하나님의 자녀를 낳고 양육하신다. 하나님은 태초에 인간을 창조하실 때부터 이 방법을 사용하고 계셨다.

하나님은 첫 창조를 통해 인간을 출생시키셨고 인간이 하나님과의 올바른 관계 가운데 성장하도록 하셨다. 인간이 하나님과의 관계를 통해 하나님의 형상을 바라보고 배우도록 하셨다. 인간이 하나님과의 관계 가운데 성장하는 것은 창조의 둘째 과정이다. 이 둘째 과정 안에서 인간은 하나님을 닮아가고 하나님의 온전한 형상을 이루기까지 성장할 수 있다. 인간의 자녀처럼 하늘의 자녀도 출생과 성장의 과정을 통해 완성되는 것이다. 하지만 성장의 과정에는 실패와 고통이 따르는 법이다. 인간은 성장 과정에서 어떻게 실패하고 깨어질지 알 수 없으며 실제로 인간은 그 길에서 넘어지고 타락하였다.

그래서 하나님은 창조의 둘째 과정을 완전케 할 새로운 아담-완전한 인간을 준비하셨다. 인간이 하나님의 자녀로 성장하는 둘째 과정을 완성할 수 있도록 예수를 예비하셨다. 하나님은 첫 창조를 통해 인간을 낳으셨지만 나아가 둘째 창조를 통해 하나님의 자녀로 성장하고 완성될 수 있는 만반의 준비를 해 놓으셨다. 이것이 하나님이 인간을 신령한 존재로 완성하는 창조의 두 단계이다. 하나님은 인간을 낳으실 뿐만아니라 인간을 기르시는 분이다. 이 성장의 과정 때문에 하나님의 창조는 첫 창조와 둘째 창조로 나뉘어진다. 하나님의 첫 창조는 인간의 출생이요 둘째 창조는 인간의 신령하게 완성되는 성장의 과정이 된다.

태초에 하나님이 만드신 아담은 이러한 성장과정의 출발선에 있었었다. 그는 땅에서 나고 흙으로 만들어졌지만 하늘의 아들로 성장할 수 있는 가능성이 있었다. 하지만 아담은 하나님의 형상의 영광에 이를 수 있는 성장의 과정을 거절하고 탐욕의 눈을 밝혀 선악과를 탈취하였다. 아담은 성장의 과정에서 타락하여 하나님의 영광에 이를 수 없게 되었다. 아담 때문에 인간은 낙원에서 쫓겨나 죄와 사망에 매이고 사단의 수하에 속박되었다. 그리하여 마치 3중의 장애를 가진 헬렌처럼 하나님의 형상을 볼 수도, 알 수도, 들을 수도 없는 영적 장애에 빠지게 되었다. 인간은 영적으로 소경이 되고 귀머거리가 되고 벙어리가 되었다.

아담은 둘째 창조의 과정에서 실패하며 동시에 첫 창조의 완전함에도 손상을 입혔다. 아담의 타락 때문에 아담의 후손들은 거룩하게 출생할 수 없었다. 인간은 태어날 때부터 하나님 앞에 죄인으로 태어나며 영적 불구의 몸으로 태어나게 되었다. 하나님의 말씀을 들을 수도 그 형상을 볼 수도 없는 장애자가 되었다. 그러나 하나님은 타락으로 인해 3중의 영적 장애를 가진 인간을 구원이라는 갱생 과정을 통해 새롭게 완성하기로 하셨다. 하나님은 구원을 통해 인간을 다시 출생시키며 그 출생을 완전케 할 수 있도록 성장의 과정을 예정하셨고 그 임무를 예수에게 일임하셨다. 그리하여 예수는 3중의 영적장애로 망가진 인간을 구원하고 완성하기 위해 땅에 오시게 되었다. 인간들이 자신을 알아보지 못하고 핍박하고 대적할 것을 아시면서도 사랑으로써 인간을 둘째 창조의 길로 이끌기 위해 내려 오셨다.

땅에 오신 주님은 처음에 설리반이 헬렌의 미움과 증오를 받은 것처럼 인간의 미움과 증오를 받고 도전을 받았다. 인간들의 끊임 없는 괴롭힘과 술수로 인해 급기야 십자가에서 사형을 당하기까지 내몰리셨다. 그러나 주님은 끝까지 포기하지 않고 자신의 피흘림으로 인해 인간의 죄된 출생이 씻겨지고 자신의 온전한 순종의 본을 통해 인간이 갱생의 기회를 얻을 수 있도록 사랑을 주셨다. 어떤 죄된 인간이라 할지라도 십자가를 통해 죄된 출생을 회복하고 말씀 안에서 하늘 영생의 신령한 존재로 완성될 수 있도록 그 길을 열어 주셨다. 그리하여 영적 장애자인 인간이 구원 안에서 더욱 아름답고 신령한 하나님의 자녀로 완성되어 둘째 창조를 성취할 수 있게 하셨다. 헬렌의 부모가 헬렌을 낳았으나 헬렌을 사람으로 기른 것은 설리반인 것처럼, 아담이 불구의 인간을 낳았으나 불구의 인간을 신령하게 기르시는 이는 주님이셨다.

이처럼 첫째 창조는 인간의 출생이요 둘째 창조는 인간이 죄와 실패를 극복하고 성장하는 과정이 된다. 인간은 둘째 창조의 과정에서 예기치 않은 죄와 죽음에 이를 수도 있지만 하나님께서는 인간이 죽음을 극복하고 둘째 창조를 완성하도록 끝까지 구원하신다. 구원을 통하여 둘째 창조를 거룩하게 완성하신다. 그래서 태초의 창조는 인간 창조의 시작이요 구원은 인간 창조의 완성이 된다. 하나님은 창세 전부터 인간이 이 두 가지 과정을 통해 온전한 인간을 만들기로 계획하셨다. 하나님은 첫 창조를 통하여 인간을 낳으시고 구원을 통하여 인간을 기르시어 하나님의 자녀로 완성하는 아버지가 되시는 분이다.

따라서 창조와 구원은 각각 동일한 의미와 목적을 갖는 일치된 사역이다. 하나님의 창조가 출생과 성장을 통해 인간을 완성하려 했듯이 구원 역시 출생과 성장을 통해 인간을 완성하는 사역이다. 단지 구원은 인간을 거듭 출생시키며 인간의 성장이 죄와 실패를 극복하도록 하는 치유과정이 따를 뿐이다. 양자는 동일하게 인간을 하늘의 존재로 완성하기 위한 사역이며 동일한 과정으로 완성되는 하나님의 섭리이다. 첫 창조가 그것을 실패하였으나 구원은 그것을 회복하며, 첫 창조는 그것을 시작하나 둘째 창조는 그것을 거룩하게 완성할 뿐이다.

인간의 성장 과정이 실패되었기에 그리스도께서 오셨고 인간을 더욱 거룩하게 완성하기 위해 그리스도께서 일하셔야 했다. 그리스도는 창조와 다른 목적이 아닌 창조와 동일한 목적을 이루기 위해 일하셨다. 하나님이 인간을 창조하고 완성하려 하신 것과 동일하게 인간을 새롭게 창조하며 완성하고 계신다. 주님의 구원은 창조와 다른 별개의 것이 아닌, 바로 창조의 본질과 목적을 위한 것이며 그래서 창조는 그리스도의 구원과 일치하는 것이다. 양자는 동일한 하나님의 목적을 완성하기 위하여 일치하고 협력한다. 양자는 동일하게 거룩함을 추구하며, 안식을 목적하고, 하나님의 형상을 완성하려고 총체적으로 결합한다. 그래서 창조와 구원은 별개의 사역이 아니라 똑같은 의미의 동일한 사역이다. 하나님은 창조를 통해 인간을 낳으시고 구원으로써 인간을 양육하신다. 인간을 낳으시고 양육하심으로써 하나님의 자녀로 완성하신다. 낳지 않고서 양육하는 것은 불가능하며 낳기만 하고 양육하지 않아도 문제가 된다. 인간을 완전하게 만들려면 출생과 양육의 두 방면은 필수적이다. 이러한 이유 때문에 하나님은 인간을 창조하시고 또한 구원하신다.

7. 성경은 창조의 책이다

교회 역사에서 대부분의 경우 하나님의 창조와 구원은 각각 별개의 다른 사역인양 오해되었다. 창조는 자연만물과 땅에 대한 사역이요, 구원은 영혼과 하늘나라를 위한 사역인양 분열되어 왔다. 창조는 하나님의 과거의 사역으로서 우리에게 잃어진 것이며 장차 불타 없어질 것인 반면에 구원은 가장 핵심적인 하나님의 사역이요 현재적이며 영원불변한 것을 위한 사역이라고 인식되었다. 이러한 사고는 구원 중심의 시각으로 성경을 해석하게 만들며 창조의 의미를 소홀이 하여 창조를 땅의 영역으로 구원을 하늘의 영역으로 분열시키는 문제를 일으켰다. 그래서 성경과 하나님의 모든 섭리를 철저히 구원 중심으로만 보게 만들었다. 성경은 인간의 구원을 위한 책, 인간은 구원 받아야 하는 존재, 그리스도는 구속주, 역사는 구속사 등의 구원 중심의 관점들을 세우게 만들었다. 이러한 관점은 그 어디에도 창조의 본래적 의미가 개입하기 어렵게 하였다.

하지만 우리가 성경이 말하는 바를 제대로 통찰한다면 성경은 창조의 책이라는 사실을 깨달을 수 있다. 성경은 창1:1절의 하늘과 땅의 창조에서 시작하여 계시록의 새 하늘과 새 땅의 창조로 종결되는 창조의 책이다. 아담에게 속한 인간에서 시작하여 그리스도에게 속한 인간으로 마치는 인간 창조의 책이다. 이 점에서 그리스도의 구원은 다름 아닌 창조의 과정이며 창조야말로 하나님의 섭리의 핵심이요 성경의 핵심이다. 성경은 인간의 창조를 완성하기 위한 책이며 역사는 인간을 완성하는 창조사로 예정되어 있었다. 인간은 하나님의 형상이라는 창조의 목적을 이루어야 하는 존재이며 그리스도는 이 일을 가장 앞서 행하시는 창조주이시다.

창조는 태초의 6일에 끝난 일이 아니라 태초부터 종말까지 계속되는 성경 전체의 사역이다. 태초의 창조는 첫 창조이자 창조의 기초가 되며 구원은 둘째 창조이자 창조의 핵심과 완성이 된다. 구원은 창조를 회복하며 나아가 창조를 완성하기 위하여 존재한다. 그래서 구원은 새 창조이고 둘째 창조이며 마지막 창조이자 완전한 창조이다.

창조는 성경과 하나님의 섭리에 있어서 가장 큰 틀이며 전체적인 사역이다. 그 창조의 핵심에 구원이 자리잡고 있다. 구원 안에 창조가 들어 있는 것이 아니라 창조 안에 창조를 완성하는 핵심과정으로써 구원이 있는 것이다. 창조의 모든 핵심은 인간의 완성에 집중되어 있다. 인간이 첫 창조 때부터 신령한 존재로 지어진 것이 아니기에 첫 창조는 성장과 완성의 과정을 거쳐야 했고 둘째 창조의 과정을 지나야 했다. 둘째 창조의 과정 안에서 인간은 신령한 몸을 입는 하늘의 존재로 완성되고 하늘의 형상을 입은 신령한 존재로 완성될 수 있다.

첫 창조에서 삼위 하나님은 "우리의 형상대로 우리의 모양을 따라 우리가 사람을 만들자"고 하셨다. 태초부터 인간의 창조는 삼위 하나님의 숙의와 결정으로 시작되었다. 그리고 성부 하나님은 보이지 않는 두 손 곧 성자와 성령을 통하여 첫 창조를 완성하셨다. 성자 하나님은 첫 창조의 지혜와 능력이 되셨다. 태초에 말씀이 계시고 이 말씀이 육신이 되어 우리 가운데 오셨으니 그가 곧 성자 하나님이시다. 첫 창조의 지은 모든 것이 하나라도 말씀없이 된 것이 없고 말씀을 통하지 않은 것이 없으니 모든 것이 성자 하나님에 의해, 성자 하나님을 위해 지어진 바 되었다.

둘째 창조의 완성을 위해 하나님은 말씀을 보내시고 말씀은 인간을 위해 죽으셨다. 말씀은 부활하여 하나님 우편에 앉으사 보혜사이신 성령을 보내셨다. 성령은 예수를 영접하고 믿는 자에게 역사하사 성도를 성장시키고 완전케하여 그 안식에 들어가도록 내주하고 인도하는 하나님이시다. 이처럼 둘째 창조에서도 하나님은 삼위일체가 되어 일하고 역사하신다. 동일한 목적과 동일한 안식을 성취하기 위해 동일한 창조의 일들을 각각 나누어 완성하신다. 그리하여 창조의 궁극적 목적, 인간을 하나님의 형상대로 만드는 일을 완성하신다. 태초에 "우리의 형상대로" 인간을 완성하자고 숙의하셨던 계획을 거룩하게 마치고 영원한 안식에 들어가신다. 이렇듯 창조는 삼위 하나님의 전(全)사역으로써 가장 상위적이고 총체적이며 궁극적인 사역이다.

제 6 장

창조의 이원성

태초의 창조는 땅과 인간을 완성한 육의 창조이다. 반면에 구원의 창조는 육의 인간을 하늘의 인간으로 완성하는 영의 창조이다. 이처럼 하나님의 창조는 육의 완성에서 영의 완성으로 진행한다. 육에서 영으로, 땅의 창조에서 하늘의 창조로, 아담에서 그리스도로 완성되는 이것이야말로 창조의 핵심 과정이다. 이 때문에 하나님의 창조에는 이원성(二元性)이 존재한다. 육과 영, 하늘과 땅, 임시적인 첫째 것과 영원한 둘째 것이 존재한다. 이원성(二元性)은 하나님의 창조의 질서와 방법이다.

1. 자연의 이원성

하나님의 창조에는 서로 대비되면서 화합하는 이원성(二元性)이
있다. 이원성의 대비는 창조의 첫째 날부터 나타난다. 하나님은 창
조의 처음에 '하늘과 땅', '위와 아래'라는 서로 다른 성격의 이원
성으로 세계를 창조하셨다. 그리고 빛과 어두움이라는 이원성으로
분리하셨고 낮과 밤이라는 이원성을 배치하셨다. 창조의 모든 날들
이 "저녁이 되며 아침이 되니"라는 말씀을 따라 하루가 저녁과 아
침이라는 이원성의 질서를 통해 순환되도록 하셨다. 창조의 여섯째
날에 인간을 만드실 때에도 남자와 여자라는 서로 다른 성정의 이
원성이 결합하고 일치하여 창조세계를 다스리도록 하셨다. 하나님
의 창조 안에 있는 '자연의 이원성'들은 서로 화합하고 일치하며
세계의 총화를 이루는 아름다운 우주의 질서이다.

2. 육과 영의 이원성

하나님의 창조에는 '자연의 이원성' 외에 또 다른 이원성이 있다.
그것은 '육과 영의 이원성'이다. 바울은 육체가 다 같은 육체가 아
니며 하늘에 속한 몸도 있고 땅에 속한 몸도 있다고 말한다.(고전
15:40) 곧 신령한 영에 속한 몸이 있고 육에 속한 몸이 있다고 한다.
"기록된 바 첫 사람 아담은 산 영이 되었다 함과 같이 마지막 아담
은 살려 주는 영이 되었나니 그러나 먼저는 신령한 자가 아니요 육
있는 자요 그 다음에 신령한 자라"(고전15:45-46)는 말씀처럼 태초

의 아담은 육 있는 자요 신령한 자가 아니었다. 아담은 땅에서 났고 흙에 속한 자였다. 그는 아직은 하늘의 영에 속한 자가 아니었으며 영생이 보장된 자도 아니었다. 그는 흙에서 나서 다시 흙으로 돌아갈 가능성이 있는 육이었다. 신령한 영은 오직 둘째 아담 예수였으며 그가 하늘에 속하였고 영생을 가진 자였다.

아담은 육으로 창조되었지만 영원히 육으로만 사는 존재가 아니었다. 아담은 땅의 육에서 하늘의 영으로 나아가야 하는 존재였다. 장차 온전한 형상이신 그리스도를 통해 하늘에 속한 자가 되어 변화된 영의 몸을 입어야 했다. 육에 속한 자에서 신령한 자로, 아담에서 그리스도로, 땅에서 하늘의 존재로 완성되는 것이 아담의 진정한 목적이었으며 하나님이 인간을 창조하신 목적이었다.

따라서 창조에는 처음부터 육과 영의 이원성이 전제되어 있었고, 창조는 육에서 영으로 나아가는 이원성의 과정을 갖고 있었다. 육의 첫 창조에서 영의 둘째 창조로 나아가는 것이 창조의 핵심 과정이다. 처음에 아담의 시작은 육이었다. 아담의 육은 악하거나 저급한 것이 아니며 그 자체로 선하고 완전한 것이다. 아담은 완전한 육의 존재였지만 또한 완전한 영의 존재가 되어야 했다. 아담은 영이신 그리스도까지 자라야 했다. 아담이 처음의 육의 존재에서 영의 존재로 성장하고 완성되는 것, 육의 완성에서 영의 완성으로 나아가는 것, 이것이 바로 창조의 핵심이요 창조의 미래적 목적이었다.

육에서 영으로 완성되는 이원성의 과정은 아담의 성장의 과정이고 변화의 과정이며 새 창조의 과정이다. 아담이라는 육의 최종 목적은 자신 안에 있지 않고 예수를 닮고 일치함에 있다. 이 때 아담과 예수, 즉 육과 영의 이원성은 서로 단절되거나 분리된 것이 아니고 개방되어 있다. 육과 영은 서로 일치해야 하며 통일되고 하나가 되어 창조의 영광을 드러내야 한다. 태초의 창조에서 이러한 육과 영의 이원성은 창조의 기본 구조이며 미래적으로 통일되어야 할 창조의 영광스런 목적이었다.

3. 적대적 이원성

하지만 아담의 타락 때문에 아담의 육은 훼손되었고 육에서 영으로 완성되는 과정은 실패하였다. 아담이 선악과를 먹음으로 첫 창조에는 악이 스며 들고 육의 생명에 사망이 깃들기 시작하였다. 죄는 하나님의 은총에 반기를 들었고 육의 인간들은 바벨탑을 쌓기까지 하늘의 영을 대적하였다. 땅에는 범죄와 더러움과 반역과 충돌들이 일어났고 그러면서 하늘의 자녀들과 땅의 자녀들이 나타나기 시작했다. 땅에는 선과 악, 빛과 어두움, 생명과 사망이라는 적대적 이원성이 촉발되어 서로 충돌하고 대립하며 그 혼란함이 가중되었다. 아담의 죄 때문에 육에서 영으로 나아가야 할 창조는 실패의 나락으로 떨어지고 육과 영은 서로 단절되고 투쟁하기 시작했다. 육과 영의 관계는 대립적이 되었으며 선하였던 '육과 영의 이원성' 은 서로 반목하는 '적대적 이원성' 으로 변질되었다.

4. 이원성의 치유와 통합

아담은 타락으로 인해 육에서 영으로 나아가는 과정을 파괴하였고 자신의 육마저도 훼손시켰다. 더불어 영과 육의 분열과 투쟁을

야기시켰다. 아담은 '적대적 이원성'을 야기시켰지만 그것은 근원
적이거나 영구적인 것이 아니었다. 하나님께서는 아담으로 말미암
은 '적대적 이원성'을 치유하고 아담 대신 육과 영의 이원성을 새
롭게 통합할 수 있는 둘째 아담 예수를 예비하셨다. 예수의 오심은
아담이 이루지 못한 둘째 창조의 일, 육에서 영으로 완성되는 일을
성취하기 위한 것이었다. 이를 위해 예수의 구원은 먼저 육을 회복
시켜야 했다. 육을 타락 이전 본래의 상태, 의로운 상태로 회복시킨
다음에 영의 과정을 성취토록 해야 했다. 이 때문에 예수는 십자가
를 통해 아담의 죄를 속량하시고 인간이 죄사함을 받아 타락 이전
의 무죄한 상태로 회복될 수 있도록 죄값을 치루셨다. 다음으로 예
수는 인간이 육에서 영으로 완성되는 온전한 과정을 자신의 순종을
통해 본을 보이고 증거하셨다. 그는 받으신 고난으로 순종을 배워
서 온전하게 되셨고 자기를 순종하는 모든 자에게 영원한 구원의
근원이 되셨다.(히5:8-9) 예수는 성육신의 삶을 통하여 육이 성취
해야 할 영의 형상, 하나님의 형상의 실체를 보이고 확증하셨다. 예
수는 육에서 영이 되는 과정에 대한 완전한 본을 보이셨을 뿐만아
니라 처음으로 이원성을 통합하는 길을 개척하고 걸어가신 최초의
인간이 되셨다.

주님은 완전한 육이며 완전한 영이었다. 곧 완전한 인간이며 완
전한 하나님이셨다. 성육하신 주님 안에서 분열된 영과 육의 이원
성은 회복되고 일치되어 하나된 모습으로 증거되었다. 아담 안에서
고립된 육은 드디어 예수 안에서 영과 하나되고 일치할 수 있는 소
망을 보게 된 것이다.

성육하신 예수 안에서 아담의 육은 회복되며 또한 신령한 영으로
완성된다. 육에서 영으로 그리고 아담에서 예수로 완성되는 태초의

목적은 이제 예수의 구원을 통하여 성취된다. 첫 창조와 아담의 모든 것은 구원과 안에서 회복되고 신령한 것으로 완성된다. 그럼으로써 육과 영의 이원성은 그리스도 안에서 총체적으로 일치하고 결합한다. "하늘에 있는 것이나 땅에 있는 것이 다 그리스도 안에서 통일되게 하려 하심이라"(엡1:10)는 말씀처럼 육과 영의 모든 것이 그리스도 안에서 통합된다. 그 안에서 "우리의 낮은 몸을 자기 영광의 몸의 형체와 같이 변케 하시리라"(빌3:21)는 약속처럼 인간의 육의 몸을 영광의 몸으로 완성하신다. 이로써 하나님의 창조는 영육이 거룩케되고 창조의 목적을 이룬다. 육의 몸이 영의 몸으로 완성되는 창조 영광의 극치를 이룬다.

따라서 성경이 말하는 이원성의 내용을 정리하면 다음과 같다.

① 육과 영은 모두 선하며 그 근원은 유일한 하나님이시다.

② 피조세계에 있는 '자연의 이원성'은 아름다운 우주의 질서다.

③ 인간이 육에서 영으로 완성되는 것이 창조의 목적이다.

④ 타락 때문에 육과 영의 관계가 단절되었고 서로 분열하고 대립하는 '적대적 이원성'이 파생되었다.

⑤ 성육신은 '적대적 이원성'을 극복하고 육과 영이 일치되는 완전한 본이 된다.

⑥ 구원은 육을 회복하고 영에 일치시켜 영과 하나되게 한다.

⑦ 궁극적으로 영과 육, 하늘과 땅은 그리스도 안에서 통일된다.

제7장

창조의 분열과 수호

육의 인간이 하늘의 영의 존재로 완성되는 것을 가장 미워한 자는 사단이었다. 사단은 인간이 영으로 완성되지 못하게 하려고 영지주의를 통해 영과 육의 관계를 분리하고 파괴시켰다. 영지주의는 이원론을 통해 영과 육은 서로 투쟁하므로 영이 육이 될 수 없다고 하며 성육신을 부정하였다. 이러한 영지주의의 공격에 맞서 창조의 진리를 수호한 사람은 사도요한이었다. 사도요한은 영지주의의 공격으로부터 교회를 보호하는 한편, 복음의 통일성과 총체성을 증거하여 성경의 계시를 완결하였다.

1. 영지주의의 이원론

사단의 앞잡이 영지주의

하나님의 창조를 가장 싫어하는 자는 사단이다. 사단은 땅의 인간이 하나님의 형상으로 완성되어 하늘과 영의 후사가 되는 것을 싫어하였다. 사단은 그리스도를 통해 창조의 비밀과 목적이 알려지고 자신보다 못한 인간이 하늘 영광의 존재로 완성되는 것에 화가 치밀었다. 그래서 사단은 어떻게 해서든 창조의 목적이 알려지지 못하도록 훼방하여 창조와 구원의 계시를 파괴하고자 하였다. 사단은 하나님의 창조를 방해하기 위해 초대교회 안에 교묘한 이단성을 주입하였다. 사단은 교회 안에 영지주의(gnosticism)라는 거짓 누룩을 뿌려댔다. 초기 기독교의 가장 위험스런 이단이었던 영지주의는 창조의 계시를 파괴하는 사단의 계획에 충실한 앞잡이 노릇을 하기 시작하였다.

영지주의의 핵심 사상

영지주의 사상의 핵심은 이원론(dualism)에 있다. 영지주의 이원론은 페르시아의 선악(善惡)의 이원론, 플라톤의 영육(靈|肉)의 이원론, 그리고 기독교의 '적대적 이원성' 등이 혼합된 것이다. 영지주의는 세계의 모든 것을 철저하게 이원론의 관점으로 해석한다. 영지주의 이원론은 다음과 같은 내용들을 주장한다. ① 원초적으로 대립하는 선과 악의 두 신(神)이 있다고 한다. 즉 영을 산출하는 지고의 신이 있고 육과 물질을 창조한 저급한 신이 있다고 한다. 지고의 신은 선의 근원이고 창조의 신은 악의 근원이 되어 서로 대립함

으로써 이 세상에 선과 악, 빛과 어두움, 영과 육 등이 혼재하게 되었다고 주장한다. ② 영지주의는 지고의 신이 산출한 영(靈)은 선하고 창조의 신이 만든 육(肉)은 악한 것이라고 한다. ③ 영(靈)과 육(肉)은 근본적으로 서로 충돌하고 대립하는 것이라고 주장한다. 영과 육은 서로 합하거나 일치할 수 없으며 항구적으로 충돌하고 분열되는 것이라고 한다. 선한 영은 더러운 육체와 결합하지 않으며 영이 육체와 결합하는 것은 영이 타락하여 육체에 갇힌 것이라고 본다. 그래서 그리스도가 육체로 임하신 것을 믿지 않는다. ④ 영지주의는 구원이란 인간이 육의 속박에서 벗어나는 것이라고 주장한다. 영이 육의 감옥에서 해방되어 본래의 위치로 복귀하는 것이 구원이며 이것은 자신들이 가르치는 신비한 지식인 영지(靈知)를 통해서만 가능하다고 한다.

이원성과 이원론

영지주의 이원론(dualism)과 성경이 가르치는 이원성(duality)은 서로 다른 것이다. 이원론은 성경의 이원성을 분열하고 파괴시키는 위험한 것이다. 성경의 이원성(duality)으로 보면 영과 육은 서로 대립하고 충돌하는 것이 아니라 하나님의 선한 창조에 의해 설정된 각각의 고유한 영역이다. 본래적으로 육은 선한 것이며 영도 역시 선하다. 육과 영은 서로 일치하고 통합할 수 있으며 미래적으로 하나가 되는 것이다. 하지만 이원론(dualism)의 관점에서 보면 영과 육은 서로 다른 두 신(神)에 의해 창조되어 서로 운명적으로 대립하고 충돌하는 영역이다. 육은 악하고 영은 선하기 때문에 양자는 근본적으로 적대적인 관계이다. 영지주의가 주장하는 이러한 이원론(dualism)은 성경이 밝히는 이원성(duality)을 파괴하는 강력한 독소로 작용하고 만다.

첫째로 이원론은 유일하신 하나님을 분열시키킨다. 이원론은 근원적으로 대립하는 두 신을 상정하므로 하나님을 두 신으로 분열시킨다. 하지만 창조의 하나님은 영의 근원이며 동시에 육의 근원이시다. 성경은 영과 육의 두 근원을 말하지 않고 오직 한 하나님이 영과 육의 모든 근원임을 증거한다.

둘째로 이원론은 육을 폄훼하고 제거하려고 한다. 육체와 물질을 악한 것으로 치부하고 육을 무시하며 육에서 벗어나는 것을 구원이라고 본다. 하지만 하나님의 창조에서 육은 선한 것이며 물질을 창조한 하나님은 선한 하나님이다. 하나님이 창조하신 모든 것은 선하다.

셋째로 이원론은 육에서 영으로 나아가는 과정을 철저하게 파괴한다. 이원론의 관점으로 볼 때 악한 육이 거룩한 영과 일치하는 일은 불가능하다. 육은 단지 철저히 제거되어야만 영이 구원받을 수 있기 때문에 육과 영은 서로 관련될 수 없다. 하지만 성경의 창조에서 육은 영을 향해 성장하고 완성되며 영과 일치하고 통합되어야 한다. 그것이 육의 목적이다.

넷째로 이원론은 영이 육을 구원한다는 사실을 부정한다. 영이신 예수께서는 육의 인간을 구원하기 위하여 육신을 입으셨다. 육과 영이 일치된 완성의 본을 보이고 육을 구원하시려고 기꺼이 죽으셨다. 그러나 이원론은 그리스도의 성육신을 부정하며 그리스도께서 육체를 입으신 것은 하나의 환영에 불과하다는 가현설을 주장한다.

다섯째로 이원론은 육의 회복과 완성을 부정한다. 육이 회복되거나 완성된다는 것은 이원론에 있어서 있을 수 없는 일이다. 이원론에서 육은 악하고 저급한 것이므로 영과 분리되어야 하고 반드시 제거되어야 한다. 하지만 예수께서 오신 것은 육을 회복하고 완성하여 영에 일치시키기 위함이다. 육과 영을 하나로 만들고 땅 아랫것이나 땅 위엣 것이나 모든 만유를 통일하시려는 것이 주님의 사역이다.

2. 1세기의 영지주의자 케린투스

신약성경에는 영지주의에 대한 기록들이 있다. 사도행전 8장에 등장하는 마술사 시몬은 기독교 최초의 영지주의자였으며,[26] 초대교회 일곱집사 가운데 한 명인 니골라(행6:5)는 계시록 2장에 나타난 니골라당을 만들어 영지주의의 한 분파를 형성하였다. 영지주의는 바울의 서신에도 자주 나타나며 거짓 복음과 다른 예수, 다른 영을 전하는 자들로 묘사된다.(고후11:4) 영지주의가 기독교에 직접적으로 위협이 되기 시작한 것은 1세기 말에 이르러서다. 1세기 영지주의를 대표하는 가장 위험스런 인물은 최초로 가현설을 주장했던 케린투스(Cerinthus)였다.

케린투스는 영지주의자 중에 최초로 복음에 대해 신학적 왜곡을 시도한 자이다. 그는 알렉산드리아의 필로의 학교에서 배웠고 바울을 비난하며 할례를 주장한 거짓 사도들 중 한 사람(갈2:4, 고후11:13)이었다.[27] 그는 영지주의 이원론을 통하여 최고의 하나님과 제2의 하나님을 구분하였다. 그리고 구약의 창조는 제2의 하나님 혹은 저급한 천사들에 의한 것이고 저급한 천사들에 의해 만들어진 육체와 물질은 악한 것이라고 주장하였다. 그는 그리스도가 최고의

---

26) 필립샤프. 〈교회사전집1〉. 이길상 역. 크리스천다이제스트. 2005. p441
27) 필립샤프. 〈교회사전집2〉. 이길상 역. 크리스천다이제스트. 2005. p439.

하나님으로부터 발출한 영적 존재인 에이온(aeons) 중에서 최고의 존재이며 인간에게 구원의 비밀인 영지(gnosis)를 전수하기 위해 하강하였다고 주장한다. 그리고 영이신 그리스도는 악한 육체를 입을 수 없기 때문에 단지 육체를 입은 것처럼 보였을 뿐이라는 가현설(Docetism)을 주장하며 성육신을 부정하였다. 또한 자신은 그리스도와 사도들에 의해 비밀스럽게 전수된 영지를 받은 자이므로 자신의 가르침을 받아야 구원을 받는다며 성도들을 미혹하였다.

케린투스는 사도요한이 사역하던 에베소 지역을 중심으로 활동하며 사도요한과 충돌하였다. 한 번은 사도요한이 제자들과 함께 목욕탕이 갔다가 그곳에 케린투스가 있는 것을 보고 "진리의 적인 케린투스 때문에 하나님이 언제 목욕탕이 무너뜨리실지 모르니 우리 모두 도망가자"라고 말하며 목욕도 하지 않고 뛰쳐 나갔다고 한다. 이런 케린투스를 위시한 영지주의자들의 미혹을 경계하기 위하여[28] 사도요한은 요한1, 2, 3서를 기록하여 저들의 거짓 가르침을 반박하였다.

사도요한은 요한서신에서 많은 거짓 선지자가 세상에 나왔으니 영들이 하나님께 속하였는지 시험하라고 말하며 그리스도가 육체로 임하심을 부인하는 가현설을 주장하는 자마다 적그리스도라고 지적하였다.(요일4:2-3) 요한서신은 특히 영지주의지들이 가진 죄론의 심각성을 고발하고 있다. 영지주의자들은 영과 육을 철저히 분리하여 자신들은 본래 영에 속한 자들이며 근본적으로 죄성이나 죄가 없는 자들이라고 주장하였다. 그리고 자신들이 죄를 짓는 것은 자신들의 영을 속박하는 악한 육이 죄를 짓는 것일 뿐 자신들의 순수한 영은 범죄하지 않는다고 하였다. 혹은 영적으로 완전해진

---

28) 앞의 책. p438.

자는 육체가 짓는 죄에 영향을 받지 않는다고 주장하였다. 이에 대해 요한은 "자신들이 본래 죄가 없으며 범죄를 저지른 적도 없다고 주장하는 것은 스스로 속이며 하나님을 거짓말하는 자로 만드는 자들이라고 반박하였다.(요일1:8-10) 요한은 이런 케린투스같은 자들에 대하여 인사도 하지말고 집에 들이지도 말라며 그 위험성을 경계하였다.(요이1:10)

3. 영지주의의 수장 마르시온

케린투스 이후 영지주의의 위험성은 더욱 증대하였다. 2세기에 이르러 영지주의는 훨씬 체계적으로 조직화되었으며 그 세력 또한 크게 확장되었다. 2세기의 대표적인 영지주의자는 발렌티누스와 마르시온이다. 발렌티누스는 영지주의 최고의 신학자였다. 그는 영지주의 교리를 체계적으로 조직화하였으며 140년경 로마교회의 감독이 되었으나 이단적인 가르침이 발각되어 교회에서 추방되었다. 발렌티누스는 자신이 바울의 제자인 테오다스에게 가르침을 받았다고 주장하며, 바울의 신학과 영지주의 원리를 혼합한 '진리의 복음'을 저술하기도 하였다. 그의 제자들이 세운 발렌티누스 공동체는 2-3세기 동안 정통 교회에 심각한 도전이 되었다.

하나님을 둘로 분열

하지만 영지주의 중에 가장 심각한 위협이 되었던 자는 단연 마르시온(Marcion)이다. 마르시온은 영지주의 중에서 가장 복음적인 색채를 드러내며 가장 교회적인 모습과 가르침으로 교묘히 위장했던 자이다. 그는 복음의 모든 진리를 이원론의 관점으로 해석하였다. 그는 하나님을 둘로 나누어 지고의 하나님과 창조의 하나님으로 분열시켰다. 지고의 하나님은 고차원적인 영의 하나님이고, 창조의 하나님은 헬라철학에서 말하는 데미우르고(demiourgos)라는 저급한 물질의 신이라고 주장하였다. 데미우르고는 구약과 율법을 만든 하급의 신에 불과하므로 진정한 하나님은 신약과 복음의 신뿐이라고 하였다. 그러면서 마르시온은 창조의 신에 의해 만들어진 물질세계와 구약의 내용들을 모두 부정하였다. 구약에 나타난 하나님은 전쟁과 살육, 질투와 변덕, 율법과 피의 심판을 일삼는 육적인 하나님이라고 폄훼하였다.

총체적인 분열

마르시온은 유일하신 하나님을 억지로 분열시켜 구약의 신과 신약의 신, 창조의 신과 구원의 신으로 대립시켜 놓았다. 아울러 창조와 구원도 서로 대립하는 것으로 만들었다. 그는 영지주의 이원론의 논리를 통해 기독교 진리 전체를 대립시키고 분열시켰다. 구약과 신약을 분열시켰고, 율법과 복음을 분열시켰으며, 육과 영도 대립시켜 영이신 그리스도가 육을 입지 않았으며 단지 육을 입은 것처럼 보였을 뿐이라는 가현설을 주장하였다. 그는 창조, 구약, 율법, 물질과 육에 속한 모든 것을 악하고 저급한 것이라며 부정하였다. 대신에 구원, 신약, 복음, 영에 속한 것 만이 참 진리라고 주장하였다. 그리하여 기독교 진리 전체를 이원론의 구도로 분열시켜 놓았다. 성경 전체에 나타난 주제들을 이원론의 칼로써 두 동강 내었다.

최초의 조직 신학

마르시온은 교회사에서 처음으로 창조론, 신론, 구원론, 기독론, 종말론 등 기독교 교리를 총체적으로 논하며 그것을 이원론의 논리로 조직화하였다. 그래서 그는 부정적인 의미에서 최초의 조직신학자이기도 하다. 마르시온이 이원론의 조직신학을 만들자 정통교회는 당혹감을 감추지 못하였다. 마르시온 전까지 교회는 총체적인 기독교 신학을 논한 적이 없었고 마르시온에 대응하는 신학체계를 구성하지 못한 상태였다. 따라서 정통교회는 시급하게 기독교 진리를 조직화 하여 마르시온같은 이단들에 맞서 복음의 진리를 수호해야 하는 상황에 처하였다. 이 점에서 마르시온은 정통교회가 조직 신학을 정비하도록 만든 자극제 역할을 한 셈이다.

최초의 정경화

마르시온은 정경을 구성하는 문제에 있어서도 정통교회보다 한발 앞서 움직였다. 그는 창조의 신과 구약과 율법을 인정하지 않았으므로 구약성경 전체를 부정하였다. 그리고 신약 중에서도 구약을 인용하는 서신이나 행위를 언급하는 서신들을 모두 부정하였다. 그는 유일하게 복음의 순수성을 증거했다고 보았던 바울의 10개 서신과 수정된 마가복음 만을 따로 구분하여 정경으로 인정하였고 나머지 서신들을 배척하였다. 그리하여 바울 서신을 중심으로 교회보다 앞서 정경 목록을 구성하였고 부정적인 의미에서 최초의 성경 목록을 만들었다. 이에 놀란 정통교회는 서둘러 정경 목록을 만들어야 할 필요성을 절감하였고 397년에 이르러서야 신약 27권을 정경으로 채택하기에 이르렀다.

율법과 복음의 관계를 파괴함

　마르시온은 144년경 로마교회에서 이단으로 정죄받고 추방을 당한 자였다. 그는 추방당한 후에 교회를 따로 세우고 추종자들을 모으기 시작하였으며 점차 그의 교세는 정통교회를 위협할 정도로 확장되었다. 그는 2세기의 기독교에서 가장 크고 위험한 이단이었으며 그의 가르침은 진리를 파괴하는 거짓이었지만 그에게 부정적인 평가만 있는 것은 아니었다. 그는 교회보다 먼저 체계적인 제도와 교리를 완성함으로써 정통교회가 제도적 정비를 하도록 촉매 역할을 하기도 하였다. 그는 명백한 영지주의자는 아니었다. 그는 영지주의가 말하는 신론을 주장하였지만 그들이 말하는 복잡한 에이온(aeons)의 체계를 주장하지 않았으며 영지주의 구원론의 핵심인 영지(gnosis)에 대하여도 언급하지 않았다. 무엇보다 마르시온은 영지주의의 관점에서 성경을 본 것이 아니라 율법과 복음의 대립이라는 관점으로 성경 전체를 이해하고자 한 사상가였다. 하지만 복음을 극단적으로 강조한 나머지 율법과 복음의 관계를 파괴하고 율법과 구약에 속한 모든 것을 폐기하려고 하였다. 그는 바울의 가르침을 협소하게 이해하여 믿음을 지나치게 강조한 반면 행위를 무가치하게 폄훼하였다.

마르시온의 순복음

　마르시온의 구원론은 영지주의보다 복음주의에 더욱 가깝다. 영지주의는 소수의 현인들만이 비밀스런 영지를 깨달아 구원을 얻는다는 지성주의를 표방했지만 마르시온은 이같은 구원론을 반대하였다. 마르시온은 영지를 통해서가 아니라 하나님의 자비와 용서를 원하는 사람은 누구나 복음으로 구원받을 수 있다고 보았다. 그는 복음만이 구원의 유일한 통로이며 오직 복음을 믿음으로 구원을 받는다고 믿었다. 마르시온은 순수한 복음, 율법을 완전히 제거한 순복음을 강조하였다. 그는 예수께서 율법을 완전하게 폐기하는 순복음(Primitive Gospel)을 전파하셨지만 열 두 제자들은 유대교와 완전히 결별하지 못하고 복음의 순수성을 지켜내지 못하였다고 보았다. 그래서 구약과 행위 등을 언급함으로 순복음을 훼손하였다고 생각했다. 하지만 바울만은 복음의 순수성을 지켜냈으며 그가 증거한 복음만이 순복음(Primitive Gospel)이라고 주장하였다.[29] 순복음이란 원시적인 복음이며 오직 믿음 만으로 구원을 얻는 복음을 의미한다.

마르시온은 바울이 전한 순복음이 믿음과 사랑을 불러 일으켜 구원에 이르게 할 수 있다고 믿었다. 마르시온은 바울의 구원론을 단순화하고 축소시켰다. 그는 극단적 바울주의자가 되어 믿음의 의미를 과도하게 높이는 대신 행위를 완전히 무가치한 것으로 여겼다. 그래서 율법과 행위의 폐기를 주장하였다. 그는 행위가 일절 제거된 오직 믿음만의 구원을 주장하기 시작하였는데 이는 기본적인 면에서 오늘날 복음주의 교회의 구원론과 일치한다. 그래서 마르시온에 대한 평가 중에는 '그가 오직 믿음 만으로 얻는 구원에 대하여 최초의 주창자가 되었다' 고 평하기도 한다.[30]

그는 왜 믿음만의 구원을 주장했나

그런데 마르시온이 오직 믿음만의 구원을 강조한데에는 그럴만한 사유가 있다. 마르시온은 폰투스에서 시노페 감독의 아들로 태어났고 그 자신 또한 감독이기도 하였다. 그러나 그는 젊은 시절 아

29) 김광우. 〈신학이야기〉. 지와사랑. 2000. p104 이하 참조.
30) 앞의 책 내용 참조.

 사도의창조론

버지와 교회로부터 추방을 당하였다. 그가 추방당한 이유는 정확하진 않지만 교회를 업신여기고 이단사상을 전했다는 말도 있고[31] 자신의 교회에서 처녀를 꾀어 행음을 해서 추방을 당하였다고도 한다. 당시의 교회 관례상 배교, 살인, 간음은 용서하기 어려운 대죄였음을 감안할 때 아무래도 간음으로 인해 추방되었을 가능성이 높다. 아무튼 마르시온은 교회에서 추방되어 유랑하는 가운데 로마 교회로 흘러 들어가 그곳에 있던 시리아 출신의 영지주의 교사 케르도(Cerdo)로부터 이원론의 교리를 전수받았다.[32] 이어서 마르시온은 케르도에게 받은 이원론을 통해 자신이 교회에서 추방된 자라는 자책에서 벗어날 방도를 마련하게 된다.

마르시온은 항상 자신을 따라다니는 행위가 불온한 자라는 꼬리표로부터 자유롭고 싶었을 것이다. 그것은 그가 교회로부터 쫓겨날 뿐만아니라 구원으로부터 쫓겨나는 듯한 표식이기 때문이다. 마르시온은 비록 그 행위가 불온하였지만 그에게는 믿음이 있었고 구원을 받고자하는 의지가 남아 있었다. 그래서 그는 자신이 받은 정죄의 올가미에서 벗어나 구원받기를 원했다. 이러한 와중에 케르도의 이원론은 그에게 힘이 되었다. 케르도의 이원론에 의하면 마르시온의 행위는 육에 속한 것이요 영의 구원과는 무관한 것이었다. 마르시온은 이러한 케르도의 가르침을 자신의 입장과 복음에 적용하였다. 그랬더니 자신의 육의 행위는 영과 무관한 것이며 복음과도 하등의 관계가 없는 것이 되었다.

마르시온은 영지주의의 이원론을 발판삼아 자신의 불온한 행위로부터 완전하게 자유로울 수 있는 교리를 창안하였다. 그는 '대조'(Antitheses)라는 저술을 통해 기독교 전체 진리를 두 부분으로

---

31) 필립샤프. 〈교회사전집2〉. 이길상 역. 크리스천다이제스트. 2005.. p453.
32) 앞의 책. p 454.

분열시켰다. 한 쪽에는 창조의 신을 중심으로 구약, 율법, 선지자들, 행위, 육과 물질을 위치시키고 다른 쪽에는 지고의 신을 중심으로 신약, 복음, 바울, 믿음, 영을 위치시켰다. 그리하여 양자를 서로 적대적인 것으로 만들어 율법과 행위에 관련된 것을 모두 폐기시키고 오직 복음과 믿음에 관한 내용만을 진리라고 주장하였다. 그는 인간의 육과 행위는 복음과 아무 상관이 없고 오히려 복음에 방해가 되는 것이라고 보았다. 그래서 구원은 육의 행위와 무관하게 순수한 복음을 믿음으로 받는다고 하였다. 그럼으로써 마르시온은 행위는 필요없이 오직 믿음만으로 구원을 얻는다는 교리를 최초로 완성시켰다. 그에게 믿음과 행위는 서로 결합하거나 일치할 수 없는 것이었다. 만일 믿음과 행위가 서로 일치하는 것이라면 그는 교회로부터 찍힌 행위의 낙인을 영원히 지울 수 없게 된다. 때문에 그의 입장에서 믿음과 행위는 분열되어야 했고 행위의 의미는 폐기되어야 했다. 그래야만 과거의 범죄로 인한 낙인을 지울 수 있고 자신도 구원받는 자가 될 수 있기 때문에 그는 철저하게 행위를 제거한 '믿음만의 복음'을 부르짖게 되었다.

마르시온이 이원론을 통해 획책한 것은 한 마디로 말해 복음과 율법의 대분열이었다. 그는 자신의 범죄행위를 합리화하기 위하여 복음과 율법 즉 믿음과 행위를 대립시키고 분열시켰다. 이에 대해 터툴리안은 "율법과 복음의 분리"라는 사상이 주후 150년경 마르시온에게 처음으로 나타났다고 증언한다.[33]

마르시온의 위험성

마르시온은 교회사 최초로 '믿음만의 구원'을 주장하였다. 그의

---

33) cf. Tertullian, Adv. Marc. 1.19

 사도의 창조론

구원론을 복음주의 입장에서 보면 일견 맞는 것도 같지만 그의 구원론은 위험하다. 그의 '믿음만의 구원'은 구원의 완성을 파괴한다. '구원의 완성'이란 타락한 육의 인간을 그리스도의 영에 일치하도록 변화시키고 거룩케 하는 것이다. 타락한 육을 장사지내고 회복시켜 영과 정상적인 관계를 맺도록 하고, 육이 영 안에서 성장하도록 이끌며, 마지막으로 육이 영에 일치되고 통합하도록 육을 완성하는데 그 핵심이 있다. 이러한 '구원의 완성'은 복음과 율법의 관계에도 그대로 적용된다. 복음은 율법을 폐하지만 동시에 율법을 회복하고 완성하며 복음에 일치시키고 완전케 한다. 그래서 주님은 "내가 율법이나 선지자나 폐하러 온 줄로 생각지 말라 폐하러 온 것이 아니요 완전케 하려 함이로다"(마5:17)라고 말씀하셨다. 이러한 관계는 믿음과 행위의 관계에도 계속 적용된다. 믿음은 타락한 육의 행위를 장사지내고 믿음으로 회복시키며, 육의 행위가 믿음에 일치되도록 이끌고, 결국에는 행위를 믿음에 일치시키고 완성하는데 그 목적이 있는 것이다. 그래서 바울도 말하기를, "그런즉 우리가 믿음으로 말미암아 율법(행위)을 폐하느뇨 그럴 수 없느니라 도리어 율법(행위)을 굳게 세우느니라"(롬3:31)고 증거하였다.

구원의 핵심은 행위(육)를 믿음(영) 안에서 회복하고 또한 완성하는 것에 있다. 그런데 마르시온은 양자를 분열시켜 행위를 제거하며 믿음만의 독립적 구원을 말하므로 '믿음과 행위'를 이원론으로 분열시켰다. 이러한 마르시온의 구원론은 구원의 완성과 함께 '창조의 완성'도 파괴한다. 육에서 영으로 나아가고, 육과 영이 통일되도록 하는 창조 목적을 파괴시키는 것이 마르시온의 구원론이다. 마르시온은 육 자체를 악하다 함으로 창조의 선함을 폄훼하며, 육을 파기함으로 육에서 영으로 나아가야 하는 창조의 완성 과정을 파괴한다. 당연히 육이 완성되어 영에 일치하는 창조의 완전함도 파괴되고 만다. 그리고 홀로 믿음만의 구원, 홀로 영만의 구원을 주장함으로 겉으로는 그럴 듯해 보이지만 알맹이 없는 껍질만의 구원을 외치도록 만든다. 마르시온의 구원론은 결국 이와 같은 것이다. 그 안에 열매가 없고 거룩함이 없는 구원, 육과 행위의 실체는 없고 믿음의 허울만 있는 구원, 실제적인 삶의 구원은 없고 이름 뿐인 명목상의 구원만 주장하는 것이 마르시온의 구원론이다. 이것은 바람에 나는 겨와 같이 속이 비어있고 행위는 폐기된 죽은 구원론이다.

4. 사도요한의 총체적 계시

마르시온에 맞설 대응책

마르시온은 2세기 정통교회 최대의 위협이었다. 초기 기독교에는 영지주의 말고 에비온주의나 몬타니즘 같은 이단들도 있었지만 그들은 체계적이거나 조직적이지 못하였고 수적으로도 열세였다. 하지만 마르시온의 영지주의는 달랐다. 마르시온은 조직화 과정을 거치면서 점점 발전적이고 체계적인 교리를 마련하였다. 그들은 일관된 논리가 있었고 그 사상들은 지속적으로 교회에 파고 들었다. 그리하여 한 때는 마르시온을 위시한 영지주의와 정통교회 중에서 누가 승리할 지 의심스러울 지경이 되었다.

교회는 무엇보다 마르시온에 대응하는 총제적인 진리체계를 마련하는 일이 시급하였다. 마르시온이 이원론의 칼로 기독교를 두 동강 내고 있었지만 그 때까지 기독교는 복음의 총체적 진리를 제대로 논증하지 못하고 있었다. 사도시대부터 2세기 중엽에 이르기까지, 초기 기독교는 수십년 동안 교회 내부의 문제나 교리의 특정한 부분을 다루었을 뿐 기독교 전체 진리를 두고 논하거나 서술한 적이 없었다. 성경 역시 각각의 책이 나뉘어 있어서 어느 책도 성경을 총체적으로 다루거나 요약하지 않고 있다. 바울의 경우에도 그의 서신 중에서 기독교 교리 전체를 다루는 서신은 찾아볼 수 없다. 사도 이후 속사도 교부들도 특정한 이슈나 교리, 교회의 당면한 문제들에 대해 논쟁하고 권면하였을 뿐 복음의 진리를 총체적으로 기록한 이가 없었다.

이레니우스의 대응

이러한 상황에서 영지주의에 맞서 처음으로 기독교의 총체적 진리를 기술하고 논증한 사람이 이레니우스였다. 이레니우스는 2세기 교회 안에 전승된 복음의 진리를 체계적으로 종합하였으며 그것으로써 영지주의의 사상을 격퇴하는 일에 헌신하였다. 그는 '이단 논박'을 통해 2세기 영지주의의 여러 분파와 그들의 주장들을 소개하며 그 오류와 거짓된 교리들을 고발하였다. 발렌티누스의 교리를 논리적으로 반박하였을 뿐만아니라 마르시온의 이원론에 대응하여 신구약의 통일성, 창조와 구원의 일관성, 율법과 복음의 유기성 그리고 창조와 구원이 동일한 한 하나님의 사역임을 증거하였다.

또한 '사도 논증'을 통하여 사도가 가르쳤던 창조의 핵심을 증거하며 태초부터 종말까지의 일관된 흐름을 통일적으로 기술하였다. 창조의 목적이 그리스도 안에서 총괄적으로 회복되고 완성됨을 증거하였다. 이로써 이레니우스는 정통교회가 갖고 있는 확고한 복음의 체계를 논증하고, 명확한 성경해석과 사도적 권위를 확립하며, 기독교의 총체적인 진리를 조직화하고 확증하기에 이르렀다.

이레니우스의 원류는 요한이었다

하지만 이레니우스의 총체적 진리는 그 자신의 독자적인 연구에 의해 만들어진 것이 아니었다. 그것은 스승이었던 폴리갑으로부터 계승한 것이었으며 더 근본적으로는 사도요한으로부터 연원한 것이었다. 사도요한은 이미 1세기 말의 영지주의와 대치하며 영지주의의 해악과 이단성을 고발하였고 그가 쓴 요한복음과 요한서신 등에는 영지주의 공격에 대응하여 진리를 수호한 내용들이 잘 드러나 있다. 요한은 당시의 누구보다 영지주의와 치열하게 투쟁하며 영지주의의 미혹으로부터 교회와 진리를 보호하기 위해 헌신한 사도였다. 그러므로 영지주의의 공격에 대한 진리의 총체적 수호는 이미 사도요한에 의해 준비되고 있었다. 이레니우스는 단지 사도요한의 증거들을 충실하게 정리했던 전달자요 계승자였다. 따라서 우리가 마르시온에 대응하는 기독교의 총체적 진리를 제대로 이해하려면 먼저 사도요한을 살펴보는 것이 순서라 할 것이다.

1) 사도요한과 소아시아 신학

사도행전에 의하면 기독교 최초의 공동체는 예루살렘 공동체이다. 예루살렘 공동체는 마가의 다락방에서 일어난 오순절 성령강림 이후 사도들을 중심으로 모인 초대교회의 공동체다. 예수님의 수제자인 베드로의 사역을 통해 단번에 3천명, 5천명이 회개하는 역사가 일어나면서 예루살렘 공동체는 급속하게 확산되었다. 이 때 예루살렘 공동체를 이끈 사도는 베드로와 요한이었다. 하지만 시간이 흐르면서 예루살렘 공동체는 예수님의 젖동생인 야고보의 인도 아래 놓이게 된다. 예루살렘 공동체는 예수님을 믿었지만 아직까지 유대적 전통이 남아 있는 공동체였다. 이런 유대적 전통으로 볼 때 베드로가 고넬료라는 이방인에게 전도를 하고 함께 교제의 식사를 한다는 것은 수용하기 어려운 일이었다. 비록 베드로가 하나님의 명령으로 고넬료에게 복음을 전했다 하여도 예루살렘 공동체가 갖는 유대주의는 아직 완고한 것이었다. 더구나 베드로가 다른 사도들처럼 예루살렘 밖의 선교활동으로 인해 자리를 비우면서 예루살렘 내에서 베드로의 입지는 차츰 약화되었고, 대신에 유대적 전통을 강하게 고수하는 야고보가 예루살렘을 이끄는 지도자로 부상하였다.

새롭게 예루살렘 공동체를 이끌게 된 야고보는 유대인 성도와 이방인 성도를 따로 교제케하는 이중적인 태도를 취하였다. 이러한 이중적 태도는 베드로가 바울 앞에서 외식을 행하고 마는 원인이 되었다. 베드로가 이방인 성도와 식사 교제를 할 때 야고보에게서 온 유대인들이 나타났는데, 이 때 베드로가 그들을 두려워하며 황급히 뒷걸음치는 사건이 일어났다(갈2:12). 이를 목격한 바울은 많은 사람들 앞에서 베드로의 외식을 크게 면책하였다. 이 사건을 계기로 예루살렘 공동체 내에서의 베드로의 입지는 더욱 좁아지게 된다.

하지만 A.D 62년경에 야고보가 순교하자 예루살렘 공동체는 서서히 약화되기 시작하였고 급기야 로마군에 의해 예루살렘이 함락되면서 예루살렘 공동체도 함께 흩어지고 만다. 예루살렘이 멸망한 A.D 70년경에는 대부분의 사도들도 이미 순교를 당한 상태였다. 베드로와 바울 역시 65년을 전후로 하여 로마에서 모두 순교를 당하였다. 예수의 복음이 전파된 지 40년이 채워지기도 전에 복음의

1세대인 사도들과 복음의 진원지였던 예루살렘은 모두 역사 속으로 사라지게 되었다.

사도들 중에 유일하게 생존한 사람은 사도요한이었다. 요한은 66년경 소아시아의 에베소로 이동하여 에베소교회와 소아시아 일곱교회를 이끄는 지도자가 되었다. 요한은 에베소에서 요한복음과 요한서신들을 기록하고 에베소 앞바다에 있는 밧모섬에서 계시록을 기록하였다. 요한의 서신들은 에베소를 중심으로 소아시아 일곱교회에 회람되었다. 그럼으로써 예루살렘 공동체의 중심이 급격하게 이방인 공동체로 옮겨지는 상황에서 요한이 이끄는 소아시아가 새로운 기독교 공동체의 중심지로 부상하게 된다. 요한은 에베소에서 30년 이상을 사역하며 A.D 99년경까지 소아시아를 이끌었다. 요한을 통해 소아시아는 사도가 살아 있고 사도의 진리와 정통성이 살아 있는 유일한 지역이 되었다. 요한은 사도시대의 마지막 주자이자 최후의 보루였다. 그마저 죽는다면 사도의 전통과 진리의 등불도 함께 빛이 바래질 것이었다. 하지만 요한이 증거하였던 사도의 전통과 진리는 폴리갑에게 계승되었고 다시 이레니우스를 통하여 기술됨으로 오늘날까지 그 정통성이 존속될 수 있었다.

2) 사도요한의 소명

영지주의와 사단의 계략

사도들이 모두 세상을 떠나고 요한만이 홀로 사역하던 시기에 교회는 안팎으로 어려움을 당하고 있었다. 교회 밖으로는 박해와 순교의 위험이 있었고 안으로는 거짓 교사들과 이단 사상이 유입되고 있었다. 특히 초기 기독교의 가장 강력한 이단이었던 영지주의는 기독교를 내부적으로 붕괴시킬 수 있는 위험한 독소였다. 앞서 밝혔듯이 하나님을 육의 하나님과 영의 하나님으로 분열시키며, 창조와 구원을 분열시키고, 신약과 구약을 분열시켜 성경과 복음의 진리를 두 동강 내는 것이 영지주의이다. 기독교 진리를 총제적으로 두 동강 내는 것, 이것이 영지주의의 이원론을 통해 노렸던 사단의 핵심적 계략이다.

총체적 계시의 완결을 위해 죽지 않은 요한

영지주의의 이원론은 사단의 회요, 칼이었다.(계2:9) 사단이 이원론의 칼을 준비하고 예리하게 가는 동안 하나님께서는 이원론의 칼을 막을 수 있는 방패를 마련하셨다. 하나님의 진리의 방패는 사도 요한이었다. 요한의 장수는 하나님의 보호하심이다. 요한에게는 영지주의의 칼날을 막고 교회를 보호하며 복음의 진리를 총체적으로 수호해야 할 사명이 있었다. 그 사명을 이루기까지 요한은 죽을 수 없었고 마음대로 순교할 수도 없었다. 요한은 도미티안 황제 박해 때 끓는 가마에 넣어졌으나 죽지 않고 살아 남았다 한다. 분노한 황제가 그에게 독약을 먹게 하였는데 어찌된 일인지 독약을 먹었는데도 요한은 죽지 않았다. 이에 더욱 화가 난 황제는 독약을 제조한 자를 불러 어찌된 일이냐고 다그쳤다. 그러자 독약을 제조한 자는 옆에 있던 군병에게 독약을 마시게 하였다. 독약을 먹은 군병은 그 자리에서 즉사하였다. 이를 본 황제는 요한을 죽일 수 없다고 판단하고 요한을 밧모섬으로 귀양 보냈다고 한다. 이 기적같은 일들은 그 나름대로 시사하는 바가 있다. 바로 요한이 죽을 수 없는 이유, 그에게는 아직 해야 할 사명이 남아 있다는 사실을 시사한다. 요한은 사단의 칼을 막을 수 있는 진리의 총체성을 완성해야 했으며 그 사명을 이루기까지 요한은 살아 있어야 했다.

진리의 총체성을 완성한 사역

요한이 거의 100세까지 장수하며 이루어야 할 일은 참으로 중대한 것이었다. 그것은 우선적으로 영지주의의 공격을 막는 일이었고 최후적으로는 복음의 총체적인 계시를 완성하는 일이었다. 요한 이전까지 신약성경은 아직 완성을 보지 못한 상태에 있었다. 요한에 의해 요한복음과 요한서신, 계시록이 더해지고 나서야 신약의 계시는 완성될 수 있었다. 이렇게 요한에 의해 복음의 계시가 총체적으로 완결어야 교회는 그 어떤 이단의 도전에도 흔들리지 않는 견고함을 지닐 수 있게 된다. 하나님은 이 일을 요한을 통하여 이루고자 계획하셨다. 하나님은 요한의 시대 이후에 더욱 강력한 사단의 총체적인 공격이 있을 것을 아셨다. 이미 요한의 시대에 이원론의 발판을 마련한 영지주의가 더욱 조직적인 사상을 마련하여 복음의 총체성을 파괴하려 할 것을 아시고 요한을 통하여 그 대비책을 세우신 것이다.

3) 사도요한의 총체적 진리

기독론과 복음서의 완결

초기 기독교 시대에 예수의 실재나 역사성을 부정하는 일은 없었다. 공관복음을 통하여 예수의 생애와 가르침, 이적들이 기록되었고 그리스도를 목격한 증인들이 살아서 그 기록들을 증거하고 있었기 때문이다. 하지만 시간이 흐르고 복음이 세계화되는 과정에서 많은 사상과 철학들이 복음과 충돌하며 예수에 대한 정체성이나 신앙성은 도전을 받았다. 영지주의자들은 그리스도의 존재는 인정하였지만 그의 성육신과 인성(人性)을 부정하였다. 그들에게 그리스도는 세상과 죄인을 구하는 구세주가 아니라 단지 초월적인 지식을 전하러 온 영적 존재였다. 그들은 그리스도가 영적 세계에서 신과 가까운 존재인 30개의 에이온(aeon) 중에서 최상위의 에이온이라고 생각하였다. 그들이 생각하는 그리스도는 단지 하늘의 영의 메신저일 뿐 인간 예수가 아니었다.

영지주의자들과 반대로 그리스도의 신성(神性)을 부인하고 인간으로서의 예수만 인정하는 에비온주의(Ebionism)도 있었다. 그들은 유대계 기독교인들로 예수를 율법을 성취하기 위한 선지자 쯤으로 생각하였다. 예수는 하나님의 피조물에 불과하며 참된 신은 오직 여호와 한 분 뿐이라고 주장하였다. 또한 복음이 헬라세계와 만나면서 헬라철학과 혼합되어 그리스도는 세상의 구세주가 아니라 철학적 스승이거나 혹은 단지 뛰어난 현인(賢人) 정도로 격하되기도 하였다.

이러한 혼란한 상황에서 사도요한은 요한복음을 기록하게 된다. 그런데 요한복음이 기록되기 전에 이미 마태, 마가, 누가 등 예수에 대한 복음서가 3개나 있었다. 마태는 유대인의 왕으로 오신 예수를 증거하고, 마가는 종으로 오신 예수를, 누가는 인간이신 예수를 증거하고 있다. 공관복음은 예수의 인성과 역사성에 대한 충분한 증거를 나타내고 있었다. 이에 대해 요한은 하나님이신 그리스도를 증거함으로써 예수의 역사성 위에 신성을 부가하였다. 예수의 인성 위에 그의 신적 정체와 위상을 더함으로써 구세주에 대한 완전한 증거를 보이고 기독론을 완결하고자 했던 것이 요한복음의 목적이었다.

요한은 요한복음 서두에서 예수의 정체성에 대한 논란을 잠재우는 장엄한 메시지를 선포한다. "태초에 말씀이 계시니라 이 말씀이 하나님과 함께 계셨으니 이 말씀은 곧 하나님이시니라 그가 태초에 하나님과 함께 계셨고 만물이 그로 말미암아 지은 바 되었으니 지은 것이 하나도 그가 없이는 된 것이 없느니라"(요1:1~3) 요한은 1:1절에서 말씀이 곧 하나님이라고 선언한다. 이 말씀을 통해 만물이 창조되었으니 이 말씀은 또한 창조의 하나님이다. 그리고 이 말씀이 육신이 되어 우리 가운데 거하셨으니 그가 곧 독생하신 하나님의 아들 예수이시다.(요1:14) 이처럼 요한에게 예수는 완전한 창조주이시며 또한 완전한 구세주이시다. 동시에 완전한 하나님이며 완전한 인간이시다. 요한은 요한복음에서 "나는 ~이다"라는 방식으로 주님을 설명한다. "나는 생명의 떡이라(6:35), 나는 양의 문이라(10:7), 나는 세상의 빛이라(8:12, 9:5), 나는 부활이요 생명이다(11:25), 나는 길이요, 진리이다"(14:6)라는 말씀을 통해 인간의 신앙의 목적이 되시는 주님을 증거한다. 이로써 예수의 정체에 대한 모든 해석적 오류들을 잠재우고, 거짓이나 왜곡을 방지할 수 있는 기독론을 완성하고 있다.

요한복음은 90% 이상이 공관복음과 다른 내용을 담고 있다. 요한복음에는 공관복음에 없는 내용들이 많이 추가되어 있으며 공관복음이 1번의 유월절을 기록하고 있는 것과 달리 요한복음은 3번의 유월절을 기록하고 있다. 요한복음은 독특한 성령론을 가르치고 있으며 공관복음과 대비되게 추상적이고 신학적인 주제들 예를 들어 빛, 생명, 사랑, 성령, 진리, 내주, 합일 등의 내용들을 깊이 있게 다루고 있다. 공관복음이 사건 자체를 진술하는 것에 중점을 두는데 비하여 요한복음은 사건의 내적 의미를 해석하는데 중점을 두기 위한 것이다.

그러므로 요한복음은 공관복음에서 다루지 않은 내용이나 보완해야 할 점, 이스라엘과 헬라권을 넘어 전 인류의 구주이신 그리스도의 위상, 창조주이면서 구속주이신 우주 위의 하나님으로서의 그리스도를 소개하고 있으며, 깊은 신학적 통찰과 심오한 영적 메시지를 통해 공관복음을 완결하며 기독론까지 완결하는 뛰어난 계시를 증거하고 있다. 그리하여 요한복음은 공관복음을 보충하면서 복음서를 완결하며 나아가 복음서와 서신서를 연결하는 교량의 역할을 하는 복음서가 되는 것이다.

서신서의 완결

복음서 뒤에 이어지는 서신서들은 성도의 성장과 목양의 과정들을 다루고 있다. 서신서의 대부분을 기록한 사람은 바울이다. 바울은 사도 중에서 유일하게 학문적 소양을 가진 자로서 기독교 신학의 기초와 핵심을 마련하였다. 그는 믿음으로 구원을 얻는 복음의 진리를 세우고 그것을 세계화하였다.

바울은 믿음의 사도였다. 믿음만이 인간을 죄와 사망에서 생명과 구원으로 이끄는 유일한 희망임을 증거하고, 땅의 처참한 상태에 있는 인간이 하늘 영광에 이를 수 있는 것은 오직 믿음만으로 가능한 일임을 증거하였다. 그래서 바울의 신학은 아래에서 위로 향하는 신학이다. 땅의 절망에서 하늘의 영광으로 죄된 인간에서 거룩한 생명에 이를 수 있는 희망의 복음을 증거한 것이 바울의 신학이었다.

그러나 바울 당시 뿐만아니라 바울이 순교한 이후에도 그가 증거한 복음의 핵심은 많은 거짓 교사들과 영지주의자들의 도전을 받았다. 특히 시간이 지날 수록 영지주의자에 의한 복음의 왜곡은 더욱 심해졌고 교회에 위협이 되고 있었다. 사도요한이 에베소에서 사역할 당시에도 많은 영지주의자들이 교회를 혼란스럽게 하였고 성도를 미혹하였다. 요한과 대치하던 영지주의자들은 교회 밖에 있는 자들이 아니었다. 그들은 교회 안에 있으며 믿음이 있고 주를 믿고 구원받았노라고 자랑하는 자들이었다. 그러면서 실제로는 복음을 왜곡하고 분열시키며 성도들의 구원을 파괴하고 있었다.

요한은 이런 영지주의자들의 왜곡으로부터 복음의 핵심을 수호하기 위해 요한서신을 기록하였다. 요한은 요한일서에서 먼저 영지주의의 거짓된 죄론을 고발한다. 영지주의자 중에 금욕적인 자들은 자신들이 본래 영의 존재들이어서 죄가 없고 죄를 지은 적도 없다고 주장하였다. 간혹 죄가 드러날지라도 그 죄는 육이 짓는 것일 뿐 영은 깨끗하다고 주장하며 신경 쓸 것이 없다고 하였다. 요한은 이에 대해 자신들이 죄가 없고 죄를 지은 적도 없다고 주장하는 것은 스스로 속이는 것이며 하나님을 거짓말하는 자로 만드는 것이라고 반박하였다.(요일1:10)

또한 영지주의자 중에 방임주의자들은 영과 육은 아무 상관도 없다고 말하며 육체를 방탕과 방임에 빠트리는 자들이 많았다. 요한은 이런 자들이 자신들은 하나님과 빛에 속하였다고 주장하지만 실제로 어두움 가운데 있는 자들이며 거짓을 말하고 진리를 행치 않는 자들이라고 지적한다.(요일1:6)

영지주의자들은 서신서가 증거하는 복음의 핵심을 파괴하며 성도의 구원을 파괴하는 자들이었다. 그들은 자신들만이 영의 사자인 예수와 바울이 전했던 진리를 비밀리에 전수한다고 주장하면서 바울이 증거한 복음의 핵심을 왜곡하고 오염시켰다. 이에 대해 요한은 과연 바울이 전한 구원의 핵심이 무엇인가를 증거하고 수호하였다. 요한은 진정으로 구원을 받고 하나님 안에 있는 자들은 세 가지 분명한 증거를 갖고 있다고 하였다. 진정한 구원을 받고 빛 가운데 있는 자들은 주의 계명을 지키는 자들이며(요일2:4), 의를 행하는 자들이고(요일2:10), 형제를 사랑하는 자들이라고 증거한다.(요일 2:29) 만일 주의 계명을 지키지 않거나, 의를 행치 않거나, 형제를 사랑치 않으면서 하나님 안에 있다고 주장하는 자들은 마귀의 자녀일 뿐이라고 증거하였다. "이러므로 하나님의 자녀들과 마귀의 자녀들이 나타나나니 무릇 의를 행치 아니하는 자나 또는 그 형제를 사랑치 아니하는 자는 하나님께 속하지 아니하니라"(요일3:10)라는 말씀으로 경계한다.

요한이 볼 때 영지주의자들은 영의 구원만을 외치며 육에 대해 금욕적이거나 방탕 가운데 내던지는 자들이었다. 그들은 영의 지식을 자랑하며 입으로는 구원을 받았다고 하면서 행위로는 구원을 부인하는 자들이며 도리어 육체와 함께 어두움 가운데 빠져 있는 자들이다. 그들은 주님을 믿었지만 잘못 믿고 있었고, 구원의 확신을 가졌으나 구원의 핵심을 파괴하며, 믿음이 있다 하면서 행함이 없는 죽은 믿음을 갖고 있었다. 그들은 바울이 증거한 구원을 곡해하여 부분만을 강조하고 확대함으로써 도리어 바울의 구원을 파괴하였다. 요한이 요한서신을 기록하게 된 것은 이러한 이유 때문이다. 구원의 핵심과 목적이 무엇인지 모르면서 구원의 핵심을 파괴하는 자들에 대응하여 구원의 핵심을 증거하고 수호하기 위해 요한서신이 기록된 것이다.

사도요한은 서신을 통해 바울이 전한 구원의 핵심을 확증하고 완결하였다. 바울이 전한 구원을 잘못 이해하면 영과 믿음만을 강조하고 육과 행위를 폐기하기 쉽다. 하늘에 속한 영적 진리가 우월하게 높여지고 육체와 삶과 현실의 문제들은 천시될 수 있다. 실제로 마르시온같은 자들은 바울의 '믿음으로 받는 구원'을 왜곡하여 믿음만을 강조하고 행위를 폐기하였다. 믿음과 행위를 대립적인 것으로 보아 행위는 일절 필요없고 믿음만 있으면 구원을 받는다며 행위를 완전히 제거하였다. 그러나 요한은 믿음으로 구원을 받았다고 하면서 행위로 구원을 부인하거나, 구원받은 삶을 살지 않는 것은 거짓 구원임을 고발한다. 요한에게 구원의 핵심은 의의 행위와 계명을 지키는 것으로 성취되는 것이었다. 나아가 구원은 사랑으로써 완결되는 것이었다. 이런 것이 없는 자들은 믿는다고 하나 어두움 가운데 있고 하나님 밖에 있는 자들이다.

요한에게 사랑은 구원의 증표요 구원의 완결이었다. 사랑하는 자는 생명이 있고 사랑치 않는 자는 생명이 없다. 사랑하는 자는 하나님께 속하였고 사랑치 않는 자는 마귀에게 속하였다. 오직 하나님께 속한 자만이 사랑할 수 있고 사랑하는 자는 그의 말씀을 지키는 자요, 하나님께로 나서 하나님을 알고 하나님께 속한 자이다.(요일 4:16) 아무리 믿음이 있고 구원을 받았다고 떠들어도 사랑치 않는 자는 하나님 밖에 있는 자일 뿐이다. 요한은 사랑의 사도이다. 바울은 믿음의 사도이지만 요한은 사랑의 사도였다.[34] 바울은 믿음으로써 구원에 이를 수 있다고 증거하였고 요한은 사랑으로써 구원을 확증할 수 있다고 하였다. 바울은 믿음으로 구원을 받는 복음의 터와 기둥을 세웠고 요한은 사랑으로 구원을 완결하는 복음의 지붕을 올려 놓았다. 바울은 아래서 위로, 인간에서 하나님께로 향하는 믿음의 복음을 증거하였고 요한은 위에서 아래로 향하는 복음, 하나

---

34) 필립샤프. 〈교회사전집1〉. 이길상 역. 크리스천다이제스트. 2005. p418.

 사도의 창조론

님이신 그리스도가 육의 장막을 입고 내려오시는 사랑의 복음을 증거하였다. 그러므로 바울의 믿음의 복음은 요한의 사랑의 복음과 결합하며 사랑의 복음으로써 확증되고 완결되는 것이다.

베드로는 주님이 우리를 구원하신 목적이 우리를 '신의 성품'에 참여케 하려는 것(벧후1:4)이라고 하며 "이러므로 너희가 더욱 힘써 너희 믿음에 덕을, 덕에 지식을, 지식에 절제를, 절제에 인내를, 인내에 경건을, 경건에 형제 우애를, 형제 우애에 사랑을 공급하라"(벧후1:5-7)고 증거한다. 베드로의 증거에는 땅의 인간이 어떻게 하늘의 성품에 참여하여 그 열매를 맺는가를 잘 설명하고 있다. 바로 믿음에서 시작하여 사랑으로 완성되는 것이다. 믿음은 사랑을 향하고 사랑은 믿음을 완성한다. 믿는 자는 사랑하는 자가 되어야 하나 사랑하는 자는 온전히 믿는 자이다.

사랑은 믿음의 완성이며 율법의 완성이다. 본래 율법도 사랑을 향하여 있다. 온 율법은 하나님과 이웃 사랑을 위한 것이며 한 마디로 '사랑'이 목적이다. 하지만 인간은 율법의 요구를 따를 수 없고 사랑에 이를 수 없다.

율법의 요구는 사랑하는 자만이 이룰 수 있다. 또한 믿는 자만이 이룰 수 있다. 믿음이 사랑에 이를 때 사랑은 율법은 완성하기 때문이다. 따라서 누구든지 믿는 자는 사랑해야 하며 사랑하는 자가 진정으로 믿는 자요 사랑치 않는 자는 진정으로 믿는 자가 아니다. 사랑은 또한 구원의 완성이다. 구원의 시작은 믿음으로 시작하나 구원의 완성은 사랑으로 완성된다.

요한은 이것을 알고 있었고 또한 사랑을 알고 있었다. 그리고 하나님께 속하지 않고 구원에 이르지 못한 자들은 결코 사랑치 못함을 알고 있었다. 사랑이란 믿음의 온전함이요, 구원의 온전함이다.

사랑은 온전히 믿는 자만이 맺는 열매요, 온전한 구원에 이른 자만이 맺는 열매이다. 그래서 요한은 사랑을 근거로 진정한 구원을 증거하였고 구원의 완성을 증거하였다. 사랑치 않는 자는 구원 밖에 있는 자라고 하였다.

이처럼 바울이 증거했던 구원의 핵심은 요한에 의해 구조적으로 완결되었다. 구원의 핵심과 완성이 믿음만이 아니라 사랑을 통하여 증거됨을 말함으로 요한은 믿음과 사랑의 행위가 일치하는 구원의 핵심을 증거하였고 이러한 구원론은 서신서에 나타난 구원의 핵심을 수호하고 완결하는 것이다.

성경 전체의 완결

요한은 요한복음과 요한서신 외에 계시록을 기록하였다. 요한은 밧모섬에서 18개월의 유배생활을 하면서 미래의 환상과 계시를 받았다. 요한은 환상을 통해 세계의 종말을 보고 세계의 시작과 끝을 선언하시는 예수를 보며, 하나님의 모든 사역이 총체적으로 완성되는 종말적인 모습들을 보았다. "나는 알파와 오메가요 처음과 나중이요 시작과 끝이라"(계22:13)는 말씀을 들으며 우주적인 완성의 때를 보았다. 태초의 하늘과 땅이 모두 사라지며 바다도 사라진 새 하늘과 새 땅에 새 예루살렘이 임하는 것을 보았던 사도는 하나님의 섭리에 대한 궁극적인 완성이 어떤 것인가를 볼 수 있었다. 요한은 태초부터 진행되었던 하나님의 창조가 어떤 형태로 종결되는가를 보며 그것을 목격하고 기록하는 증인이 되었다. 그러므로 요한은 그리스도를 통한 창조의 시작으로부터 궁극적 완성까지를 총체적으로 듣고 보고 기록한 사도라 할 수 있다. 바울을 비롯하여 모든 사도들은 하나님의 섭리의 핵심을 보았을 것이다. 그러나 그 누구

 사도의 창조론

도 요한만큼 그리스도의 창조사역으로부터 마지막 종말까지를 목격하고 기록한 이가 없다.

요한의 계시록은 성경과 역사의 마지막을 장식하는 계시였다. 계시록을 통해 복음이 완성되고 신약이 완성되며 성경 전체의 계시가 완결되는 큰 사역이 이루어졌다. 그야말로 진리와 계시의 총체성이 요한의 사역을 통하여 보충되고 수호되고 완결된 것이라 할 수 있다.

이런 관점에서 부활하신 주님이 요한에 대하여 말씀하신 것은 의미가 있다. 베드로가 요한을 가리키며 "주여 이 사람은 어떻게 되겠삽나이까"(요21:21)라고 물었을 때, "내가 올 때까지 그를 머물게 하고자 할지라도 네게 무슨 상관이냐"(요21:22)고 대답하셨다. 이 말씀이 제자들에게 전해져 요한은 죽지 않겠다는 말로 와전되었으나 주님은 요한이 죽지 않겠다 하신 것이 아니었다. 하지만 주님의 말씀에는 요한이 장차 어떻게 될 것인가에 대한 은유적인 표현이 내포되어 있다. 가깝게는 모든 제자들이 세상을 떠났을 때 요한만이 홀로 살아서 세상에 머물러 있어야 함을 의미할 수 있다. 그리고 요한이 모든 계시를 기록하고 자신의 사역을 마쳤을 때 그 사역의 결과는 예수님이 다시 오실 때까지 계속해서 보전하는 것임을 의미할 수 있다. 실제로 요한이 완결하고 봉인한 계시는 예수님이 오실 때까지 그 완결성이 그대로 살아 있고 영원히 증거되는 것이어야 한다. 이런 의미에서 요한은 그의 육체로써가 아니라 그가 완결한 사역으로써 주님의 오심을 남아서 기다리는 자였다. 요한은 이런 의미를 염두에 두고 요한복음 마지막 장에 이 일을 기록했을지 모를 일이다.

4) 정통 진리의 확립

요한의 증거는 성경의 진리요 복음의 진리이다. 그의 증거는 교회의 정통이며 또한 기독교의 정통이다. 요한의 진리는 첫째로, 하나님의 섭리를 총체적으로 기술한 정통진리였다. 요한은 태초의 창조의 하나님이신 그리스도를 보았고, 알파와 오메가요 시작과 끝이신 하나님의 종말적 섭리를 보았다. 창조하고 구원하며 종말로써 완성하시는 하나님의 전사역을 보았다. 이러한 하나님의 전역사적인 섭리의 핵심은 이레니우스에 의해 잘 증거되었다.

이레니우스는 그것을 총괄갱신(recapitulate)이라는 말로 함축하고 있다. 총괄갱신은 창조와 아담에게 속한 모든 것이 그리스도 안에서 총괄적으로 갱신되고 완성된다는 의미이다. 인간은 그리스도 안에서 태초의 무죄한 아담처럼 회복되며 더욱이 그리스도의 장성한 분량으로 완성될 수 있다. 그럼으로써 육의 존재인 인간은 하늘의 영의 존재로 변화한다. 아담과 땅과 육에 속한 모든 것이 그리스도와 하늘과 영에 속한 것으로 새롭게 갱신된다. 하늘과 땅의 대통합과 완성이 그리스도로 인해 성취되고 총괄적으로 완결된다. 이것이 하나님의 섭리의 완성이며 창조의 궁극적인 완성이다.

요한의 진리는 둘째로 성경의 계시를 완결하는 정통진리이다. 요한복음을 통하여 복음서를 완결하고, 요한서신을 통하여 서신서를 완결하며, 계시록을 통해 신약의 계시를 완결하고 있다. 그럼으로써 전성경적인 흐름과 구조가 완결되었다. 이러한 전성경적인 계시의 완결은 하나님의 총제척인 섭리의 완결과 일치하는 것이다.

요한의 진리는 셋째로, 적그리스도의 계략으로부터 교회를 보호하는 정통진리이다. 적그리스도의 계략은 진리의 총체성을 분열시키고 성경을 두 동강 내는 것이다. 태초부터 종말까지의 일관된 통일성을 파괴하고 진리의 구조를 무너뜨리는 것이 사단의 핵심계략이다. 사단은 영지주의의 이원론을 통하여 그 일을 획책하였다. 사단은 그리스도의 성육신으로 육과 영이 통일되어 육이 새롭게 완성될 수 있는 길이 열린 것을 보고 그것을 미워하였다. 그래서 육과 영이 통합될 수 없도록 막으려고 성육신을 부정하며 성육신 안에서 통합된 육과 영을 분열시키려 하였다. 요한은 이러한 사단의 계략을 목격하며 "미혹하는 자가 많이 세상에 나왔나니 이는 예수 그리스도께서 육체로 임하심을 부인하는 자라 이것이 미혹하는 자요 적그리스도니"(요이1:7)라고 증거하였다. 성경에서 적그리스도라는 말은 요한서신에만 나타난다. 요한은 적그리스도가 오리라 한 말을 들었으나 벌써 세상에 왔으니 곧 영지주의의 거짓 영들이라고 분명하게 지목한다.(요일4:3) 요한의 제자인 폴리갑도 당시 영지주의의 수장이었던 마르시온을 만났을 때 "나를 아시오"라는 마르시온의 질문에 "그대는 사단의 맏아들이 아닌가"라고 대답하였다.[35]

기독교 정통의 총체성과 통일성은 요한에 의해 완성되었다. 요한이 증거한 전기독교적인 진리는 하나님이 예비하고 계시하신 것이다. 그러나 오늘날 사도요한의 가르침을 직접적으로 계승하는 신학은 없다. 유일하게 사도요한의 진리를 계승하는 신학은 이레니우스뿐이다. 이레니우스는 소아시아에서 태어나 사도요한과 폴리갑을 통해 증거된 정통진리를 체계적으로 정리하였다. 이레니우스의 논증 안에는 요한이 증거했던 진리가 분명하게 살아 있으며 그 정통성이 보존되어 있다. 요한의 진리가 있었기에 이레니우스는 복음의

---

35) 필립샤프, 〈교회사전집2〉, 이길상 역, 크리스천다이제스트, 2005, p438.

총체적인 신학체계를 논증할 수 있었고 그것이 교회를 대표하는 정통진리임을 확증할 수 있었다. '사도요한-폴리갑-이레니우스'에 이르는 계보는 역사적으로나 신학적으로 볼 때 기독교 정통의 확고한 채널이라 할 수 있다.

하지만 오늘날의 교회는 이레니우스의 창조론이나 그가 증거한 진리들을 수용하지 않는다. 이레니우스의 창조론은 문서 속에나 있을 뿐 일반 성도들은 그가 누구인지, 그의 창조론이 무엇인지 전혀 모르고 있다. 교회 역사 안에서 이레니우스의 창조론과 그의 정통진리는 많은 부분에서 잊혀지고 사라진 진리가 되었다. 교회는 이레니우스 대신에 터툴리안의 창조론을 따르며 '터툴리안-키프리안-어거스틴'의 계보를 갖는 서방신학의 가르침을 따르고 있다. '사도요한-폴리갑-이레니우스'에 의한 가르침과 '터툴리안-키프리안-어거스틴'에 의한 가르침은 그 구조와 내용이 크게 다르다. 양자는 우선 창조론부터 다르다. 창조론이 다르면 다른 많은 부분들도 차이가 나고 다르게 마련이다. 심지어 구원의 본질과 핵심에서도 차이가 난다. 그 차이들은 때로 심각하고 때로는 교묘하고 위험하다. 이제 어거스틴의 창조론과 이원론을 살펴보면 그 차이와 위험에 대해 살펴볼 수 있을 것이다.

제8장

어거스틴에 의한 창조의 분열

영지주의자 중에 가장 위험스런 자는 마르시온이었다. 그는 영과 육, 신약과 구약, 복음과 율법의 관계를 대비시키고 분열시켰다. 나아가 믿음과 행위의 관계까지 분열시켰다. 행위는 필요없고 단지 믿음만 있으면 구원을 얻는다는 그의 주장은 바울의 복음을 축소하고 왜곡시킨 이원론의 구원이었다.

놀랍게도 마르시온에 의한 이원론의 구원은 어거스틴에 의해 완결되었다. 어거스틴은 마르시온과 같은 '믿음만의 구원'이라는 주장을 예정론을 통해 확증하였다. 그리고 그것을 기독교의 핵심 교리로 만들었다. 그럼으로써 복음 안에 이원론이 유입되는 사태가 발생하게 되었다.

1. 창조 변증

어거스틴(Augustine, 354-430)은 터툴리안과 키프리안을 통해 전승된 서방신학을 집대성한 인물이다. 어거스틴은 터툴리안의 신학을 계승하는 가운데 그의 '완결창조론'을 수용하였고 그것을 교회 창조론의 규범으로 만들었다. 그래서 어거스틴 이후의 모든 교회들은 터툴리안의 '완결창조론'을 성경의 창조론으로 믿고 가르치고 있다.

어거스틴이 '완결창조론'을 교회 창조론의 규범으로 만든 것은 그의 뛰어난 변론과 논쟁 덕분이다. 어거스틴 당시 교회는 여러가지 이단적인 창조설화들과 대립하고 있었다. 어거스틴은 헬라철학이 제시하는 우주에 대한 철학적 창조론이나 마니교가 주장하는 선과 악에 대한 창조설화 등 성경의 창조를 왜곡하는 주장들에 맞서야 했다. 이러한 상황에서 어거스틴은 세계가 하나님의 창조로 시작되었다는 성경의 사실을 논증하기 위해 노력하였고 헬라철학과 이교적 창조설화로부터 성경의 창조론을 보호하고자 하였다.

헬라철학은 "세계가 어떻게 시작되었는가"라는 근원(arche)를 물었던 것으로 출발한 철학이다. 어거스틴 당시 헬라철학은 세계의 근원에 대해 플라톤이 제시한 형성설(formation theory)과 신플라톤주의자인 플로티누스가 제시한 유출설(emanation theory)을 받아 들이고 있었다.[36]

플라톤의 형성설은 그가 저술한 티매우스(Timaeus)에 잘 설명되어 있는데 티매우스에 의하면 태초부터 '데미우르고'라는 신과 '무

---

36) 선한용. 〈시간과 영원〉. 성광문화사. 1986. p33.

형의 질료(質料)’, ‘이데아’ 이렇게 세가지가 선재하고 있었다고 한
다. 이 상태에서 ‘데미우르고’ 라는 신이 무형의 질료를 이데아에
의해 가능한 보기 좋게 형성한 것이 이 세계의 출발이라고 하는 것
이 형성설이다.

유출설(流出說)은 3세기 애굽에서 태어난 플로티누스에 의해 제
기된 것으로써, 세계는 본래적이고 영원한 초월자인 일자(一者)로
부터 단계적으로 유출된 것이라고 한다. 플로티누스에 의하면 우주
에는 하강과 상승의 두가지 운동이 있는데 세계는 일자(一者)의 하
강운동에 의해서 계층적으로 유출된 것으로써, 제일 먼저 일자(一
者)로부터 정신(nous)이 유출되고 이 정신에서 세계의 혼과 인간의
혼이 유출되었으며 단계적으로 하층적인 땅의 물질들이 유출됨으
로 세계가 시작되었다고 말한다. 또한 땅의 물질이나 혼들은 다시
일자를 향하여 상승 운동을 하는데 이 상승 작용을 통하여 일자(一
者)와의 합일을 이루는 것이 우주의 질서라고 주장하는 것이 유출
설이다.

이 두 가지 헬라철학의 우주론은 여러모로 보아 성경의 창조론과
대치되는 것이다. 먼저 플라톤이 말하는 ‘데미우르고’ 라는 신은 질
료를 통해 새로운 것을 형성하는 신이지만 아무것도 없는 무(無)로
부터는 창조하지 못하는 신이며 동시에 선재하는 질료에 의해 제한
을 받는 불완전한 신이기도 하다. ‘데미우르고’ 는 창조를 한다는
점에서 기독교의 하나님과 비슷하다고 하나 본질적으로 그 능력이
불완전한 낮은 신이다. 또한 플로티누스의 신 개념인 일자(一者) 역
시 유일하고 근원적인 존재처럼 보이지만 실제로는 창조하지 못하
고 유출하는 비인격적인 신이며 일자로부터 유출된 만물들은 모두
범신적인 존재가 되기에 성경과 대치된다. 그리하여 어거스틴은 다

음과 같은 말로써 형성설과 유출설을 분명하게 반대하였다. "세계
는 당신으로부터 무(無)로부터 창조되었습니다. 세계는 당신에게서
나온 것(유출설)도 아니요, 당신이 아닌 어떤 물질을 통해서 만들어
진 것(형성설)도 아닙니다."[37]

이교적 창조설화들에 맞서 성경의 창조 사실을 보호했던 어거스
틴의 변증은 크게 세 가지로 제시되었다. 첫째는 '무(bara, 無)로부
터의 창조' 이다. 이 세계가 하나님에 의해 무로부터 창조되었다는
것은 성경의 진리이며 따라서 어거스틴은 고백록을 통해 하나님이
절대적인 무의 상태에서 세계를 창조하셨다고 증언하였다.[38] 이러
한 무로부터의 창조는 하나님만이 근원적이고 완전한 존재이며 인
간은 다시 무(無)로 돌아갈 수 있는 가변적인 존재임을 가르쳐 준
다. 그리하여 인간은 하나님께로 돌아가야 하며 하나님의 구원에
참여함으로서 비로서 유(有)의 존재가 됨을 역설한다.

둘째로 어거스틴은 성경의 창조가 '삼위 하나님의 창조' 임을 변
증하였다.[39] 어거스틴은 창1:1절을 그리스도를 지향하여 해석한다.
어거스틴에게 그리스도는 창조의 말씀이며 창조의 원리이다. 또한
창1:2절에 나타난 '수면 위에 운행하시는' 성령의 활동을 언급함으
로서 이 세계가 성부 안에서 성자를 통하여 성령으로 창조된 하나
의 세계인 것을 말한다. 이러한 삼위의 창조는 하나님을 무인격적
존재로 인식하거나 초월 세계와 물질 세계를 분리시키는 플라톤의
이원론적 사고를 반박하며 동시에 성부 하나님의 세계 초월을 성자
하나님의 세계 임재와 관련시켜 세계에 대한 신적 관여와 사랑에

---

37) 선한용. 〈시간과 영원〉. 성광문화사. 1986. p40.
38) 어거스틴. 〈고백록〉. 선한용 역. 대한기독교서회 1990. p426.
39) 어거스틴. 〈하나님의 도성〉. 조호연 김종흡 역. 크리스천다이제스트.
    1997. p575.

대한 기독교적 관점을 입증한다.

셋째로 어거스틴은 하나님의 '선한 창조'를 변증하였다. 어거스틴은 하나님이 그 지으신 것을 보시니 보시기에 심히 좋았더라(창 1:31)는 말씀을 인용하여 "선하신 하나님이 선한 피조물을 만든 것이 창조의 유일한 목적이었다"고 하였다.[40] 하나님의 창조는 다만 창조주의 자유의지와 선한 은총에 기인하기 때문에 창조 세계의 모든 것이 선하고 아름답다고 변호하였다. 이로써 빛과 어두움의 대립으로부터 세상이 창조되었고 세상은 본래 악하게 창조되었다고 주장하는 마니교의 창조설화를 배격할 수 있었다.

하지만 이와 같은 세 가지 창조 변증은 어거스틴의 독자적인 논리가 아닌 터툴리안의 창조론을 따른 것이다. 단지 어거스틴은 그것을 보다 철학적이며 논쟁적인 방식으로 전개했을 뿐이다. 문제는 어거스틴의 창조론이 이 세 가지 창조 변증에서 끝나고 만다는데 있다. 어거스틴은 터툴리안처럼 하나님이 천지를 창조했다는 '사실'을 증거하는 것에서 더 이상 나아가지 못하였다. 그래서 터툴리안과 마찬가지로 창조는 제 6일에 모두 끝났으며 완결되었다고 생각하였다.

이러한 어거스틴의 창조론에는 창조의 '사실'은 있어도 창조의 미래적 '목적'은 없다. 어거스틴이 이해한 창조의 목적은 단지 '선한 창조'일 뿐이다. 세계는 선하고 아름답게 창조되었고 그것이 창조의 유일한 목적이라는 것이다. 이것은 터툴리안의 '완결창조론'을 근거한 주장일 뿐, 이레니우스의 '통시적 창조론'과는 거리가 멀다. 사실 어거스틴이 언급한 세 가지 창조 변증은 터툴리안 이전에 먼저 이레니우스가 증거했던 것이었다. 이레니우스는 이미 하나

---

40) 앞의 책. p563.

님이 그의 두 손 곧 성부와 성자를 통하여 세계를 창조하셨으며, 무로부터 선하게 창조하셨음을 증거하였었다. 이레니우스의 '통시적 창조론'에는 창조의 사실이 증거되어 있었고 창조의 미래적 목적도 함께 들어 있었다. 인간이 역사의 무대 위에서 성장을 통하여 그리스도의 형상에 일치되는 것이 창조의 핵심이요 목적인 것을 분명하게 증거하고 있었다.

하지만 어거스틴의 창조론에는 창조의 목적 즉 성경적 창조론의 핵심이 없다. 창조의 시작만 있을 뿐 창조의 계속이나 목적이나 미래적 완성에 대한 개념들이 없다. 어거스틴이 제시한 창조 변증은 성경이 밝히는 창조론의 전체가 아닌 창조론의 서론에 불과한 기초이다. 그의 창조 변증은 단지 세계가 어떻게 시작되었는가를 밝힐 뿐 세계가 왜 시작되었으며, 무슨 목적으로, 어디로 가고 있는가에 대해 대답하지 못한다. 곧 창조와 역사의 관계, 창조와 구원의 관계, 창조와 종말의 관계 등에 대한 유기적인 해답을 주지 못한다. 어거스틴도 이 점에 대하여는 나름대로 인식하였을 것이다. 그래서 어거스틴은 그의 저서인 신국론(神國論)에서 이같은 문제들을 다시 다루고 있다. 곧 신국론에서 제시한 '천사창조론'을 통해 태초의 창조로부터 종말의 구원에 이르기까지의 흐름을 유기적으로 설명하면서 창조와 역사, 창조와 구원의 관계를 통일적으로 논증하려고 하였다. 그 천사창조론의 내용이 어떠한지 살펴보자.

2. 천사창조론

어거스틴은 신국론(神國論)에서 하나님의 창조가 역사, 구원, 종말 등과 어떻게 관련되는가에 대한 설명을 시도하였다. 어거스틴은 신국론을 저술한 이유에 대해여 말하기를 "당시에 로마는 알라릭 왕이 이끄는 고트족에 의하여 약탈 당함으로 입은 재앙에 크게 실망하고 있었다. 많은 사람들은 이 재앙에 대해 그리스도교에 책임을 돌리려 하며 예전보다 더 격렬하고 심하게 참되신 하나님을 모독하기 시작했다. 이로써 나는 하나님의 집에 대한 열정에 불타서 그들의 모독과 거짓말을 반박하기 위하여 신국론을 저술하기 시작하였다"고 밝혔다.[41] 이처럼 신국론은 로마의 멸망이 그리스도인의 책임이 아니라는 사실을 변호하기 위해 시작된 책이었다.

신국론에서 어거스틴은 전체 인류를 크게 두 부류로 분류하고 있는데 한 쪽은 땅의 도성에 속한 사람들로서 장차 영벌을 받도록 유기된 자들이고, 다른 쪽은 하늘 도성에 속한 사람들로서 하나님의 선택 가운데 구원으로 예정된 자들이다. 어거스틴은 땅의 도성은 인간이 만든 도성에 불과하기에 멸망을 거듭할 수밖에 없으며, 종말적으로 땅에 속한 것들은 아무리 위대한 도성일지라도 예정된 멸망을 피할 수 없다고 말한다. 그리하여 고트족에 의한 로마의 파괴 역시 땅의 도성에 속하였기에 파괴된 것이지 그리스도교 때문에 로마의 신들이 분노하여 파괴된 것이 아니라고 변증하였다.

여기서 주목할 것은 신국론이라는 책이 하나의 성경구절을 근거로 그 전체적인 흐름을 전개하고 있다는 사실이다. 바로 창1:3-5절, "하나님이 가라사대 빛이 있으라 하시매 빛이 있었고 그 빛이 하나님의 보시기에 좋았더라 하나님이 빛과 어두움을 나누사 빛을 낮이라 칭하시고 어두움을 밤이라 칭하시니라 저녁이 되며 아침이 되니 이는 첫째 날이니라"는 말씀이다.

---

41) 어거스틴. 〈하나님의 도성〉. 조호연 김종흡 역. 크리스천다이제스트 1997. p60.

어거스틴은 이 말씀을 다음과 같이 해석하였다. "나는 하나님이 빛을 만드셨다는 것은 천사들을 창조하셨다는 것이며, 하나님이 빛과 어두움을 나누사 빛을 낮이라 칭하시고 어두움을 밤이라 칭하신 것은 거룩한 천사들과 악한 천사들을 구별한 것이라고 제창한다"고 하였다.[42] 그러면서 어거스틴은, 하나님이 빛이라 불리우는 천사를 창조하셨을 때에는 즉시 "보시기에 좋았더라"고 표현하셨지만 빛과 어두움을 나눈 후에 그러한 말씀을 하지 않은 것은 악한 천사를 분리하는 일이 결코 좋은 일이 아니었기 때문이라고 덧붙였다. 그리고 이 두 천사의 분리가 하늘 도성과 땅의 도성이 나누어지는 시작이고 인류가 두 부류로 나누어지는 근거이며 역사와 구원의 전체적인 방향을 결정짓는 중대한 출발점이라고 주장하였다. 곧 세계의 시초에 두 천사가 분리됨으로 인류도 두 부류로 분리되었으며 세계의 마지막에 이르러 선한 천사와 그에 속한 자들은 하늘 도성으로 들어가고 그 반대의 부류들은 땅의 도성과 함께 멸망한다고 설명함으로써 창조의 시작부터 종말에 이르기까지의 총체적 흐름을 피력하였다.

또한 하늘 도성으로 예정된 자들에 대하여는, 하나님께서 천사의 일부가 타락할 것을 예견하심으로 성도들을 예정하사 타락한 천사들이 남긴 공백을 보충하여 하늘 성도의 수가 부족하지 않도록 하신 것이라고 설명하였다.[43] 그러니 이 창1:3-5절에 대한 해석이야말로 어거스틴이 어떻게 창조의 의미를 이해하며 어떻게 태초의 창조가 역사, 구원, 종말 등과 관계되며, 어떻게 창조와 함께 성경의 총체적 흐름을 이해하였는가를 드러내는 중대한 근거가 되는 것이다. 하지만 천사창조론에 대한 어거스틴의 해석들은 신비적이고 주

---

42) 앞의 책. p557.
43) 앞의 책. p1073.

 사도의 창조론

관적인 것이어서 성경적이라 할 수 없다. 어거스틴은 성경에 천사의 창조에 대한 기록이 있다든지 또는 언제 창조되었는지를 증거하는 명백한 말씀들이 없다고 고백하였고,[44] 빛의 창조가 천사의 창조를 말하는지 혹은 빛과 어두움의 분리가 두 천사의 분리를 의미하는지에 대하여 창세기 저자의 본의를 발견하지 못했다고 시인하였다.[45] 그럼에도 불구하고 어거스틴은 자신이 천사창조론을 통해서 "우주와 영혼과 인류의 시초에 관한 크고 어려운 문제들을 충분히 논증했노라"는 모순된 주장을 하였다.[46] 그는 신국론의 전반부에서는 천사창조론에 대한 해석의 근거가 부재함을 인정하다가 신국론의 후반부에서는 도리어 천사창조론을 강하게 지지하는 이중적인 태도를 드러냈다. 어거스틴은 천사창조에 대한 해석 상의 오류를 드러냈을 뿐만 아니라 그것을 적당히 얼버무리면서 자신의 해석에 대한 정당성을 내세우고 있는 것이다.

물론 우리는 빛의 창조를 천사의 창조로 보고 빛과 어두움의 분리를 선한 천사와 악한 천사의 분리로 이해하려는 어거스틴 나름대로의 해석상의 자유를 인정할 수 있다. 그러나 그것은 하나의 가설로써 허용될 수 있어도 성경 해석의 중요한 근거로써 제기될 수 없다. 성경에 근거하지도 않고 그 짝이 되는 말씀이나 유기적인 증거가 없는 해석을 성경 해석의 틀로써 제시한다면 그것은 문제가 되고 만다. 더구나 이처럼 불명확하고 신비적인 가설인 천사창조론을 근거로 창조와 역사의 목적을 결정짓고 인류를 두 부류로 대치시키는 것은 다른 해석상의 오류와 문제를 야기시킬 수 있다는 점에서 경계해야만 한다. 천사창조에 대한 주장은 어거스틴 자신의 주관

---

44) 앞의 책. p545.
45) 앞의 책. p557.
46) 앞의 책. p699.

적, 사색적인 관점일 뿐이며 어느 사도나 교부들도 이에 대하여 말한 바가 없고 교회적 전통에도 없는 사변에 불과하다.

천사창조에 대한 무리한 해석은 어거스틴의 창조론이 갖는 어두운 맹점이다. 이는 어거스틴이 주장한 것과 반대로 그가 우주와 인류의 시초나 종말에 관한 크고 어려운 문제들을 제대로 설명하지 못했다는 것을 의미한다. 곧 창조, 역사, 구원, 종말과의 관계나 혹은 창조의 미래 등에 대하여 성경적으로 논증하지 못했다는 말이다. 그럼으로써 어거스틴의 창조론은 분명한 한계를 드러내고 있다. 그는 태초의 창조 사실을 변증했으나 창조 이후의 문제들에 대하여 제대로 설명하지 못하였다. 그래서 그의 창조론은 창조가 성경의 다른 주제들과 어떻게 유기적으로 일치하고 조화하는지 설명하지 못하는 분열의 문제를 드러내며 성경의 창조론을 축소시키는 문제를 드러낸다.

어거스틴의 창조론이 성경의 다른 주제들, 특히 구원과의 관련성이 미약하다는 비평은 일반적인 비평이다. 바이너르트(W. Beinert)는 '창조신학'에서 말하기를 어거스틴 창조론의 특징은 호교적이고 철학적인 특성을 지니며 창조와 구원이 분리되어 있다고 지적하며 더불어 창조와 구원의 통일적인 관점은 이레니우스에게서 가장 치밀하게 수용되어 있다고 비평하였다.[47]

3. 창조론의 축소

이제 우리는 어거스틴의 창조론에 문제가 있다는 점을 직시해야

---

47) W. 바이너르트. 〈창조신앙〉. 심상태 역. 성바오르출판사. 1991. p90.

한다. 어거스틴은 창조의 기초를 이해하였으나 창조의 핵심과 목적을 제대로 인식하지 못하였다. 그 결과 천사창조론이라는 주장을 통해 창조의 목적과 완성을 설명하려고 시도하였다. 하지만 그의 천사창조론은 성경과 관련이 없는 하나의 가설에 불과하다. 빛의 창조가 천사의 창조와 같고, 빛과 어둠의 분리를 따라 천사들이 두 그룹으로 분리되고, 인류도 두 그룹으로 분리되었다는 주장은 성경에서 근거를 찾을 수 없는 주장이다. 구원받은 숫자가 타락한 천사의 숫자와 같다든지 구원받는 자들이 타락한 천사의 숫자를 대신한다는 주장도 마찬가지이다. 어거스틴은 천사창조론을 통해 창조의 목적을 증거하려 했지만 그것은 성경과 교회의 정통에서 벗어난 것이었다.

어거스틴은 창조의 목적을 설명하는데 실패함으로써 창조론의 범위를 축소시키고 말았다. 6일의 창조 사실만 설명하고 창조의 미래와 목적을 잃어버림으로 창조의 범주를 태초의 6일로 축소시켰다. 하나님의 창조가 6일의 과정으로 모두 끝난 것이 되어 창조는 미래적 목적과 분열되고 아담의 완성으로 한정되었다. 어거스틴에게는 아담의 완성이 바로 창조의 핵심이자 창조의 완성이었다. 아담은 인간이 그리스도의 형상으로 완성되는 창조의 시작에 불과한 것임에도 어거스틴은 이를 창조의 핵심이자 완성으로 이해하였다. 이러한 창조 의미의 오해는 곧바로 창조의 내적 분열로 이어졌다. 창조는 그 시작과 목적이 서로 유기성을 잃게 되었으며 그래서 창조의 시작만 남고 창조의 목적은 사라졌다. 어거스틴의 창조론이 갖는 문제는 바로 이것이다. 창조론이 내적으로 분열되어 창조의 미래적 '과정과 목적'이 제거된 창조론, 그래서 창조의 의미가 축소되어 있는 것이 바로 어거스틴의 창조론이 갖는 문제이다.

4. 구원론의 축소

어거스틴에게 구원은 아담으로의 회복이다

창조론의 축소는 곧바로 구원론의 축소로 이어진다. 창조의 전체를 보지 못하고 시작만을 보았던 어거스틴은 구원에서도 그 전체를 보지 못하고 시작만을 보게 되었다. 어거스틴은 아담의 타락이 창조의 미래와 목적을 파괴시켰다는 점을 인식하지 못하였다. 타락이 아담을 죄와 사망으로 끌고 갔을 뿐만아니라 '형상의 완성' 이라는 목적도 함께 파괴시켰다는 점을 인식하지 못하였다. 그래서 어거스틴은 구원이란 아담이 저지른 죄의 문제만 해결하면 된다고 보았다. 그에게 구원의 의미는 아담이 저지른 죄를 대속하고 태초의 무죄한 상태처럼 회복하는 것이었다.[48] 하지만 이러한 구원은 축소된 창조론에 일치된 축소된 구원이다. 구원을 아담이 저지른 죄의 문제를 해결하는 것으로만 생각하는 것은 구원의 의미를 잘못 이해한 것이다. 이렇게 되면 구원은 아담으로의 회복의 의미로 축소되어 형상의 완성이라는 구원의 진정한 목적이나 완성은 사라진다.

목적을 잃어버린 축소된 구원

어거스틴은 창조의 시작만을 강조하는데 그친 것처럼 구원도 시작을 강조하는데 그치고 있다. 어거스틴에게 구원은 창조의 목적과 분리되어 있으며 창조의 목적을 완성하지 않아도 되는 구원론이다.

---

48) 필립샤프. 〈어거스틴의 은총론1〉. 차종순 역. 한국장로교출판사. 1996. p279에서 어거스틴은 이러한 구원관이 사도 전승에 의한다고 주장한다.

굳이 그리스도의 형상이라는 목적에 이르지 않아도 구원을 받는데
는 아무 지장이 없다. 그저 믿고 죄사함을 받으면 구원은 그것으로
충분하다. 그래서 누구든지 구원을 시작하는 순간에 그는 온전한
구원을 받을 수 있다. 어거스틴은 자신의 저서인 은총론에서 말하
기를 구원이란 세례 이상의 아무 것도 아니며 구원이란 곧 아담이
지은 죄를 해결하는 것이 구원이라고 설명하고 있다.[49] 곧 구원의
시작만으로 충분히 구원을 얻을 수 있다고 주장하는 것이다. 이처
럼 그에게 구원의 의미는 죄의 해결이고, 아담으로의 회복이며, 첫
째 창조의 회복과 같은 의미로 축소되어 있다.

구원은 시작단계에서 확정된다

　어거스틴의 구원론은 그의 창조론과 맥을 같이 한다. 창조의 시
작을 창조의 핵심으로 이해한 어거스틴은 구원에서도 구원의 시작
을 구원의 핵심으로 이해한다. 그래서 그에게 구원 여부는 창조의
목적을 성취하거나 창조의 완성에 이르는 것과 아무 관계가 없다.
구원을 받는 여부는 창조의 무죄한 상태로 회복하는 단계에서 완전
하게 은혜로 주어지기 때문이다. 그에게 구원이란 성도가 죄 사함
을 받은 후에 무엇을 더하거나 보충함으로써 구원에 이르는 것이
아니라 구원의 시작부터 완전한 구원이 오직 은혜로써 주어진다.
그 후에 이어지는 과정들은 구원받는 여부와는 관계없고 단지 상급
의 유무에만 관련될 뿐이다.[50] 구원이란 믿고 죄 사함을 받는 순간
에 순전히 은혜로 주어지는 선물이기에 구원은 믿고 세례받을 때
영원한 사실로 확정되는 것이다. 그리고 구원의 시작에서 확정된

---

49) 앞의 책 제2권. p288.
50) 어거스틴. 〈하나님의 도성〉. 조호연 김종흡 역. 크리스천다이제스트.
　　1997. p1062의 공력비유 해석에서 이같은 주장을 뒷받침하고 있다.

구원을 계속해서 생의 마지막까지 잘 간직만 하면 영생에 이르는 것이다.

죄사함이 구원의 핵심이 된다

어거스틴에게 구원은 믿고 세례받는 순간에 하나님께로부터 일방적으로 완전무결하게 전가받는 것이다. 구원은 처음에 완전한 구원을 단번에 은혜로 받는 것이지 구원을 받은 이후에 어떤 과정이나 단계를 거치고 인간의 노력이 더해져서 구원 여부가 완전해지는 것이 아니다. 행여 구원 이후에 어떤 과정이나 목적이 있다고 해도 그것은 구원을 받는 여부와는 아무 관련이 없다. 구원이란 공로없이 주어지는 은혜이지 하나님의 은혜에 인간이 무언가를 덧붙여서 완성하는 협동작업이 아니기 때문이다.

따라서 그의 구원론은 '구원의 시작'으로써 구원 여부가 확정되는 구원론이다. 구원의 과정이나 목적을 이루지 않아도 구원의 시작에서부터 구원 여부는 결정된다. 하지만 이같은 구원론은 구원의 과정과 목적이 제거된 구원론이다. 창조의 목적이 제거되어 있음으로써 구원의 목적까지 제거된 축소된 구원론에 불과하다.

어거스틴의 구원론은 창조론과 마찬가지로 내적으로 분열되어 있다. 그의 구원론은 그 시작과 목적이 서로 유기성을 잃고 분열되어 있으며 구원의 시작만 있고 구원의 목적은 사라진 상태이다. 구원은 굳이 형상의 완성이라는 창조의 목적을 성취하지 않아도 되는 단순한 구원으로 축소되어 있다. 이것은 어거스틴의 구원론이 갖고 있는 심각한 문제이다. 창조론과 마찬가지로 구원에서도 그 '과정과 목적'이 제거됨으로써 구원론이 축소되어 있는 것이 바로 어거스틴의 구원론이 갖는 문제이다.

5. 믿음론의 축소

창조와 구원의 축소는 믿음의 축소로 이어진다

어거스틴에 의해 창조와 구원의 범주는 각각 축소되었다. 창조가 시작만의 창조로 축소되고 구원도 시작만의 구원으로 축소되었다. 구원은 그 목적을 성취하지 않아도 되고 구원의 시작만 있으면 누구나 구원을 받는 논리로 축소되었다. 그런데 구원의 범주가 축소되면 믿음의 범주도 함께 축소되게 마련이다. 어거스틴의 구원에서 믿음은 굳이 구원의 과정이나 목적을 성취할 필요가 없는 믿음이 되었다. 믿음은 단지 시작만 하면 그 시작만으로 구원을 얻기에 충분하다. 행여 믿음이 성장의 과정을 거치지 않고 장성한 믿음에 이르지 못해도 구원을 받은 사실이 취소되지 않는다. 누구든지 믿음을 시작하는 즉시 구원을 받으니 '믿음의 시작 = 구원' 이라는 도식이 가능해진다. 죄인이 구원을 받느냐 못받느냐의 여부는 믿음을 시작하는 즉시 결정된다. 죄인이 믿음을 시작하는 즉시 의로워지며 태초의 아담과 같은 무죄한 상태로 회복되니 믿음의 시작에서 구원 여부는 확정되고 종결된다. 혹시 믿음을 시작한 후에 즉시로 숨을 거둔다 해도 그가 받은 구원은 끝까지 보장된다. 그가 믿음을 시작하고 구원을 받은 이상 구원의 과정과 목적을 이루는 것과 상관없이 구원은 은혜로 주어져 있는 것이다.

'창조-구원-믿음' 이 다같이 축소되었다

하지만 이같은 믿음은 축소된 구원론에 일치시킨 믿음이며 축소된 창조론에 일치시킨 믿음이다. 어거스틴에게 '창조-구원-믿음'

의 의미는 통일적으로 축소되어 있다. 이 세 가지 주제들은 모두 시작이 강조되고 그 목적이 유실된 구조를 갖는다. 각각의 시작만으로 각각의 목적이 성취되는 구조, 시작이 곧 핵심이 되는 축소된 구조로 되어 있다. 그래서 '시작만의 창조-시작만의 구원-시작만의 믿음'이라는 일체성과 통일성이 나타난다. 그러나 이런 통일성은 어거스틴의 논리에서나 가능한 일이다. 이레니우스의 관점에 따르면 창조, 구원, 믿음은 그 핵심이 시작에 있는 것이 아니라 목적에 있다. 그리고 그 목적에 이를 때에야 구원이 확정되고 종결된다. 이레니우스에게 '시작만의 창조-시작만의 구원-시작만의 믿음'은 단지 출발과 기초일 뿐 핵심이 되지 못한다.

구원의 조건은 오직 '믿음의 시작' 뿐

어거스틴이 주장하는 믿음론은 믿음의 성장이 없어도 시작만 있으면 구원을 얻는다는 논리를 갖고 있다. 믿음을 시작만 해도 믿음의 결국인 영혼의 구원을 얻을 수 있게 된다. 그 믿음이 어떤 성장 과정이나 변화를 보이지 않고 시작의 상태에 그대로 머물러도 구원이 보장된다. 혹 평생동안 처음 믿은 초보적인 믿음을 답보하거나 성장이 없는 믿음에 머물러 있어도 믿은 사실이 있고 그 믿은 사실을 잃지 않고 갖고만 있다면 구원을 받을 수 있다.

이처럼 어거스틴의 축소된 믿음론에서 구원을 얻는데에는 다른 아무 조건도 필요치 않다. 단지 '믿음의 시작'만 있으면 구원을 받는다. 믿음을 버리거나 배교하지 않는 이상 '믿음의 시작'만 있으면 구원 받는데 아무 지장이 없다. 어거스틴의 구원론에서 구원의 유일무이한 조건은 오직 '믿음의 시작' 뿐이다.

성화의 정도와 상관없이 '믿음의 시작' 만으로 구원

따라서 누구든지 믿기만 하면 구원은 이미 받은 구원이다. 구원을 받기 위해 더 이상 다른 어떤 일도 할 필요가 없다. 구원받는데 있어서 다른 추가적인 조건도 필요치 않다. 혹 믿는 자가 아무리 많은 성령의 열매를 얻었다 할지라도 성령의 열매 때문에 구원을 받고 못받는 것이 아니다. 성령의 열매가 하나도 없을지라도 오직 '믿음의 시작' 만 있으면 구원을 얻을 수 있다. 이것은 성화의 문제에서도 마찬가지다. 믿는 자가 아무리 높은 성화의 경지에 이르렀다 해도 성화의 수준 때문에 구원을 받고 못받는 것이 아니다. 성화의 수준은 구원을 받고 못받는 것에 영향을 주지 못한다. 엄밀히 말해 성화가 되고 안되고의 여부는 구원받는 여부와 아무런 관련이 없다. 성화는 상급에 관련된 문제이지 구원 여부와 관련된 문제가 아니기 때문이다. 이처럼 어거스틴에게 구원은 오직 '믿음의 시작' 외에 다른 어떤 추가적인 조건도 필요치 않다.

'오직 믿음' 은 축소된 믿음론의 구호이다

어거스틴에게 믿음의 성장이나 성령의 열매나 거룩한 행위들은 모두 구원받은 이후의 문제들이다. 그것은 이미 구원을 받은 자가 걷는 길이지 그 길을 걸었기 때문에 구원을 받는 것이 아니다. 구원의 조건은 단지 '믿음의 시작' 뿐이다.

그런데 '믿음의 시작' 만으로 구원을 받는다는 말은 '오직 믿음' 만으로 구원을 받는다는 말과 같다. 양자는 같은 의미와 내용을 갖는다. 양자는 모두 믿기만 하면 그 순간에 구원을 받는 것을 의미한다. 다른 어떤 조건도 필요 없이 믿음만이 구원의 조건이 되는 것을 강조하는 구호이다. '오직 믿음' 만으로 구원을 얻는다는 구호이다.

하지만 '오직 믿음' 만으로 구원을 얻는다는 구호에서의 믿음은 그 의미가 축소된 믿음이다. 믿음의 시작만 있고 믿음의 목적은 없어도 되는 축소된 믿음론일 뿐이다. 이러한 믿음론은 어거스틴의 구원론과 마찬가지로 믿음의 의미가 내적으로 분열되어 있다. 믿음의 시작과 목적이 서로 유기성을 잃고 분열되어 있으며 믿음은 시작만으로 구원을 받을 수 있는 단순한 의미로 축소된 상태이다.

6. 믿음과 행위의 분열

행위가 일절 제거된 믿음만의 구원

어거스틴이 말하는 '오직 믿음만의 구원' 에서 믿음은 반드시 축소된 의미의 믿음, 시작만의 믿음이어야 한다. 믿음은 무엇을 더하거나 어떤 목적에 이룰 필요가 없으며 단지 믿음 자체만 있으면 된다. 이 믿음에 다른 것이 관련되거나 더해져서도 안된다. 성화의 삶이나 성령의 열매나 믿음으로 인한 선한 행위조차도 관련될 수 없다. 만일 이런 것들이 관련된다면 구원은 믿음만의 구원이 되지 못하고 믿음외에 무엇인가 더해져야 하는 구원이 될 것이다. 따라서 '오직 믿음만의 구원' 에서 행위는 철저히 배제되어 있다. 혹 어떤 거룩한 행위가 있어도 그것은 구원이 결정되는 여부에 있어 하등의 필요가 없고 도리어 해가 된다. 행위는 털끝만큼도 구원에 기여, 보조, 협력할 수 없으니 당연히 제거되어야 한다. 이렇듯 어거스틴의 축소된 믿음론은 '단지 믿음의 시작' 만을 구원의 조건으로 삼는다. '믿음' 자체만을 홀로 유일무이한 구원의 조건으로 삼고 행위는 철저하게 분리하고 제거한다. 그것이 율법적인 행위이건, 성화에 의

한 행위이건 행위는 구원받는 여부를 결정하는 일에 아무런 영향을
끼치지 못한다.

오직 믿음 = 오직 은혜 = 오직 칭의 = 오직 회개만의 구원

오직 믿음만의 구원에서 구원이란 하나님의 선물이다. 구원이란
받는 자의 상태에 상관없이 하나님이 거저 주시는 은혜의 선물이
다. 그래서 오직 믿음만의 구원은 오직 은혜만의 구원과 같다. 구원
은 믿는 자에게 거저 주시는 선물과 같다. 그것은 아무 공로나 행위
없이 믿음만 있으면 받는 칭의의 선물이다. 그래서 믿음만의 구원
은 또한 칭의만의 구원과도 같다. 성화가 없어도 구원은 칭의만으
로 가능하다. 죄인이 회개하고 믿는 순간에 칭의를 얻고 구원을 얻
으니 구원의 문제는 그것으로 결정된다. 회개하고 칭의받는 순간에
그는 구원을 받는다.

믿음만의 구원은 또한 회개만의 구원과도 같다. 죄인이 믿고 회
개하는 그 순간에 구원을 얻으니 회개 이후의 과정이나 회개의 열
매에 상관없이 회개만으로 구원을 받을 수 있다. 회개에 합당한 열
매가 없어도 구원은 취소되지 않는다. 이처럼 믿음만의 구원, 은혜
만의 구원, 칭의만의 구원, 회개만의 구원은 모두 같은 맥락 속에
있다. 이들은 모두 믿음을 시작하는 그 순간에 단번에 성취되는 구
원을 설명하고 있다. 믿음의 과정이나 목적을 성취하지 않아도 단
숨에 성취되는 구원을 지지한다. 하지만 이들은 모두 어거스틴의
축소된 구원론과 맥을 같이 하고 있을 뿐이다. 성취하고 완성해야
할 목적이 없기 때문에 시작만으로 구원을 얻고 시작만으로 구원의
핵심이 성취되는 어거스틴의 구원에 일치하고 있다.

어거스틴에게 구원받느냐 못받느냐의 여부를 결정하는 유일한

기준은 오직 '믿음의 시작' 이다. 이 믿음의 시작에는 아무리 거룩한 행위일지라도 행위가 일절 제거된 오직 믿음만이 있을 뿐이다. 그래서 어거스틴은 오직 믿음만으로, 오직 믿음의 시작만으로, 오직 은혜만으로, 오직 칭의만으로, 오직 회개의 시작만으로 구원을 얻는다고 주장한다.

이레니우스에게 시작만의 구원은 불가능

그러나 이레니우스에게 있어서 이런 논리는 허용되지 않는다. 이레니우스에게 믿음이란, 믿음으로써 구원을 시작하고 구원의 과정을 성취하며 구원의 목적까지 완성하는 것이 믿음이다. 믿음은 구원의 목적과 완성에 이르러 구원의 전체성을 성취하는 것이어야 한다. 믿음은 그 시작에서 첫 창조를 회복하며 나아가 온전한 믿음으로써 둘째 창조를 완성하는데까지 이르러야 한다. 만일 믿음이 첫 창조의 회복에 머문다면 그것은 믿음의 시작에 불과한 믿음이요 믿음의 목적과 완성을 잃어버린 믿음에 불과하다.

따라서 이레니우스에게는 시작만의 믿음으로 구원을 얻는다는 것은 불가능하다. 믿음은 반드시 그리스도의 형상에 이르는 온전함을 성취해야 하고 그것이 믿음의 목적이고 믿음의 완성이다. 회개 역시 회개에 합당한 열매를 맺음으로 회개의 목적을 이루어야 하고, 칭의도 마찬가지로 성화라는 목적에 이르러야 한다. 그래야 회개나 칭의가 의미가 있고 온전해진다. 이런 이레니우스에게 믿음의 의미는 시작만의 믿음으로 축소되거나 믿음의 목적과 분열되는 일이 없다. 이레니우스에게 믿음과 회개와 칭의는 각각의 목적이 주어져 있으며 그 목적과 일치하는 것만이 진정한 믿음과 회개와 칭의가 된다.

'오직 믿음'은 초보의 믿음이다

이레니우스가 말하는 믿음의 의미와 어거스틴이 말하는 '오직 믿음'이라는 말은 그 의미가 다르다. 어거스틴이 말하는 '오직 믿음'은 행위와 분리된 믿음 자체만을 의미한다. 다른 어떤 것도 필요없고 오직 유일한 조건으로써 '믿음의 의지' 하나만을 말하며 단순히 믿기만 하면 되는 것을 말한다. 그것만으로도 구원은 충분히 받을 수 있다.

어거스틴이 말하는 믿음은 이제 막 구원을 시작한 초보의 믿음이요 어린아이와 같은 믿음이다. 이 믿음은 아직 성장이 되지 않고 연단을 받지 않은 믿음이기에 쉽게 넘어지고 실패하는 믿음이다. 의심과 불안 가운데 있는 믿음이기도 하고 쉽게 죄에 굴복하며 언제 돌아서거나 배반할 지 모르는 변덕스러운 믿음이기도 하다. 실제로 이런 초보적인 믿음에 있는 자들은 위급한 때에 주님의 뜻을 외면하거나 믿음을 저버리고 범죄하는 일이 많다. 그래서 초보의 믿음은 성화를 감당하지 못한다. 자신의 믿음에 행위를 일치시켜 성령의 열매를 맺기도 어렵다. 성령의 인도와 가르침을 좇아 순종의 제사를 드린다는 것도 거의 불가능하다. 이런 믿음은 광야에서 헤메는 육신적인 믿음과 같다. 늘 하나님의 사랑과 은혜를 받으면서도 끊임없이 불평하고 원망하며 불순종의 거역을 드러냈던 광야의 이스라엘의 믿음과 같다. 혹은 바울에게 육신에 속한 성도라며 책망을 받은 고린도교회 교인들의 믿음과 같다. 많은 은사와 은혜를 받고 감격에 겨워 온 몸을 불살라 주님께 헌실할 것처럼 굳은 맹세를 하다가도 얼마 되지 않아 믿음이 차가워지고 말씀에 순종하기는커녕 서로 반목하고 싸우는 성도들과 같다. 어떤 때는 산같은 믿음이 있다가도 어떤 때는 믿음의 흔적조차 찾기 어려운 자들이 바로 믿음의 초보에 있는 자들이다. 이런 자들이야말로 다른 아무 열매도 없고 달랑 '믿음만' 있는 자들이다. 마음과 생각으로는 주님을 사랑하나 행위로는 사랑치 못하는 믿음이다. 믿음의 초보에 머물러 아무 열매도 맺지 못하면서 나는 구원받았고 나는 하나님이 자녀라고 생각하는 어린아이의 믿음이다. 이런 어린아이의 믿음은 구원을 시작할 수 있으나 구원의 목적에 이르기는 어렵다. 어린아이의 믿음이 구원의 목적에 이르려면 부지런히 배우고 성장해야 한다. 그리스도의 장성한 분량까지 성장해야만 비로소 구원의 목적에 이르게 된다.

이레니우스가 말하는 믿음은 바로 이런 믿음이다. 이렇게 구원의 목적에 이르는 장성한 믿음이 진정으로 구원을 받는 믿음이요 구원을 완성하는 믿음이다.

성경은 시작만의 구원을 불허한다

어거스틴이 말하는 '오직 믿음'만 있는 믿음은 성화의 열매나 온전한 행위를 성취할 수 없고 성취하는 것 자체가 어렵다. 거룩한 열매와 온전한 행위를 성취하기에 믿음은 아직 너무 어리다. 그렇기에 언제나 '믿음만'을 외칠 수밖에 없다. 믿음만 있다면 은혜를 받고 구원을 받는다고 되내이지만 이들 중 구원의 목적과 완성에 이르는 자는 지극히 드물다.

어거스틴이 말하는 '오직 믿음'은 바로 이런 초보의 믿음만으로도 구원을 받을 수 있다는 것이다. 어거스틴이 말하는 구원은 시작만 하면 받는 구원이고 시작한 때에 받은 구원을 잘만 간직만 해도 받는 구원이기에 그렇다.

그러나 성경은 시작만의 구원을 인정하지 않는다. 성경은 열매없는 자의 구원을 허락치 않으며 잎만 무성한 나무는 잘라져 지옥불에 들어갈 것이라고 경고한다. 어떤 자가 진정으로 구원받을 믿음이 있는가 없는가는 열매로 확인한다고 한다. 믿는 자는 열매맺는 자이며 열매맺는 자만이 진정으로 믿는 자라고 한다. '믿음'과 그에 따르는 '행위의 열매'는 결코 분리될 수 없는 것이며 둘 중에 하나만 있다면 그것은 거짓이 된다. 거짓 믿음은 좋은 행위를 가질 수 없고 진실한 믿음은 거짓 행위를 가질 수 없다. 그래서 성경은 좋은 나무가 나쁜 열매를 맺을 수 없고 나쁜 나무가 좋은 열매를 맺을 수 없다고 말한다. 주님께서도 "그의 열매로 그들을 알리라"(마7:20)고 하셨고 "하나님의 나라를 너희는 빼앗기고 그 나라의 열매 맺는 백성이 받으리라"(마21:43)고 말씀하셨다. 성경은 "아름다운 열매를 맺지 아니하는 나무마다 찍혀 불에 던지우느니라"(마7:19)고 분명하게 경고한다. 행함이 없는 믿음이 능히 자기를 구원하겠느냐고 엄히 경고한다. 땅이 밭가는 자의 쓰기에 합당한 열매를 내지 않고 "만일 가시와 엉겅퀴를 내면 버림을 당하고 저주함에 가까와 그 마지막은 불사름이 되리라"(히6:8)고 경고한다.

이러한 말씀을 알고 있으면서 열매는 필요없이 믿음의 시작만으로 구원을 받는다고 주장하는 것은 어리석은 일이다.

구원받는 믿음은 열매맺는 믿음이다

성경이 말하는 믿음은 반드시 열매를 맺는 믿음이며 거룩한 성화를 성취하는 믿음이고, 행위가 수반되는 온전한 믿음이다. 성경에서의 믿음은 결코 성화, 열매, 행위와 분리되지 않으며 분리될 수도 없다. 그런데 성경에서의 이런 온전한 믿음, 열매맺는 믿음은 사람이 마음먹은대로 쉽게 가질 수 있는 믿음이 아니다. 누구나 쉽게 마음먹고 결심한다고 해서 생기는 믿음도 아니다. 이 믿음은 훈련과 양육, 고난과 연단으로 성령의 가르침을 받은 자들만이 가질 수 있는 온전한 믿음이다. 하나님께로부터 난 자들만이 소유할 수 있는 장성한 분량의 영의 믿음이다. 이런 믿음은 세상을 이기는 믿음이요 세상이 감당치 못하는 믿음(히11:38)이다. 성경이 말하는 '오직 믿음'은 바로 이런 믿음을 말한다. 사람이 가질 수 없는 하나님께로 나온 믿음, 육신적 믿음이 아닌 성령으로 말미암아 배운 온전하고 견고한 믿음이다. 이런 믿음이 있어야 믿음의 열매를 맺고 구원의 목적에 이를 수 있으며 창조의 목적을 성취할 수 있다.

구원의 믿음은 행위를 온전케 하는 믿음이다

성경이 말하는 믿음은 반드시 행위를 온전케 하는 믿음이다. 인간의 행위는 오직 하나님을 진정으로 믿는 믿음 안에서 온전케 될 수 있다. 인간이 진정으로 하나님을 믿으면 그 행위가 치유되고 온전케 된다. 반면에 인간으로 말미암은 믿음이나 믿음의 시작에 불과한 초보의 믿음으로는 행위를 온전케 할 수 없다. 초보의 믿음으로는 그것이 아무 것도 온전케 할 수 없고 그것으로 성령의 열매를 맺을 수 없다.

인간이 성령의 열매를 맺을 수 있는 것은 오직 믿음만으로 가능하지만, 이 믿음은 인간 자신이 하나님을 믿는 믿음이 아니라 하나님께로부터 배우고 연단받은 믿음을 말한다. 이런 믿음은 하나님께로부터 양육받은 믿음이기에 온전한 믿음이 된다. 반드시 행위를 온전케하는 믿음이 되며 율법까지 온전케하는 믿음이 된다. 그래서 예수께서도 "내가 율법이나 선지자나 폐하러 온 줄로 생각지 말라 폐하러 온 것이 아니요 완전케 하려 함이라"(마5:17)고 말씀하셨다.

사람이 온전히 하나님을 믿게 되면 그 믿음은 율법까지 온전케하는 믿음으로 나아갈 수 있다. 믿음은 율법을 폐하지 않고 도리어 완성하는 것이 온전한 믿음이다. 바울도 말하기를 "그런즉 우리가 믿음으로 말미암아 율법(행위)을 폐하느뇨 그럴 수 없느니라 도리어 율법(행위)을 굳게 세우느니라"(롬3:31)고 한다. 성경이 말하는 믿음은 그 행위를 온전케하는 장성한 믿음이요 온전케하는 능력의 믿음이기에 그렇다. 그리고 이런 온전한 믿음은 믿음의 시작에서 가질 수 있는 믿음이 아니요 오직 하나님께로부터 배우고 성장해야만 가질 수 있는 믿음이다. 이런 믿음에 이른 자들만이 하나님께로 나서 하나님의 형상의 영광–창조의 영광에 이르는 자들이다.

어거스틴의 '오직 믿음'은 행위를 분열한다

어거스틴은 성경이 밝히는 것처럼 거룩한 열매를 맺는 믿음이 있어야 구원받는다고 말하지 않는다. 어거스틴에게 구원은 단지 믿기만 하면 되는 것이다. 하등의 행위가 불필요하며 단지 믿겠다는 의지만 있으면 구원을 받는다. 어거스틴에게 온전한 행위나 열매는 구원의 조건이 되지 못한다. 오히려 성경과는 반대로 반드시 믿음과 행위가 분리되고 성화나 열매가 일절 제거된 순수한 믿음만으로 구원을 얻는다고 주장한다.

그래서 그가 말하는 구원받는 믿음에는 행위는 제거되고 믿음만이 존재한다. 단지 믿는다는 고백 하나면 구원은 충분하다. 믿음을 시작하기로 하는 초보적인 단계에서 구원이 이루어지며 배도하지 않는 이상 그 믿음만 가지면 구원을 받는다.

어거스틴은 왜 이렇게 믿음만 있는 구원, 칭의만 있는 구원을 주장한 것일까? 그것은 그의 믿음론이 축소된 창조론과 구원론에 연결되어 있기 때문이다. 구원이 단지 죄사함을 받고 아담처럼 회복되는 것이 구원이라면 거기에 인간이 할 일이 무엇이 있겠는가. 오직 주님이 이루어 놓으신 죄사함의 은혜를 믿음으로 받기만 하면 되는 것이지 그 죄사함의 구원을 받기 위해 무슨 행위를 더할 수 있으며 어떤 행위인들 죄사함의 구원에 섞을 수 있겠는가.

그러나 구원의 목적이 죄사함을 통한 아담으로의 회복이 아니라 형상의 완성이 목적이 되면 문제는 달라진다. 그렇게 되면 구원은 과정을 거치고 목적에 도달해야만 하며 성령의 열매와 성화를 이루는 '온전한 믿음'만이 구원을 성취한다. 어거스틴이 주장하는 시작만의 믿음으로는 구원을 시작할 수 있어도 구원을 성취하지는 못하는 것이다.

7. 축소된 믿음의 승리

마르시온이 '오직 믿음'의 원조이다

어거스틴이 말하는 '오직 믿음'만의 구원은 굳이 온전하거나 견고한 믿음이 아니어도 믿는다는 사실만으로 구원을 받을 수 있는 쉬운 믿음이다. 인간 편에서 볼 때 너무도 쉽고 단순하여 더할 나위 없이 은혜스럽다. 다른 아무 과정도 없이 한 순간 믿는다고 고백만 하면 영생의 구원이 선물로 주어지니 세상에 공짜도 이런 공짜가 어디 있겠는가.

그러나 이런 쉽고 단순한 '오직 믿음'만의 구원을 최초로 주장한 자는 어거스틴이 아니었다. 행위가 완전히 제거된 믿음만의 구원을 처음으로 주장한 인물은 저 사단의 맏아들이라 불리운 마르시온이었다. 마르시온은 교회사에서 처음으로 어거스틴이 주장했던 것과 비슷한 의미의 믿음만의 구원 교리를 창안한 자였다.

마르시온이 주장한 '오직 믿음'은 어거스틴의 주장처럼 믿음과 행위가 각각 분열되어 있고 행위는 배제되어 있으며 단지 믿기만 하면 되는 믿음이다. 이러한 마르시온의 믿음은 어거스틴처럼 축소된 믿음이다. 믿음이 성장하고 온전해지지 않아도 믿음의 시작만 있으면 구원을 성취하는 믿음이다. 누구나 믿기만 하면 그 즉시로 구원을 얻는 믿음이다. 구원의 과정과 목적을 성취할 필요가 없으므로 단순하고 간편하여 지극히 쉬운 구원의 믿음이다. 마르시온의 믿음은 어거스틴처럼 단지 믿음의 시작만으로 구원을 받으며 그외의 과정이나 행위는 일체 필요치 않다. 행위를 완전히 폐기해 버린 이름뿐인 믿음이요 죽은 믿음이라 아니할 수 없다.

마르시온은 '오직 믿음'의 구원론을 완결치 못하였다

그런데 마르시온이 주장한 '오직 믿음'이라는 주장은 논리적으로 완전치 못하였다. 마르시온은 '오직 믿음'에서 인간의 행위를 완전히 제거하지 못하였다. 그는 누구든지 원하기만 하면 믿음을 가질 수 있다고 생각하였고 인간이 믿기로 작정만 하면 하나님의 은혜로 구원을 얻는다고 생각하였다. 그는 인간에게 자유의지가 있으며 그 자유의지로 믿음을 선택하면 구원을 받는다고 믿고 있었다. 이는 인간의 의지적 선택이 하나님의 구원에 협력할 수 있다는 것을 의미한다. 이 점에서 그는 인간의 의지적 결정이 인간 행위의 일부라는 점을 인식하지 못하였다. 그의 주장대로 인간이 믿음을 선택하면 구원을 받는다는 것은 인간의 자유의지의 결정에 따라 구원이 좌우되는 것을 의미한다. 그렇다면 구원은 인간의 의지적 결정이 협력해야만 구원이 이루어지며 인간의 자유의지는 구원에 대한 주요한 결정권을 갖게 된다. 곧 하나님의 구원은 자유의지의 협조없이 성취될 수 없다는 의미가 된다. 바로 이 점에서 마르시온의 '오직 믿음' 은 타락한 인간의 자유의자 하나님의 구원에 기여하는 문제를 드러내고 있다. 마르시온은 인간의 행위는 제거하였지만 인간의 자유의지를 용인함으로써 실제로 구원에 대해 인간의 의지의 공로가 개입되도록 만든 것이다.

어거스틴은 구원에 대한 자유의지의 무력함을 주장하였다

어거스틴은 마르시온처럼 자유의지가 믿음을 선택할 수 있다고 보지 않았다. 어거스틴은 구원이 '믿음만의 구원' 이 되고 '은혜만의 구원' 이 되려면 인간의 자유의지로 인한 공로마저도 완전하게 제거되어야 함을 똑똑히 인식하였다. 그것이 몸으로 하는 행위이든 자유의지를 통한 행위이든 근본적으로 인간과 관계된 것은 털끝만큼도 구원에 기여할 수 없도록 제거해야 했다. 그래야만 구원은 100% 은혜만의 구원이 될 수 있다.

이 점에서 어거스틴은 마르시온보다 한 발 앞서 나아갔다. 어거스틴은 인간의 공로가 제거된 오직 은혜만의 구원을 만들기 위해 인간의 의지가 구원에 관여할 수 없도록 만들었다. 자유의지가 구원에 관여할 수 없게 하고자 인간의 전적타락이라는 교리를 주장하였다. 전적타락의 교리를 통해 인간이 전체적으로 부패하였고 인간의 의지 역시 완전하게 부패하였기 때문에 인간의 자유의지는 믿음을 원하거나 믿음을 시작하는 것이 불가능하다고 주장하였다.[51] 그나마 인간이 믿음을 시작하는 것은 하나님이 인간의 마음에 믿으려는 의지를 주입하시기 때문이다. 마치 수술대의 실험용 쥐에게 칩을 삽입하듯이 인간이 모르는

---

51) Bengt Hagglund. 〈신학사〉. 박희석 역. 서울:성광문화사, 1977. p186.

 사도의 창조론

사이에 믿음을 주입받기 때문에 인간이 믿음을 시작할 수 있다는 것이다.[52] 따라서 전적타락의 교리에 의하면 믿음을 시작하는 원인은 사람의 자유의지에 있는 것이 아니라 하나님의 은혜에 있게 된다. 하나님의 은혜, '오직 은혜'만이 인간이 믿음을 시작하도록 만들고 이렇게 시작된 믿음, '오직 믿음'으로 구원을 받는다는 것이 어거스틴의 주장이다. 이로써 어거스틴은 인간의 자유의지가 구원에 관여할 수 없게 만들었고, 구원은 오직 100% 은혜만으로 가능하도록 만들었다.

그런데 어거스틴에 의하면 믿음을 주입받는 자들은 아무나 주입받는 것이 아니다. 믿음의 주입은 오직 창세 전부터 선택되고 예정된 자에게만 주입된다. 하나님은 오직 예정된 자에게만 믿음을 주고 구원을 주고 회개를 주신다고 한다.[53] 오직 예정된 자들만 하나님의 은혜를 받고 구원을 받아 믿음을 시작한다는 것이다. 그래서 누구든지 믿음을 시작한 자는 하나님의 믿음을 주입받는 은혜를 받은 자요, 이미 구원받은 자요, 창세 전에 구원받기로 예정된 자이다.

이처럼 어거스틴은 믿음을 시작하는 원인을 인간의 자유의지에서 찾지 않고 하나님의 의지와 예정에서 찾았다. 그럼으로써 인간의 의지가 믿음의 시작에 개입할 수 없도록 무용지물로 만들었다. 믿음을 시작하는 공로를 하나님의 예정에 돌림으로써 구원이 100% 하나님의 은혜와 예정에 의한 것이 되도록 만들었다. 이로써 '오직 믿음', 오직 믿음의 시작만으로 충분한 축소된 구원론은 예정론으로 발전되기에 이르렀다.

---

52) Augustinus. 〈아우구스티누스의 은혜론과 신앙론〉. 김종흡 역. 생명의말씀사. 1997. p63.
53) 앞의 책. p259.

8. 축소된 믿음과 예정론

예정론으로 축소된 창조, 구원, 믿음을 합리화 시켰다

어거스틴은 예정론의 교리를 주장함으로써 구원에서 인간의 의지를 완전히 제거하는데 성공하였다. 마르시온은 구원에서 인간의 행위만을 제거하였지만 어거스틴은 인간의 의지까지 제거함으로 구원이란 오직 하나님의 주권과 의지에 의한 것임을 관철시켰다. 그래서 '오직 은혜'만의 구원, '오직 믿음'만의 구원이라는 전통적인 구원론을 완결하였다.

어거스틴에게 '오직 은혜'만의 구원은 '오직 예정'만의 구원과 같다. 은혜받은 자는 예정된 자요 예정된 자만 은혜를 받을 수 있으니 은혜와 예정은 상통한다. 또한 '오직 믿음'만의 구원도 '오직 예정'만의 구원과 같다. 믿는 자는 예정된 자요 예정된 자만 믿음을 시작할 수 있으므로 '오직 믿음' = '오직 예정'이 된다. 그러므로 오직 믿음, 오직 은혜, 오직 예정은 모두 같은 의미이다. 그것은 100% 하나님만의 예정, 100% 하나님만의 은혜, 100% 하나님이 선물로 주시는 믿음으로 구원이 결정되는 것을 나타낸다.

그런데 어거스틴에게 오직 믿음, 오직 은혜, 오직 예정은 모두 '믿음의 시작'과 밀접하게 관련되어 있다. 누구든지 믿음을 시작한 자는 '오직 믿음'으로 구원받은 자이다. '오직 은혜'나 '오직 예정'도 마찬가지다. 믿음을 시작한 자는 이미 은혜를 받은 자이고 이미 예정을 받은 자이다. 어떤 자가 믿음을 시작했다면 그는 예정과 은혜를 입고 믿음을 주입받았기 때문에 믿음을 시작한 것이지 자신의 의지로 믿음을 시작한 것이 아니다. 따라서 누군가가 믿음을 시작했다면 그것은 그가 예정된 자로서 오직 믿음으로 구원을 받은 자임을 증명한다. 믿음을 시작했다는 것은 그가 예정을 입고 이미 구원을 받은 자라는 것을 증거하는 강력한 표식이 된다.

이처럼 믿음의 시작과 예정론은 긴밀한 관계에 놓여 있다. 예정론은 '믿음의 시작'을 대단하게 만든다. '믿음의 시작'을 하나님의 예정을 받았다는 증거로 만든다. 믿음의 시작'만 있으면 이미 구원받기로 결정된 자인양 믿게 만든다. 이러한 오해들은 예정론이 주는 함정이다. 예정론은 성급하게도 '믿음의 시작'과 '영원한 구원 보장'을 같은 것으로 취급하려 한다. 그래서 마치 초보에 불과한 믿음으로도 완전한 구원을 받는 것처럼 믿게 만든다. 믿음과 행위가 분열되어 믿음만 존재하는 이원론의 믿음을 마치 구원의 믿음인양 정당화시킨다. 믿음의 과정과 목적을 완성치 못하고 온전한 믿음에 이르지 못해도 절대적인 구원을 받는 것처럼 호도한다. 이는 구원의 과정이나 목적을 성취하지 않아도 구원의 시작만으로 구원을 받은 것처럼 착각하게 만드는 것이다. 그래서 믿음의 시작만 있는 축소된 믿음, 구원의 시작만 있는 축소된 구원을 마치 성경의 진리인 것처럼 믿도록 만드는 것이다.

예정론은 '믿음의 시작'을 예정된 구원과 동일시 함으로써 축소된 믿음, 구원, 창조를 진리인 것처럼 정당화하고 면죄부를 준다. 믿음의 시작, 구원의 시작, 창조의 시작밖에 없는데도 마치 그것만 있으면 구원받는데는 아무 문제도 없는 것처럼 곡해한다. 그럼으로써 목적이 제거되고 축소된 구원론을 합리화하고 있다. 내적으로 분열되고 축소되어 믿음만 있는 열매없는 믿음으로도 구원을 받을 수 있다고 현혹한다.

만일 어거스틴의 주장처럼 아무나 믿음을 시작하는 것이 아니라 예정된 자만 믿음을 시작한다면, 그리고 정말 성경이 그것을 증거한다면 예정론이 맞다고도 볼 수 있을 것이다. 그러나 성경은 구원받지 못한 자도 얼마든지 믿음을 시작할 수 있음을 증거한다. 예수께서는 "나더러 주여 주여 하는 자마다 천국에 들어갈 것이 아니라"고 말씀하셨다.(마7:21) 예수님께 주여 주여 하는 자들은 다 믿음을 시작한 자들이었다. 그들 중에는 주의 종들과 선지자들도 있었고 주의 이름으로 큰 권능을 행한 자들도 있었다. 그들은 분명히 믿음을 시작하였고 믿고 있었으며 더구나 믿음을 통해 많은 일까지 했지만 구원에 들어가지 못하고 천국문 앞에서 쫓겨났다. 어거스틴에 주장대로라면 그들은 믿음을 시작했으니 당연히 구원을 받아야 하는데도 말이다.

씨 뿌리는 비유

어거스틴은 누구든지 믿기만 하면 구원을 받는다고 한다. 그에게 믿음의 과정과 목적을 성취하여 구원을 받는다는 식의 구원론은 없다. 어거스틴은 구원이 성장과정을 거치고 온전함에 이를 때에 주어진다는 사실을 알지 못한다. 그에게는 구원의 시작이 곧 구원의 핵심이요 완성이 된다. 물론 어거스틴은 아무렇게나 믿어도 된다느니 대충 믿어도 구원을 받으니 쉽게 살라는 식의 말을 하는 않았다. 오히려 그는 믿음에 따르는 선한 일을 행할 것과 끝까지 견인되기를 기도해야 한다고 하였다.

하지만 성경은 어거스틴과 달리 인간은 아무리 믿음이 있다 하더라도 믿음의 열매가 없는 자들은 천국에서 쫓겨날 것이라고 경고한다. 믿음의 시작이나 부실한 과정에 머물러 온전한 열매가 없으면 구원받지 못한다는 사실을 분명하게 증거한다. 그 좋은 예로써 눅8장에 나타난 씨뿌리는 비유를 살펴보자.

씨를 뿌리는 자가 그 씨를 뿌리러 나가서 뿌릴새 더러는 길가
에 떨어지매 밟히며 공중의 새들이 먹어 버렸고 더러는 바위 위
에 떨어지매 났다가 습기가 없으므로 말랐고 더러는 가시떨기 속
에 떨어지매 가시가 함께 자라서 기운을 막았고 더러는 좋은 땅
에 떨어지매 나서 백 배의 결실을 하였느니라 이 말씀을 하시고
외치시되 들을 귀 있는 자는 들을지어다 제자들이 이 비유의 뜻
을 물으니 가라사대 하나님 나라의 비밀을 아는 것이 너희에게는
허락되었으나 다른 사람에게는 비유로 하나니 이는 저희로 보아
도 보지 못하고 들어도 깨닫지 못하게 하게 하게 하려 함이니라
이 비유는 이러하니라 씨는 하나님의 말씀이요 길가에 있다는 것
은 말씀을 들은 자니 이에 마귀가와서 그들로 믿어 구원을 얻지
못하게 하려고 말씀을 그 마음에서 빼앗는 것이요 바위 위에 있
다는 것은 말씀을 들을 때에 기쁨으로 받으나 뿌리가 없어 잠깐
믿다가 시험을 받을 때에 배반하는 자요 가시떨기에 떨어졌다는
것은 말씀을 들은 자니 지내는 중 이생의 염려와 재리와 일락에
기운이 막혀 온전히 결실치 못하는 자요 좋은 땅에 있다는 것은
착하고 좋은 마음으로 말씀을 듣고 지키어 인내로 결실하는 자니
라(눅8:5-15)

여기 씨 뿌리는 비유를 보면 믿음이 어떻게 성장하여 구원에 이
르는지를 잘 보여주고 있다. 씨 뿌리는 비유는 사람이 복음을 들었
을 때 나타나는 모든 경우를 크게 네 가지로 분류하고 있다. 첫째는
길가에 뿌려진 씨이다. 이는 복음을 들어도 관심이 없거나 아예 믿
지 않는 자들을 비유한다. 이들은 복음을 들어도 그것을 쓸모없는
것으로 생각하기 때문에 마귀가 와서 그 마음에 있는 말씀을 빼앗
아 버린다.

둘째는 바위에 떨어진 씨이다. 이는 말씀을 들을 때 기쁨으로 말

씀을 받으나 잠깐 믿다가 곧 믿음에서 떠나는 자를 비유한다. 성경은 그 마음이 바위와 같은 자라 할지라도 말씀을 기쁘게 받고 잠시나마 믿음을 갖는다고 설명한다. 이는 어거스틴이 설명하는 것과 다르다. 어거스틴은 예정되지 않은 자는 자신의 의지로써 믿음을 시작하거나 믿음을 가질 수 없다고 말하였다. 하지만 성경은 이처럼 유기된 자들도 기쁘게 말씀을 받고 믿음을 시작하고 있다고 말한다. 그들은 어떻게 믿음을 시작하는가. 말씀이 그들에게 기쁨을 주었기 때문이다. 그들은 말씀을 듣고 기뻐했고 그 자리에서 복음을 믿고 따랐다. 이는 유기된 자들이라 할지라도 얼마든지 믿음을 시작하거나 그만둘 수 있다는 사실을 뜻한다. 물론 어거스틴도 믿는 자들이 믿음에서 떠나거나 배도할 수 있다는 사실을 알고 있었고 이렇게 믿음에서 떠난 자들은 예정되지 않은 자라고 말하기도 하였다.

그러나 어거스틴은 어떻게 예정되지 않은 자가 믿음을 시작할 수 있었는가에 대하여는 설명하지 않았다. 성경적으로나 경험적으로 볼 때 분명히 믿음을 시작했다가 믿음을 버리는 자들이 많이 있음에도 어거스틴은 이에 대해 전혀 언급하지 않고 있다. 그렇다면 예정된 자만 믿음을 시작할 수 있다는 자신의 주장이 틀린 것이 되는데도 어거스틴은 이에 대한 어떤 변명도 하지 않았다.

이에 대한 변명은 후에 칼빈에 의해 제시되었다. 칼빈은 믿음을 시작한 자들이 다 예정된 것이 아니라 오직 유효한 부르심을 입은 자들만이 예정된 자라고 말하였다.[54] 끝까지 믿음을 지키지 않거나 믿는다고 할지라도 구원을 받지 못하는 자들은 그들이 유효하지 못한 부르심을 받았기 때문이라고 하였다. 이러한 칼빈의 변명이 그

---

54) 존 칼빈. 〈기독교강요 중〉. 김종흡외 공역. 생명의 말씀사. 1986. p570.

렇다 치더라도 결국 유기된 자들도 얼마든지 믿음을 시작한다는 사실은 분명하지 않은가.

결국 어거스틴이나 칼빈은 유기된 자들도 믿음을 시작한다는 사실은 부정하지 못한 셈이다. 유기된 자들도 믿음을 시작할 수 있다는 것은 상식적인 사실이다. 믿고 안 믿고는 각각의 자유에 속해 있으며 믿다가 떠나는 일들도 비일비재하다. 때문에 믿음을 시작했다고 해서 그가 예정된 자요 영원한 구원을 보장받은 자라고 생각하는 것은 유치한 생각이다. 그는 이제부터 해야 할 일이 많고 갈 길도 멀다. 그 길을 제대로 가지 않거나 생명의 좁은 문으로 들어가지 않으면 그는 멸망할 수 있다. 여기 바위의 마음을 가진 자들이 그런 자들이다. 그들은 말씀을 받고 믿음을 시작했지만 받은 말씀이 뿌리를 내리지 못하였다. 그래서 시험이나 환난을 받으니 금새 낙담하여 믿음을 버렸다.

현실적으로도 믿다가 떠나는 자들은 얼마든지 있다. 많은 은사와 말씀을 경험하여 뜨겁게 믿다가 믿음을 떠나는 자도 있고, 평생 잘 믿다가 죽기 전에 믿음을 버리는 자들도 있다. 사람은 얼마든지 믿다가 믿음을 버릴 수 있다. 이런 믿음은 약하고 어려서 믿음의 싹은 있어도 온전한 믿음에 이르지 못한 믿음이기 때문이다.

셋째로 가시떨기에 떨어진 씨가 있다. 이는 믿음을 시작할 뿐만 아니라 계속하여 말씀을 듣는 자들을 비유한다. 이들은 중간에 믿음을 떠나거나 넘어진 자들이 아니다. 이들은 계속하여 말씀을 청취하고 가끔씩 깨닫기도 한다. 믿음의 뿌리도 내리고 무성한 잎들도 자라는 자들이다. 그런데 이들의 결정적인 문제는 열매를 맺지 못한다는 것이다. 이들은 계속해서 믿기는 하나 이생의 염려와 재리와 일락에 걸려 온전히 결실치 못한다. 무얼 먹을까 무얼 마실까

염려하며 사업 걱정에 돈 걱정에 분주하여 깊은 믿음에 들어가지 못한다. 혹은 사업이 잘되고 복을 받기 위하여 믿고 기도하지만 그렇다고 받은 복을 받는 것도 아니다.

그래도 이런 자들은 늘 믿음을 갖고 산다. 한편으론 이생의 삶을 걱정하지만 다른 한편으로는 믿음의 일들도 버리지 않는다. 하지만 이들에게는 신의 성품에 참여하여(벧후1:4) 하늘의 열매를 맺는 온전한 믿음이 없다. 평생 믿기는 믿으나 결국 성령의 열매는 맺지 못하는 신자들이다. 영적으로 헐벗고 굶주려 비쩍 마른 자들이며 미지근한 믿음을 가진 자들이다. 이들은 어중간한 자들이다. 믿음을 버린 자는 아니지만 그렇다고 온전히 믿는 자도 아니다.

마치 계시록의 라오디게아 교인들처럼 적당하게 믿고 있는 자들이다. 주님께서는 이런 자들에게 "네가 차지도 더웁지도 아니하니 너를 토하여 내치리라"(계3:16)고 경고하신다. 이런 자들은 끝내 구원에서 떨어진다. 한 달란트 은혜는 받았으나 받은 달란트를 남기지 못하여 바깥 어두운데로 쫓겨난 종처럼 받은 말씀으로 열매를 남기지 못하므로 천국문 앞에서 쫓겨나고 만다.

마지막 네 번째로 좋은 땅에 떨어진 씨가 있다. 이는 말씀을 듣고 지키어 인내로 결실하는 자들을 비유한다. 누가는 이들을 이렇게 설명한다. "좋은 땅에 있다는 것은 착하고 좋은 마음으로 말씀을 듣고 지키어 인내로 결실하는 자니라"(눅8:15)

이들은 말씀을 듣기만 하는 자들이 아니다. 이들은 말씀을 듣고 지키는 자들이다. 듣고 지키며 또한 인내한다고 한다. 이들은 결코 믿음과 행위가 분리된 자들이 아니라 믿음과 행위가 하나된 자들이다. 믿음과 행위가 일치된 온전한 믿음이 있기 때문에 인내하며 결실한다. 믿음의 시작에서부터 믿음의 목적지에 이르러 그 믿음의 온전함으로 열매를 맺는다. 이런 자들이야말로 구원의 목적을 성취하고 완성하는 자들이다. 믿음으로 결실하여 그리스도의 장성한 분량에 이르러 창조의 목적을 이루는 자들이다. 하나님은 이런 자들만 천국 곳간에 들이신다. 창조의 목적, 구원의 목적, 믿음의 목적에 이르러 그것을 성취하고 완성하는 자들만 하늘의 후사로 세우신다. 이것이 성경의 진리이다.

그런데 이들은 어떻게 하늘의 열매를 맺을 수 있었을까. 어떻게 온전하고 신령한 믿음에까지 이르렀을까. 그 비결은 그들이 좋은 땅이었다는 점에 있다. 그들은 착하고 좋은 마음 밭을 가진 자들이었다. 이들은 바위 같은 굳은 마음을 갖거나 가시떨기 같은 혼잡한 마음을 갖지 않았다. 이들은 착하고 좋은 마음, 천국의 마음, 예수의 마음을 가진 자들이다.

그러면 어떤 사람이 이런 마음을 가질 수 있는가? 사람으로서는 이런 마음을 가질 수 없다. 이런 마음은 온전히 거듭난 자, 성령을 통해 깊이 거듭난 자만이 가질 수 있다. 많은 사람들이 믿기만 하면 거듭나고 하나님의 자녀가 되는 줄 알고 있지만 실제로는 진정한 거듭남을 체험하지 못하고 있다. 만일 그들이 진정으로 거듭났다면 그들은 반드시 착하고 좋은 마음, 예수의 마음을 갖게 된다. 그래서 온전한 열매를 맺는 마음이 될 수 있다.

신자는 믿음의 초기부터 이런 마음을 갖는 것이 아니다. 믿자마자 바로 온전하게 거듭난 마음을 갖고 온전한 믿음을 행사하여 열매를 맺는 것이 아니다. 이런 마음을 갖게 된 것은 그가 말씀을 배우고 성장하는 과정을 거쳤기 때문이다. 주님께서 말씀하신대로 주님께 순종하여 배웠기 때문이다. 주께서는 이렇게 말씀하셨다.

수고하고 무거운 짐진 자들아 다 내게로 오라 내가 너희를 쉬
게 하리라 나는 마음이 온유하고 겸손하니 나의 멍에를 메고 내
게 배우라 그러면 너희 마음이 쉼을 얻으리니 이는 내 멍에는 쉽
고 내 짐은 가벼움이라(마11:28-30)

주님은 먼저 수고하고 무거운 짐진 자들에게 "다 오라"고 말씀하
셨다. 그러면 너희를 쉬게 하리라고 하신다. 다음으로 "내게 배우
라"고 말씀하신다. 그러면 너희 마음이 쉼을 얻으리라 하신다.

그런데 여기 "다 오라"에서 주시는 쉼과 "내게 배우라"에서 주는
쉼은 그 의미가 다르다. 앞에서 주는 쉼은 누구든지 오기만 하면 그
즉시로 받는 쉼이다. 이 쉼은 죄의 짐을 벗는 쉼이다. 수고하고 고
통스러운 땅의 짐을 벗는 쉼이요, 태초의 아담의 무죄한 상태처럼
회복되는 쉼이다. 믿음의 시작에서 받는 쉼이요 누구든지 회개만
하면 받을 수 있는 칭의의 쉼이다. 그러나 뒤에서 주는 쉼은 누구에
게나 주는 쉼도 아니요 즉시로 주는 쉼이 아니다. 이 쉼은 주님께
배워야만 받는 쉼이다. 특히 주님의 멍에를 메고 배워야 받는 쉼이
다. 주님은 "나의 멍에를 메고 내게 배우라"고 말씀하신다. 그래야
배움을 통한 쉼을 주신다고 한다.

주님의 멍에는 순종의 멍에요 자기 부인의 십자가의 멍에이다.
주님께 나온 자는 반드시 이 멍에를 메고 주님께 배워야 한다. 멍에
를 메고 지는 법을 배우며 주님과 함께 한 멍에를 지고 밭을 가는
법을 배워야 한다. 밭을 갈아 착하고 좋은 밭으로 만들어야 한다.
그러면 "너희 마음이 쉼을 얻으리라"고 말씀하신다.

멍에를 메고 배우는 일은 구원을 시작하는 일이 아니라 구원을
완성하는 과정이다. 창조를 회복하는 일이 아니요 창조를 완성하는

과정이다. 믿음의 초보에 대한 일이 아니요 장성하고 신령한 믿음을 배우고 성장하는 일이다. 배우는 일은 성장과 완성을 위한 일이요, 성화와 거룩한 열매를 맺기 위한 일이다. 이 배우는 일을 잘 배워야 한다. 그래야만 주님의 마음을 배우고 주님을 마음을 닮을 수 있다. 주님의 멍에를 지면서 주님과 하나되어 함께 밭을 갈아 옥토로 만들고 육십배, 백배의 수확을 거둘 수 있다. 이렇게 온전히 배운 자들에게 주님은 두 번째 쉼을 주신다.

주님은 "내게 배우라 그러면 너희 마음이 쉼을 얻으리라"고 말씀하셨는데 여기서의 '마음'이라는 단어는 적절한 해석이 아니다. 여기서의 마음은 'mind' 혹은 'heart'를 의미하는 것이 아니다. 원어를 보면 '푸쉬케' 즉 목숨과 생명을 뜻한다. 주님은 배우는 자에게 목숨의 쉼을 주신다는 것을 의미한다. 육체의 낮은 생명, 죽음에 이를 수 밖에 없는 목숨에게 영원한 영생의 쉼을 주시겠다는 것을 의미한다. 주님께 나오기만 하는 자는 이 목숨의 쉼을 얻지 못한다. 그는 단지 무거운 짐에 대한 쉼을 얻을 뿐이다. 이 땅의 고생과 죄의 짐에 대해 쉼을 얻는다. 진정한 생명의 쉼은 배우는 자, 순종의 멍에를 메고 배우는 자에게만 주어진다. 그는 주님께 배워 착하고 좋은 마음을 가진 자이며 그 마음으로 말씀을 듣고 지키어 인내로 결실하는 자이기 때문이다.

이렇게 씨 뿌리는 비유에서와 같이 구원이란 시작하고 완성하는 것이며 씨를 뿌리고 결실하는 것이다. 씨를 뿌리는 것은 열매를 얻기 위함이다. 씨만 뿌리는 것은 아무 의미가 없다. 그 씨가 사람들에게 밟히거나 공중의 새가 먹어버리면 무슨 소용이 있겠는가. 혹은 싹이 나온 듯 하다가 타버린다든지 잎은 무성한데 열매가 없다면 아무 쓸모가 없는 것이다. 그런데도 예정론은 믿음의 싹만 나면 마치 그가 예정받은 자요 구원받은 자인양 말하고 있다. 평생 믿었어도 열매가 없어서 구원에서 쫓겨날 터인데도 믿음만 있으면 구원은 잃지 않는다고 주장한다. 믿음을 시작한 자는 이미 선택된 자라는 솔깃한 말로써 믿음만, 은혜만, 칭의만의 구원이 마치 성경의 구원론인 것처럼 수용하게 만든다. 축소되고 분열되고 목적이 유실된 구원론이 마치 정상적인 구원론인양 믿게 만든다. 그저 믿음의 시작만 있어도 구원을 받는다며 축소된 믿음론을 합리화하고 강조하고 있다. 믿음과 행위를 분열하여 이원론의 구원이 되고 만 마르시온의 구원론을 한층 발전시키고 완결하여 그것이 성경의 구원론이라고 강조하고 있다.

9. 예정론에 의한 복음의 분열

예정론은 은총을 분열시킨다

예정론은 축소되고 분열된 구원론을 지지하고 찬성하는 교리이다. 그런데 예정론은 분열된 구원론을 찬동하는데 그치지 않는다. 예정론은 한발 더 나아가 성경의 다른 주제들까지 분열시킨다. 예정론은 먼저 하나님의 은총(은혜)을 분열시킨다. 하나님의 은총을 자연에 속한 '일반 은총'과 구원에 속한 '특별 은총'이라는 두 개의 영역으로 분리한다. 세상 모든 사람들에게 주시는 땅에 속한 일반 은총이 있고 오직 선택된 자에게만 허락하시는 하늘에 속한 특별 은총이 있다고 한다. 이 때 일반 은총은 모든 인류에게 보편적으로 주어지는 은혜지만 특별 은총은 오직 택하신 자에게만 허락하시는 제한된 은총이다. 예정론은 하나님이 모든 사람에게 은총을 준다고 생각지 않는다. 특히 구원은총은 아무에게나 주는 것이 아니며 아무나 받는 것이 아니다. 오직 하나님께 특별한 선택을 입은 자만 받는 제한된 은총이다.

예정론에 의하면 은혜는 모든 사람을 위한 것이 아니며 복음도 모든 사람을 위한 것이 아니다. 심지어 예수님의 보혈도 모든 사람을 위한 것이 아니다. 예수님의 보혈은 단지 특별 은총을 받을 자들만을 위하여 흘린 것이다. 예정론자들은 예수님이 흘리신 보혈의 양은 특별 은총을 받는 자의 수에 일치한다고 한다.[55] 곧 제한된 양만의 피를 흘리셨다고 한다. 이처럼 특별 은총은 은총의 대상이 정해져 있고 하나님은 그 사람들만 사랑하시며 그 사람들만을 위해 주시는 은총이다. 참으로 비밀스럽고 은밀한 은총이다.

예정론은 구원 은총을 특별하게 취급한다. 예정론은 구원 은총이 모든 사람을 위한 것이라고 생각지 않는다. 그것이 소수를 위한 제한적 은총이라고 생각한다. 그래서 구원 은총을 특별 은총으로 구분하고 비밀스럽게 취급한다. 이것이 예정론이 갖는 특성이자 한계이다. 예정론은 구원 은총을 반드시 특별 은총으로 만들어야 한다. 왜냐하면 예정론이라는 말 자체가 이미 특별한 자에게만 은총을 준다는 의미이기 때문이며, 만일 특별 은총이 없다면 예정론이라는 말도 성립할 수 없기 때문이다.

따라서 예정론은 곧 특별 은총론이다. 양자는 의미적으로 같은 말이다. 예정된 자만 특별 은총을 받으며 특별 은총을 받은 자는 곧 예정된 자다. 따라서 예정론은 특별 은총이 없이 홀로 존재할 수 없다. 반드시 특별 은총이 존재해야 예정론도 존재할 수 있다. 이 때문에 예정론은 하나님의 은총을 둘로 나누고 구원 은총을 따로 특화시킨다. 아무나

---

55) 이재명. 〈극단적 칼빈주의의 이해〉. 말씀보존학회. 1996. p225.

받을 수 있는 땅에 속한 일반 은총과 특별한 자만 받을 수 있는 하늘에 속한 특별 은총으로 분열시킨다. 만일 구원 은총이 모든 사람을 위한 일반 은총이 되면 예정론은 스스로 파괴된다. 그래서 예정론은 은총을 두 개의 차원으로 구분하며 하나는 땅에 속한 낮은 은총이요 다른 하나는 하늘에 속한 높은 은총으로 분열시킨다. 예정론은 이렇게 은총을 둘로 분열시키지 않으면 존재할 수 없기에 예정론이 존재하는 한 은총은 언제나 분열된다.

본래 구원 은총은 보편적 은총이다

하지만 성경이 밝히는 구원 은총은 일반적이고 보편적이며 유대인이든 헬라인이든 모든 인간에게 평등한 것이다. 구원 은총은 누구에게나 차별없이 원하는 자는 값없이 받을 수 있도록 만인에게 열려져 있다. 은혜는 받을 자격이 없는 사람이 받을수록 더욱 은혜가 될 수 있다. 죄와 어둠이 넘치는 곳에 그것보다 더욱 넘치는 것이 바로 구원 은총(롬5:20)의 본질이다. 죄인을 부르는 것이 은총이요 하나님이 사랑치 않은 자를 사랑한 자라 부르는 것이 은총이다. 그래서 성경은 "내가 내 백성 아닌 자를 내 백성이라, 사랑치 아니한 자를 사랑한 자라 부르리라"(롬9:25) 하시며 "하나님은 모든 사람이 구원을 받으며 진리를 아는데 이르기를 원하시느니라"(딤전2;4)고 증거한다.

특별 은총은 독단적 은총이다

그러나 예정론은 이런 구원 은총의 보편성, 평등성, 개방성, 무차별성을 무시한다. 예정론은 원하는 자는 누구나 은총을 받는 것이 아니라 오직 비밀스럽게 예정되고 특별히 선택된 자들만이 은총을

받는다고 주장한다. 그것은 은혜가 아니라 편협하고 폐쇄적인 특혜
다. 예정론이 주장하는 구원 은총은 결코 인격적이거나 쌍방적이
될 수 없다. 그 구원 은총은 인간의 의사를 묻지 않으며 거절할 수
도 없는 일방적이고 독단적인 은총이다. 성도 자신도 모르게 초자
연적인 힘에 의해 일방적으로 수용당해야 하며 힘에 의한 폭력성으
로 주어지는 은총이다.

창조 은총과 구원 은총은 일치한다

하나님은 그렇게 비인격적이며 독선적으로 자신의 힘을 행사하
는 분이 아니다. 그분은 모든 인류가 한결같이 회개하고 돌아오기
를 바라는 분이지 이유없이 인간을 차별하거나 파멸시키는 분이 아
니다. 그의 은총은 언제나 인자하고 의로우며 변함없이 선하다. 하
나님의 은총은 그분의 동일한 성품과 사랑에 근거한 것이기에 언제
나 단일하고 한결같은 은총이다. 그분의 은총은 높고 낮은 차원으
로 나누어지지 않는다. 일반 은총을 땅과 육에 속한 것으로 특별 은
총을 하늘과 영에 속한 것으로 나누는 것은 억지이다. 일반 은총과
특별 은총이라는 말은 한편으로는 일리가 있고 성경적인 용어처럼
보이지만 사실은 적절한 용어가 아니다. 일반과 특별이라는 말 자
체가 이미 하나님의 은총을 높고 낮은 은총으로 나누어 버리는 용
어임을 알아야 한다. 일반과 특별이라는 용어는 마치 그런 두 개의
낮고 높은 은총이 존재하는 것처럼 착각하게 만든다. 그래서 일반
은총과 특별 은총의 존재를 기정사실화 하도록 호도한다.

일반 은총과 특별 은총이라는 용어는 성경적인 용어가 아니다.
그것들은 하나님의 은총을 땅의 은총과 하늘의 은총, 육의 은총과
영의 은총, 물질계의 은총과 영계의 은총이 있는 것처럼 은총을 분

열시키고 이원론을 조장하는 용어이다. 따라서 필자는 일반 은총이라는 용어 대신에 창조 은총, 특별 은총이라는 용어 대신에 구원 은총이라는 용어를 사용하려고 한다. 왜냐하면 창조 은총과 구원 은총은 창조와 구원의 관계를 적절히 설명하면서 결국 하나의 의미로 통합하는 은총이기 때문이다.

본래 태초의 창조 안에 내재된 '창조 은총'은 결코 낮은 은총이 아니다. 하나님이 태초에 인간에게 주신 창조 은총은 모든 인류를 위한 것이며 차별이 없이 보편적이고 단일한 은총이다. 창조 은총 안에는 이미 땅과 자연의 은총이 부여되어 있을 뿐아니라 하늘의 영원한 은총도 내포되어 있다. 창조 은총은 땅과 하늘을 포괄하는 은총이며 창조 은총 안에서 인간은 하늘의 영의 존재로 나아갈 수 있었다.

비록 아담이 창조 은총을 거부하고 훼손시켰지만 하나님은 다시 여자의 후손을 통해 '구원 은총'을 약속하며 변함없는 자신의 은총을 지속하셨다. 하나님의 구원 은총은 결코 창조 은총과 분리된 별개의 은총이 아니며 다른 목적을 지향하는 은총도 아니다. 구원 은총은 창조 은총을 대신하는 것이며 창조 은총을 회복하고 완성하기 위한 은총이다. 양자는 동일한 목적을 성취하기 위한 것이다.

구원 은총은 창조 은총과 하나되고 통합되어 하나님의 변함없는 은총을 영광스럽게 증거한다. 창조하실 때나 구원하실 때나 은총은 언제나 한결같으며 하나님은 모든 인류에게 보편적인 사랑의 은총을 부어주심을 증거한다.

그래서 본질적으로 구원 은총과 창조 은총은 동일한 것이며 연속적인 것이다. 양자는 높고 낮음이 구분되지 않으며 일반적인 은총과 특별한 은총으로 분열되지 않는다. 구원 은총은 창조 은총처럼 온 땅과 온 인류를 위해 허락하신 하나님의 보편적이고 차별없는 단일한 은총이다. 단지 구원 은총은 훼손된 창조 은총을 자신 안에서 회복하고 구원 은총과 일치시킬 뿐이다. 마치 구원이 훼손된 창조를 자신 안에서 회복하고 구원에 일치시키는 것과 같다. 또한 예수께서 훼손된 인간을 자신 안에서 회복하고 자신에게 일치시킴과도 같다. 창조 은총과 구원 은총은 근본적으로 하나된 은총이며 한 분 하나님의 사랑에서 나오는 은총으로 서로 격이 같고 모든 인류에게 보편적으로 허락된 단일한 은총이다.

예정론과 은총의 분열은 공생관계이다

그럼에도 불구하고 예정론은 하나님의 단일한 은총을 용인하지 않는다. 예정론의 교리를 합리화하기 위해 은총을 둘로 쪼개고 분열시킨다. 땅에 속한 일반 은총과 하늘에 속한 특별 은총으로 각각 분열시킨다. 일반 은총은 자연과 물질과 육에 속한 낮은 은총이고 특별 은총은 하늘과 영에 속한 특별하고 신령한 은총이라고 주장한다. 창조 은총을 육적인 것으로 폄훼하며 구원 은총을 신령한 것으로 과대하게 높이려 한다.

예정론이란 본래 이런 것이다. 예정론은 절대적으로 보편적이거나 단일한 은총을 허용하지 않는다. 예정론은 자신을 합리화하기 위해서 하나님의 은총을 분열시켜 하나는 영적이고 하나는 육적인 것으로 만들어 버린다. 은총을 이원론의 은총으로 분열시키고 다시 분열된 은총을 통해 예정론이 맞는 논리인 것처럼 지지하게 만드는 것이 예정론의 정체이다. 예정론과 은총의 분열은 서로 공생공멸의 관계에 놓여 있다. 예정론이 존재하려면 하나님의 은총은 반드시 분열되어야 하고, 하나님의 은총이 분열되면 예정론은 더욱 강력한 교리로 위세를 떨친다.

예정론은 하나님의 성품을 분열시킨다

　예정론은 은총을 분열시키는 것에 그치지 않고 계속해서 하나님의 성품까지 분열시킨다. 예정론의 논리대로라면 구원에는 하나님의 의지만이 존재한다. 인간의 의지는 단 0.001%라도 구원에 관여할 수 없고 구원을 원할 수 없는 정도로 부패되어 있다. 따라서 인간이 구원을 받느냐 못 받느냐의 여부는 오직 하나님의 의지만이 단독으로 결정한다. 예정론에 따르면 인간은 창세 전 존재하기 전부터 택함받은 자와 버림받은 자로 분열되어 있었고 그 수는 고정되어 있다. 그렇다면 선택되고 버림받는 원인은 무엇인가. 어거스틴은 그 이유는 비밀스럽게 감추신 신비이므로 그것을 알려고 것은 옳지 않다고 대답하고 있다.[56]

　어거스틴은 인간이 사랑과 저주의 존재로 분리되는 근본적인 원인이 오직 예정의 신비에 있다고 한다. 인간은 하나님이 어떤 자를 택하고 버리시는지에 대해 그 이유를 알 수 없다. 택함을 입고 사랑을 받는 유일한 이유는 하나님의 의지뿐이다. 사랑받는 자는 단지 하나님이 사랑하기로 정하셨기에 사랑받는 것이지 그 외에 다른 이유를 찾을 수 없다.

　이 점은 저주된 자에게도 마찬가지이다. 그가 저주된 이유는 무엇인가. 그는 태어나지도 않았고 존재의 의식조차 없는 상태에서 버림을 받았다. 유기된 자가 유기된 이유도 하나님의 의지 뿐이다. 그는 태어나서 어떤 일을 해서 저주받는 것이 아니라 창세 전부터 저주받고 있었다. 그는 하나님의 사랑과 은총을 받을 수도 있었지

---

56) 필립샤프. 〈어거스틴의 은총론4〉. 차종순 역. 한국장로교출판사. 1996. p398

만 결국 저주를 받는다.

인간은 하나님이 왜 이렇게 행하시는지 이유를 알지 못한다. 왜 무조건 사랑하며 왜 무조건 저주하는지 모르고, 이유를 알려고 해서도 안되며, 그나마 알 수 있는 것은 모든 것이 '하나님의 영광을 위하여' 행해진다는 것인데 그러면 하나님은 자신의 영광을 위해 그 많은 생명들을 지옥불에 집어 넣으신다는 말인가.

예정론에 따르면 택함과 유기, 사랑과 저주의 원인은 오직 하나님의 주권에 있다. 예정론에 의해 하나님은 아무 이유도 없이 자신이 만든 피조물을 창세 전부터 저주하고 심판하는 하나님과, 어떤 죄에도 불구하고 모든 것을 용서하고 사랑하는 하나님으로 분열된다. 예정론 때문에 하나님의 품성은 두 가지로 분리된다.

예정론의 논리대로라면 태초부터 하나님은 두 가지로 분열된 성품을 가진 하나님이다. 하나님은 선하기도 하지만 동시에 악하기도 해야 한다. 예정론의 하나님은 과연 선한 하나님인지 악한 하나님인지 혼란스럽다. 아무 이유없이 인간에 대한 사랑과 저주를 동시에 갖고 계신 하나님은 도대체 선한 하나님인가 악한 하나님인가. 아무 이유없이 사랑하며 동시에 저주하시는 하나님은 사랑의 하나님인가. 저주의 하나님인가. 어떠한 죄에도 불구하고 이유없이 은총을 입은 자들에게는 사랑의 하나님일지 몰라도, 영원한 유기로 저주받은 자들에게는 저주의 하나님이 되지 않겠는가.

이런 하나님은 성경의 하나님이 아니다. 이것은 예정론의 의해 성품이 분열된 하나님일 뿐이다. 근원적으로 이유를 알 수 없는 가운데 영구적으로 대립하는 두 성품을 가진 이원론의 하나님일 뿐이다. 하나님의 존재를 둘로 쪼개어 사랑의 하나님과 저주의 하나님으로 분열시킨 예정론의 하나님일 뿐이다.

저 옛날 영지주의는 하나님의 존재를 분열시켰지만 예정론은 하나님의 존재를 분열시키는 대신 하나님의 성품을 분열시킨다. 하나님을 두 인격성을 가진 하나님으로 분열시켜 한 쪽은 무조건 영원히 사랑하는 하나님으로 다른 쪽은 무조건 영원히 저주하는 이중성품의 하나님으로 만든다.

예정론에 의한 심판은 불의하다

예정론 때문에 하나님은 공의의 하나님이 되지 못한다. 인간이 존재하기도 전에 유기할 자들을 예정하고 창조하셨으니 하나님의 창조는 선하다고만 볼 수 없다. 그리고 유기된 자들은 아무리 복음을 들어도 믿을 수 없도록 태어났으니 그들에게 복음은 불필요한 것이다. 복음은 오히려 더 큰 정죄의 올가미로 작용하고 만다. 이렇게 태초부터 유기되고, 유기된 자들은 복음을 들어도 믿을 수 없는 상태로 태어나며, 거기다가 믿지 않았다는 이유로 심판과 저주를 받으니 이런 심판이 의로울 수 있겠는가. 인간의 법에서도 강제받은 의지에 대하여는 심판을 받지 않는 것이 상례인데, 믿지 못하게 예정해 놓고서 왜 믿지 않았냐고 저주하니, 이런 심판은 인간의 심판보다 못하지 않은가? 따라서 예정론에 있어서 하나님의 심판은 공의를 나타내기 어렵다. 왜냐하면 심판의 근본 원인이 하나님 자신에게 있기 때문이다. 심판의 원인은 아무 이유없이 저주받도록 결정해 놓고 창조한 그 저주의 마음에 있을 뿐이다.

그럼에도 불구하고 굳이 인간을 심판하려면 하나님의 인격성은 이중인격이 되어야 한다. 한 쪽은 까닭없는 사랑만이 가득하고 다른 쪽은 까닭없이 저주와 미움이 가득한 두 인격의 하나님으로 분열되어야 하며 그래야만 예정론에 의한 심판은 성립될 수 있다. 본래 저주의 성품을 가진 하나님이 저주하고 심판한다는데 힘없는 인간이 무슨 할 말이 있겠는가.

그러나 어느 불경한 자가 하나님을 본래 저주의 하나님이라 할 것이며 두 인격을 가진 하나님이라 할 것인가. 한 입으로 찬송과 저주를 동시에 하지 못하듯이 하나님이 동시에 두 인격을 갖는 것은 불가능하다. 더구나 서로 극단성을 갖는 성품을 동시적으로 드러낸다는 것은 분열된 이중인격이 아니고서는 성립되지 않는다. 그런데도 예정론은 사랑과 저주의 두 마음이 하나님의 주권과 의지에 의한 것이라고 주장하니 예정론은 기어이 하나님의 성품을 분열시키고야 만다.

예정론은 은총을 분열시킬 때와 같은 방식으로 하나님의 성품을 분열시킨다. 은총을 둘로 분열시켜야 예정론이 존재할 수 있었듯이 하나님의 성품도 이원론으로 분열시켜야만 자신이 존재할 수 있기에 그렇다. 예정론은 선한 하나님과 악한 하나님이라는 이원론의 하나님을 필요로 한다. 이유없이 사랑하고 이유없이 저주하는 두 하나님이 있어야 한다. 그렇지 않으면 예정론은 존재할 수 없다.

예정론과 이유없는 사랑도 그렇지만 예정론과 이유없는 저주 역시 서로 상통한다. 양자는 긴밀하게 관련되어 있다. 이유없는 저주의 원인은 예정론에 있고 예정론은 이유없이 저주하는 하나님이 있어야 성립한다. 만일 하나님이 단일한 성품이라면 예정론은 존재하지 못한다. 그럴 경우 창세 전부터 모든 인간을 둘로 나누어 한 쪽은 사랑하고 한 쪽은 저주하였다는 예정론의 핵심 논리는 거짓이 되기 때문이다.

예정은 있어도 예정론은 없다

　만일 성경이 증거하는 하나님이 진정한 하나님이라면 그 분은 반드시 한 성품의 하나님이고 사랑의 하나님이어야 한다. 그리고 사랑의 하나님은 선한 하나님이며 악한 일을 계획치 않는 하나님이셔야 한다. 선한 하나님에게 선한 계획이나 선한 예정은 얼마든지 성립할 수 있다. 인간 몰래 깜짝 놀랄만한 좋은 선물을 예정하실 수도 있고 선한 선물을 인간에게 일방적으로 안길 수도 있다. 그것은 사랑의 선물이기에 인간에게 부담은 될지 몰라도 해가 되거나 악이 되지는 않는다. 하지만 악한 계획이나 악한 예정은 문제가 다르다. 만일 인간 몰래 공포스런 악한 선물을 예정하거나 악한 선물을 일방적으로 주게 되면 그 때문에 인간을 화를 당하고 파멸에 이를 수도 있다. 따라서 하나님은 인간에게 악한 계획이나 예정을 갖지 않으신다. 그것은 인간을 파괴할 뿐만아니라 하나님의 사랑의 성품과 맞지 않으며 사랑의 성품을 파괴하기 때문이다.

　하나님이 좋지 않은 계획을 하실 때에는 그 이유가 인간에게 있기 때문이다. 아무리 사랑의 선물을 주어도 인간이 그것을 파괴하고 끊임없이 하나님을 대적한다면 인간은 그에 상응하는 화를 당할 것이고 끝까지 거역할 경우 파멸에 이를 수 있다. 이렇게 되면 하나님은 사랑의 하나님이시며 동시에 공의의 하나님이 되실 수 있다. 사랑을 거역하고 악하게 대하는 인간들에 대하여 공의의 심판을 행하실 수 있고 또한 공의를 행하셔야 한다.

　물론 성경이 예정 자체를 부정하지는 않는다. 성경에는 예정이란 단어가 있고 하나님은 창세 전부터 예정을 갖고 계시다. 하지만 어거스틴이 말하는 그런 예정은 아니다. 어거스틴이 말하는 예정은 각 개인들에 대해 영원한 저주와 사랑을 동시에 예정한 것을 말한다. 성경은 이런 예정론을 말하지 않는다. 성경은 각 개인들에 대한 저주와 사랑의 예정을 말하는 것이 아니라 구원의 방법으로써의 예정이 있음을 말한다. 구원자로서 그리스도가 예정되어 있고 구원의 과정이 예정되어 있음을 말한다.

따라서 예정과 예정론은 의미가 다르다. 성경이 말하고 있는 예정은 구원의 방법에 대한 예정을 말한다. 창조 안에서 인간이 하나님을 거역할지라도 구원의 길과 구원의 주님이 예정되어 있음을 말한다. 반면에 예정론은 각 개인이 운명적으로 저주와 사랑에 처해 있음을 주장한다. 이런 예정론은 성경에 없다. 성경은 예정을 말하고 있지만 예정론을 말하지는 않는다.

예정론을 주장하게 되면 하나님은 아무 이유없이 악한 일을 예정하는 하나님이 되며 자신의 선함을 파괴하고 사랑을 파괴하는 하나님이 되고 만다. 이것은 불가능한 일이다. 하나님이 선한 하나님이시면 악한 일은 계획되거나 예정될 수 없다. 혹시 인간이 스스로의 잘못으로 마땅히 파멸되어야 할 예정에 놓였을지라도 하나님은 예정대로만 가차없이 행하시는 분이 아니시다. 아무리 멸망으로 예정되었다 할지라도 은혜의 여지를 주시고 회개의 기회를 주시는 분이 하나님이시다. 하나님은 사랑의 하나님이며 공의의 하나님이시기에 그렇다. 이런 하나님을 부인하고 어떤 구원의 은혜나 회개의 기회도 허락지 않고 영원히 저주한다고 주장하는 예정론은 참으로 어리석은 주장이다.

예정론은 인간을 분열시킨다

예정론은 하나님의 성품을 분열시키는 것도 모자라 인간마저 분열시킨다. 인간은 창세 전의 예정 때문에 근본적으로 영에 속한 자와 육에 속한 자로 분열된다. 인간은 태생적으로 빛에 속한 자와 어둠에 속한 자로 나뉘어 출생하며 그 정해진 운명에 묶여 살다가 자신들의 예정된 종말로 돌아간다. 이 예정은 근원적이며 영구적이다. 이 예정은 어떤 경우에도 바뀌지 않으며 바뀔 수 있는 어떤 기회도 주어지지 않고 기회가 있다고 해서 바뀌는 것도 아니다. 이것이야말로 완전한 이원론에 의한 인간론이다. 원초적으로 빛에 속한 자와 어둠에 속한 자, 택자와 유기자로 분열되어 어떠한 회개의 기회도 없는 상태에서 그 분열이 영구적으로 지속되는 인간론은 성경과 상관없는 영지주의의 인간론이다.

앞서 밝힌 어거스틴의 천사창조론에 의하면 인간은 빛과 어둠의 분리 곧 선한 천사와 악한 천사의 분리를 따라 빛에 속한 인간과 어둠에 속한 인간으로 분리된다. 그리고 역사란 빛에 속한 인간과 어둠에 속한 인간을 분리하는 과정이라고 한다. 그런데 이런 인간론과 역사관은 마니교에서 주장하는 것과 같은 것이다. 마니교는 영지주의의 영향을 받아 이 세계가 원초적으로 빛과 어둠의 왕국으로 대립하고 있었다고 본다. 두 왕국의 대립 때문에 어둠에 속한 가인 같은 인간과 빛에 속한 셋과 같은 인간이 나타났으며[57] 역사의 목적은 빛에 속한 인간과 어둠에 속한 인간이 완전히 분리되는 것이라고 가르친다.[58] 이러한 해석들은 어거스틴이 천사창조론에서 해석한 관점과 동일한 것이다. 어거스틴은 그 자신이 9년 동안 몸 담았던 마니교에서 배운 인간론과 역사관은 그대로 기독교의 인간론과 역사관에 적용시켰던 것이다. 그리하여 하나님의 구원과정을 단지 빛에 속한 택자와 어둠에 속한 유기자를 분리하는 이원론의 과정으로 해석하는 우를 범하였다.

---

57) 필립샤프. 〈교회사전집2〉. 이길상 역. 크리스천다이제스트. 2005. p469.
58) 앞의 책. p470.

 사탄의창조론

그러나 하나님은 빛에 속한 자와 어둠에 속한 자로 영구 분리하지 않으시며 악인이라 할지라도 그의 죽는 것을 기뻐하지 않으신다. "주 여호와가 말하노라 내가 어찌 악인의 죽는 것을 조금인들 기뻐하랴 그가 돌이켜 그 길에서 떠나서 사는 것을 어찌 기뻐하지 아니하겠느냐"(겔13:23)고 하신다.

또한 빛에 속한 의인이라 할지라도 의에서 떠나면 죽을 것이라고 경고한다. "만일 의인이 돌이켜 그 의에서 떠나서 범죄하고 악인의 행하는 모든 가증한 일대로 행하면 살겠느냐 그 행한 의로운 일은 하나도 기억함이 되지 아니하리니 그가 그 범한 허물과 그 지은 죄로 인하여 죽으리라"(겔18:24)고 하신다.

하나님은 멸망받을 악인에게도 회개하라고 명하신다. 죄악으로 패망할 이스라엘에게도 "이스라엘 족속아 내가 너희 각 사람의 행한 대로 국문할지라 너희는 돌이켜 회개하고 모든 죄에서 떠날 지어다 그리한즉 죄악이 너희를 패망케 아니하리라"(겔18:30)며 회개를 촉구하신다. 바울도 "알지 못하던 시대에는 하나님이 허물치 아니하셨거니와 이제는 어디든지 사람을 다 명하사 회개하라"(행17:30)고 증거한다. 참으로 하나님은 죄인을 영원히 저주하지 않으며 속히 회개하고 돌아오기를 원하시는 하나님이다.

하나님의 진심은 아무도 멸망치 않고 온 인류가 다 회개하고 은혜를 받는 것이다. 그래서 온 인류를 위해 그리스도를 내어 주셨고 그 피값으로 인류의 죄를 사해 주셨다. 그리스도의 보혈은 예정된 자의 죄만을 위해 흘린 것이 아니라 모든 인류의 죄를 위해 흘린 것이다. 그 보혈의 대속을 믿는 자는 은혜를 받을 것이요 믿지 않는 자는 은혜를 받지 못한다.

그러나 예정론에 의한 하나님은 어떤 경우에도 창세 전에 확정된 예정을 바꾸지 않으며 오직 선택된 자들에게만 은혜를 주신다. 선택된 자들에게는 지극정성으로 모든 사랑과 관심을 쏟아 붓지만 유기된 자들은 어떠한 경우에도 거들떠 보지도 않고 맹렬한 심판만을 퍼붓는다. 예정론에서의 하나님은 철저하게 이중적인 얼굴을 드러낸다. 하나님의 이중적인 얼굴에 따라 이중으로 분열된 인간들이 나타난다. 태초부터 영원까지 하나님의 저주의 얼굴만 쳐다보는 멸망의 인간들이 존재하고 혹은 그 반대의 인간들이 존재한다. 이렇듯 예정론은 인간을 철저하게 두 종류로 분리하여 이원론의 인간론으로 분열시킨다. 그렇지 않으면 예정론은 성립하지 못한다.

예정론은 세계관을 분열시킨다

예정론은 세계관도 분열시킨다. 본래 성경의 창조론에 의하면 이 세계는 인간이 성장하고 완성되는 무대이다. 첫 창조를 완성한 후 둘째 창조를 완성하도록 시간과 공간을 제공하는 것이 세계이다. 또한 구원이 창조를 회복하고 완성할 수 있도록 시간과 공간을 제공하는 것이 세계이다. 그래서 세계 안에서 인간은 실패와 죄를 경험하지만 또한 그것을 극복할 수 있는 용서와 은혜를 받으며 나아가 훈련과 연단, 성장의 과정을 통하여 구원의 목적을 성취한다. 세계의 의미와 본질은 바로 여기에 있다.

인간이 하나님의 말씀 안에서 회복되고 양육되어 더 높은 단계로 완성되는 것, 그래서 창조를 완성하고 구원을 완성하는 것, 이것이야말로 세계와 역사의 존재 이유이다. 세계와 현실은 성도를 연단하고 완성시켜 죄를 이기게 만들고 그리스도의 충만한 분량을 채우게 만드는 '영적 훈련장' 이 되는 것이다.

예정론은 이러한 세계의 의미마저 분열시킨다. 예정론에 의하면 구원이란 과정이나 훈련을 통해서 완성되는 것이 아니라 '믿음의 시작'에서 단숨에 비약하는 것이다. 구원을 얻기 위해 인간은 해야 할 일이나 할 수 있는 일이 없으며 해서도 안된다. 구원은 하나님의 의지에 의해 타의적으로 주어지고 결정된다.

그래서 예정론에 의하면 세계는 단지 택자와 유기자를 분리하는 무대에 지나지 않는다. 그것도 순간적인 은혜를 통해 비약적으로 구원을 받는 단순분리의 무대이다. 구원을 얻는 자는 자신이 어떤 이유로, 언제, 어떻게 구원받는지도 모르고 과정과 이유가 생략된 초자연적인 구원을 받는다. 예정론에서의 구원은 완전한 신적인 역사이지 인간이나 세계가 참여할 부분이 없다. 오직 신의 은혜로 인한 신비하고 초월적인 구원만이 있을 뿐이다.

이 때 세계의 역할은 단순무대에 지나지 않는다. 세계는 굳이 인간을 훈련하고 양육하는 무대가 될 필요가 없다. 성장이라는 과정이 없어도 예정된 구원이 순식간에 이루어지기 때문이다. 그래서 예정론의 구원은 완전히 영적이며 초월적이고 비현실적이다. 마치 이원론의 세계관처럼 세계를 초월하고 세계와 분리된 영적 신비의 과정으로만 구원을 이룬다.

예정론에서 구원과 세계는 분열되어 있다. 구원은 초자연적인 영역에 속하고 세계는 자연의 영역에 속한 것으로 분열된다. 세계와 그에 속한 문화는 육적인 것이요, 구원과 무관한 것이며, 구원과 관련될 수도 없는 땅의 것으로 폄하된다. 땅의 모든 것들, 사회, 문화, 현실의 모든 것이 구원받는 것과 아무 관련이 없고 관련될 수도 없는 것이 된다. 이러한 구원론은 이 세계가 갖는 의미와 역할을 무시한다. 구원은 오직 초월적인 은혜와 능력으로 주어지는 세계초월의 구원이 되기에 세계로부터 분열된다. 이러한 구원은 삶의 모든 부분들과도 분열되기 쉽다. 삶과 문화의 모든 영역들이 구원과 관련되지 못하고 분리된다. 성도의 구원은 교회와 영에 속한 거룩한 일이지만 성도 개인의 삶은 세상과 육에 속한 것으로 분리된다. 세계와 문화와 현실에 속한 모든 것은 구원과 상관없는 일이요 불타고 사라질 땅의 속한 일로 분리된다. 이것은 구원은 거룩하고 세계는 세속적이라는 성속의 이원론으로 분열된 세계관이다.

이레니우스의 관점에 의하면 구원과 세계는 분리될 수 없다. 구원과 삶도 분리될 수 없다. 구원은 반드시 성도의 삶과 인격을 회복하고 거룩하게 완성한다. 성도의 인격을 신적 성품의 열매로 채우는 것이 구원이 하는 일이다. 그래서 구원과 삶이 분리되는 것은 있을 수 없는 일이다. 양자는 서로를 필요로 하며 서로를 완성해야 한다. 둘 중에 하나가 결여되면 구원은 구원이 되지 못하고 삶은 실패된다. 이레니우스의 관점에서 구원과 인간의 삶은 반드시 하나가 된다. 둘 다 거룩해야 하며 둘 다 완성되어야 한다.

반면에 예정론에서는 구원이 굳이 삶을 완성하지 않아도 된다. 삶과 인격이야 어떠하든 구원 여부는 삶의 상태와 무관하며 아무리 타락했더라도 믿음을 배반하지 않는 이상 구원받은 사실은 변치 않으므로 성도의 인격은 굳이 거룩한 구원에 일치하지 않아도 된다. 한 마디로 대충 살아도 구원만은 받을 수 있으니 얼마나 안심이랴. 굳이 어렵고 힘든 성화의 과정 걷지 않아도 구원이 보장되어 있고 설령 삶의 열매가 없다 하더라도 그저 하늘에서 받을 상급이 조금 줄어들 뿐이니 그리 두려울 것도 없다.

그러나 이런 구원관은 성도가 세계 안에 존재하는 근본적인 목적을 파괴하는 구원관이다. 성도가 세상에서 훈련과 연단을 받아 거룩한 열매를 맺는 구원의 핵심 과정을 파괴한다. 성도가 걸어야 할 구원의 과정을 도외시하게 만들어 구원에 이르는 일을 실패하게 한다. 끝내는 구원의 초보에 머물러 광야 길에서 쓰러진 출애굽의 백성들처럼 가나안의 안식에 들어가지 못하게 만들 것이다.

복음의 외적 분열과 내적 분열

이제 예정론의 위험성이 무엇인지 알아야 한다. 예정론은 '믿음만의 구원' 즉 내적으로 분열되고 축소된 구원론을 합리화하는 교리이다. 이 축소된 '믿음만의 구원'의 원조는 단연 마르시온이다. 마르시온이 부르짖은 '믿음만의 구원'은 믿음과 행위가 내적으로 분열된 이원론의 구원이었다.

마르시온은 한 마디로 말해 기독교를 외적(外的)으로 분열시킨 자이다. 그는 하나님을 외적으로 분열시켜 지고의 신과 물질의 신으로 분열시켰고, 성경을 외적으로 파괴하여 신약과 구약으로 분열시켰다. 기독교 전체를 두 동강 내어 창조와 구원을 분열시켰고 이어서 복음과 율법으로 분열시켰다.

마르시온의 외적 분열은 급기야 복음 안으로까지 파고 들었다. 그는 믿음과 행위의 관계를 분열키기고 행위를 폐기함으로써 믿음의 내부를 분열시키기에 이르렀다. 그는 기독교 안에 이원론의 독소를 유입하여 밖으로부터 안으로의 분열을 획책한 자였고 최종적으로 믿음의 분열까지 이르러 '믿음만의 구원'이라는 분열된 구원론까지 만든 자였다.

마르시온과 어거스틴은 '믿음만의 구원'이라는 교차로에서 마주쳤다. 둘 다 믿음의 본질을 내적으로 분열시키고 축소된 구원론을 주장하는 위치에서 조우하였다. 물론 이들의 출발점을 각기 달랐다. 마르시온은 이원론에서 출발하여 행위(육)를 제거하고 믿음(영)

만으로 구원을 얻는다는 '믿음만의 구원'이 이르렀다. 어거스틴은 기독교 안에서 출발하였고 터툴리안과 서방신학의 기초에서 출발하였다. 그러나 터툴리안이 가르친 창조론은 이미 내적으로 분열된 창조론이었다. 창조의 시작과 목적이 분열되고 목적이 제게된 상태의 축소된 창조론이다. 터툴리안의 구원론도 마찬가지이다. 터툴리안에게 구원이란 축소된 창조론에 일치하는 것으로써 죄의 채무를 해결하는 것이 구원의 핵심이다. 이러한 구원론도 이미 내적으로 분열된 구원론에 불과하다. 구원의 시작과 목적이 분열되고 목적이 제거된 축소된 구원론이다.

그렇다면 어거스틴의 출발점은 분명하다. 어거스틴은 내적으로 분열되고 축소된 창조론과 구원론을 갖고 출발한 것이다. 축소된 창조론과 구원론에 의한 믿음을 갖고 시작하여 결국 '믿음만의 구원'이라는 분열·축소된 믿음론에서 마르시온과 겹친 것이었다.

마르시온은 외부적으로 기독교를 분열시키고 어거스틴은 내부적으로 기독교를 분열시키는 가운데 둘은 복음의 핵심을 분열시키는 지점 곧 믿음이 분열되는 지점에서 서로 만난 것이다. 하지만 어거스틴은 마르시온보다 훨씬 교리적이었다. 어거스틴은 믿음에서 인간의 행위 뿐만 아니라 의지까지 함께 제거함으로써 '믿음만의 구원'을 예정론의 구원으로까지 발전시켰다.

그러나 어거스틴이 완성한 예정론이 마르시온의 '믿음만의 구원'보다 훨씬 예리하고 파괴적인 이원론이었음을 누가 알았으랴. 어거스틴의 예정론은 '믿음만의 구원'을 성경의 구원론으로 확정하는데 결정적인 역할을 하였지만 실상 '믿음만의 구원'은 성경의 구원론이 아니었다. 그것은 내적으로 분열되고 목적을 잃어버린 구원론이며 축소된 구원론이다. 그런데도 예정론은 이렇게 분열된 구원론을 진리인 것처럼 증거하였고 축소된 구원론을 기독교의 정통 진리로 둔갑시켰다.

예정론 때문에 창조, 구원, 믿음은 내적으로 분열되고 축소되었다. 예정론은 여기서 그치지 않았다. 예정론은 다시 하나님의 은총과 성품을 이원론으로 분열시키고 인간을 이원론으로 분열시켰다. 마르시온은 하나님을 외적으로 분열시켰지만 어거스틴은 하나님을 내적으로 분열시킨 것이었다. 하나님을 내적으로 분열시키고 인간도 내적으로 분열시키며 세계관도 내적으로 분열시켜 기독교 전체를 내적으로 분열시키기에 이르렀다. 어거스틴은 기독교의 외부는 건드리지 않은 대신 내부를 분열시켰다. 그럼으로써 자신이 서방신학으로부터 전수받은 분열된 창조론과 구원론을 건강한 진리처럼 탈바꿈시키고, 분열된 믿음론 역시 건강한 진리처럼 만들었다.

예정론 때문에 행위없는 구원, 열매없는 구원, 거룩한 삶이 없는 이원론의 구원은 정당한 것이 되었고 '믿음만의 구원'이라는 구호는 더욱 진리처럼 여겨졌다. 오류가 오류를 부르는 것같이 어거스틴의 분열된 믿음은 예정론이라는 이원론의 교리를 불렀고 예정론은 다시 이원론의 믿음을 지지함으로써 완전한 구조가 만들어진 것이다. 그럼으로써 예정론은 창조로부터 구원과 성도의 삶에 이르기까지 기독교 내부 전체를 이원론으로 분열시키는 기둥이 되었다.

예정론이야말로 이원론의 완결이요 이원론의 극치이다. 예정론은 사단의 맏아들이었던 마르시온이 이루지 못한 일, 기독교의 총체적 진리를 둘로 쪼개는 계략을 완결하였다. 영지주의의 이원론에 완전한 기독교의 옷을 입힌 것이 바로 예정론인 것이다. 겉모습은 기독교의 모습이지만 그 속은 철저하게 이원론의 실체를 숨기고 있는 것이 예정론이다. 지금도 예정론은 복음의 핵심의 자리잡고 있으면서 기독교를 내부적으로 파괴하고 있다.

사단의 번뜩이는 미소가 보인다. 그는 기독교를 완전하게 분열시켜 육에서 영으로 완성되는 창조의 핵심 과정을 파괴하는데 승리하고 있다. 육이 거룩하게 완성되는 창조·구원의 목적을 파괴하는데도 승승장구하고 있다.

물론 여기 제시한 한정된 글로 예정론에 대한 문제를 충분히 논했다고 볼 수 없다. 필자는 단지 창조론의 관점에서 예정론을 다루었을 뿐이다. 예정론이 결국 하나님의 창조의 핵심 과정과 목적을 파괴하는 이원론의 본질을 갖고 있음을 비판했을 따름이다.

예정론의 문제는 창조의 관점에서 비판한 것과는 또 다른 면에서 많은 논증과 검토가 필요하다. 무엇보다 성경은 예정을 지지하는 듯한 많은 말씀들을 기록하고 있다. 그 말씀들은 이원론의 예정이 아닌 성경의 예정을 따라 새롭게 검토되어야 할 것이다.

또한 예정론을 주장할 때 뒤따르게 마련인 많은 모순들, 상식과 논리를 파괴하는 모순들에 대하여도 충분히 검토해야 할 것이다. 이러한 부분에 대하여는 다음 기회에 다룰 것을 약속하며 창조론의 관점에서 예정론을 비판한 것으로 글을 마치려 한다.

10. 누가 정통인가?

오늘날 교회는 바울-어거스틴-칼빈을 정통진리의 전달자라고 한다. 바울이 세운 '믿음만의 구원'이라는 복음의 핵심이 어거스틴과 칼빈을 통해 계승되고 확증되었다는 것이다. 하지만 이같은 계보는 올바른 계보가 아니다.

바울은 결코 행위가 배제된 믿음만의 구원을 말하지 않았다. 바울은 아무리 믿는 성도라 할지라도 자신이 순종을 바치는 자의 종이 된다고 가르친다. 그래서 죄에 순종하면 사망에 이르고 계명에 순종하면 의에 이른다고 한다. "너희 자신을 종으로 드려 누구에게 순종하든지 그 순종함을 받는 자의 종이 되는 줄을 너희가 알지 못하느냐 혹은 죄의 종으로 사망에 이르고 혹은 순종의 종으로 의에 이르느니라"(롬6:16) 이 말은 불신자에게 쓴 말이 아니라 로마의 성도들에게 쓴 말이다.

바울은 다시 이렇게 말한다. "형제들아 우리가 빚진 자로되 육신에게 져서 육신대로 살 것이 아니니라 너희가 육신대로 살면 반드시 죽을 것이로되 영으로써 몸의 행실을 죽이면 살리니 무릇 하나님의 영으로 인도함을 받는 그들은 곧 하나님의 아들이라"(롬8:12-14) 바울은 성도들이 육신에게 져서 육신대로 살면 반드시 죽으며 몸의 행실을 죽여야 산다고 말하고 있다. 우리가 바울이 말하는 바의 한쪽 면만 듣는다면 행위 없이 단지 믿음으로만 구원을 받을 수 있다고 여길지 모른다. 하지만 바울의 말을 전체적으로 듣는다면 구원이란 반드시 그 행위가 뒤따름을 알 수 있다. 믿음으로만 의로운 것이 아니라 "순종의 종으로 의에 이르느니라"(롬6:16)는 말씀처럼 행위가 그 믿음을 뒷받침하는 것을 알 수 있다. 만일 행위가 따르지 않는다면 그 믿음은 헛것이고 가짜이다. 성경은 "그의 열매로 그들을 알리라"(마7:20)고 증거하기 때문이다.

그러므로 마르시온이 주장한 '믿음만의 구원' 즉 행위가 제거된 믿음은 바울의 진리가 아니라 영지주의를 계승한 것임을 알아야 한다. 어거스틴이 주장한 '믿음만의 구원'도 바울의 진리를 계승한 것이 아니라 이원론의 구호에 불과하다. 어거스틴이나 칼빈은 바울

의 계승자가 아니다. 두 사람은 모두 마르시온의 이원론을 발전시
킨 자들에 지나지 않는다.

바울이 증거한 복음의 핵심을 수호하고 완결한 사람은 바로 사도
요한이다. 하나님께서는 진리를 완결하는 마지막 촛대를 요한에게
넘겨주셨다. 그리고 그 촛대는 사도요한-폴리갑-이레니우스의 계
승을 통해 보전되었다. 요한-폴리갑-이레니우스의 계보는 올바른
정통 진리의 계보이다. 이레니우스는 결코 복음과 율법의 분리, 영
과 육의 분리, 믿음과 행위의 분리 등을 용납하지 않았다. 그것들이
모두 그리스도 안에서 총괄적으로 통일되고 완성됨을 가르쳤다. 이
레니우스 안에서 창조와 구원, 믿음과 행위, 회개와 열매, 칭의와
성화는 내적으로나 외적으로 결코 분열되지 않는다.

제 9 장

'믿음만의 구원' 의 3대 보루

행위는 필요없고 믿음만으로 구원을 얻는다는 구호는 그 안에 이원론의 분열이 내재하는 것이다. 본래 믿음과 행위는 분열될 수 없는 것이며 분열되어서도 안된다. 믿음과 행위가 분열되면 구원은 완성에 이르지 못하고 파괴된다. 그러나 오늘날 교회 안에는 믿음과 행위가 분열된 구원론이 횡횡하고 있다. 행위가 제거된 믿음만의 구원이 성경의 진리라고 주장하며 크게 세 가지 말씀을 증거로 제시한다. 십자가 상에서 구원받은 강도, 불타는 공력의 비유, 포도원 품꾼의 비유가 그것이다. 이제 이 말씀들은 새롭게 고찰되어야 할 것이다.

1. 강도의 구원 문제

　믿음은 사랑으로써 완성된다. 만일 믿음이 있노라 하고 사랑이 없다면 그 믿음은 가짜이다. 바울은 산을 옮길 만한 모든 믿음이 있을지라도 사랑이 없으면 아무것도 아니라고 하였다.(고전13:2) 사랑의 사도였던 요한은 의를 행치않거나 사랑이 없는 자는 마귀의 자녀라고 증거한다.

　"이러므로 하나님의 자녀들과 마귀의 자녀들이 나타나나니 무릇 의를 행치 아니하는 자나 또는 그 형제를 사랑치 아니하는 자는 하나님께 속하지 아니하니라"(요일3:10)

　따라서 의와 사랑의 행위가 없이 단지 믿음만 있으면 구원을 얻는다는 것은 바울의 복음을 분열시키는 것이다. 그것은 마르시온의 이원론이나 어거스틴의 예정론이 주장하는 것이지 성경이 증거가 아니다. 저 옛날 그리스도의 육을 부인하고 영만 시인했던 영지주의의 주장이 오늘날 성도의 행위를 부인하고 믿음만 시인하는 복음주의로 변모한 것이다.

　루터가 어거스틴의 은혜론과 예정론을 계승하여 "오직 믿음으로 구원을 받는다"는 기치를 세운 이래 믿음의 의미는 성경의 가르침보다 축소되고 단순화 되었다. 구원은 회개와 영접만으로 얻을 수 있고 칭의만으로도 충분한 것이 되었다. 누구든지 죽기 전에 회개만 하면 구원을 받으며 믿는 순간에 즉각적으로 구원을 받는 것으로 이해되었다. 루터로 인해 믿음—칭의—구원은 삼위일체가 되었다. 믿음은 칭의와 동일시되고 칭의는 구원과 동일시되었다. 애석하게도 루터에게는 성화의 개념이 부족하였고 그의 구원론에도 성화의 개념이 부재하다. 루터는 구원의 본론이요 핵심과정이 되는 성화를 배제하고, 믿음의 시작만으로 가능한 구원론을 주장하여 믿음과 행위가 일치되는 온전한 구원을 간과하게 만들었다. 그는 구원의 근본이 되는 주춧돌을 놓았지만 구원의 기둥과 지붕을 놓는 일을 소홀이 하였다.

루터의 구원론은 오늘날까지 이어져 교회는 누구든지 믿는다는 고백만으로 구원을 받는다고 믿게 되었다. 구원은 오직 그리스도에 의해 전가되는 것이므로 인간의 어떤 행위도 불요하고 어떤 노력이나 과정이 필요없는 것이라 믿게 되었다. 이것은 구원에 있어서 둘째 창조의 과정이 철저히 소멸되며 인간이 참여가 배제되고 성장과 열매맺는 과정이 배제됨을 의미한다. 그리하여 교회는 구원에서 성화를 분리하여 성화는 구원과 관련된 것이 아니라 오직 상급과 관련된 것이라 주장하기에 이르렀다. 구원의 필수이자 핵심인 성화가 구원의 옵션 정도로 추락하기에 이르렀다. 성화나 온전한 믿음이나 의의 열매 등은 구원 여부를 결정하는 조건이 되지 못하며 그런 것이 없어도 구원 받는데에는 지장이 없는 것처럼 여겨졌다. 오직 칭의만이 구원 여부를 결정하는 절대조건이 되었다.

구원이 칭의만으로 가능하다는 것과 성화는 구원 여부가 아니라 단지 상급 여부와만 관련된 문제라는 주장은 위험하다. 그것은 오히려 구원의 목적과 본질을 흐리는 것으로 사람들로 하여금 구원의 주변을 맴돌게 할 뿐 구원의 핵심에 이르지 못하게 함으로 결국 하나님의 안식에 이르지 못하도록 하는 위험요인이 된다. 그럼에도 많은 사람들은 성경이 칭의의 구원을 제시하고 있다고 말하며 자신들의 논리를 뒷받침하기 위해 저 유명한 '강도의 믿음' 과 '공력의 비유' 와 '포도원 품꾼의 비유'를 제시하고 있다. 사람들은 칭의의

달린 행악자 중 하나는 비방하여 가로되 네가 그리스도가 아
니냐 너와 우리를 구원하라 하되 하나는 그 사람을 꾸짖어 가로
되 네가 동일한 정죄를 받고서도 하나님을 두려워 아니하느냐 우
리는 우리의 행한 일에 상당한 보응을 받는 것이니 이에 당연하
거니와 이 사람의 행한 것은 옳지 않은 것이 없느니라 하고 가로
되 예수여 당신의 나라에 임하실 때에 나를 생각하소서 하니 예
수께서 이르시되 내가 진실로 네게 이르노니 오늘 네가 나와 함
께 낙원에 있으리라 하시니라(눅23:39-43)

구원을 뒷받침하기 위해 십자가 상에서 구원받은 강도가 죽기 전
에 회개함으로 한 순간에 구원을 받았다고 말하며, 성화없는 구원
이 가능하다는 주장을 위해 고전3장에 나타난 불타는 공력의 비유
가 성화없이 구원받는 사실을 증거한다고 주장한다. 아울러 마20
장에 기록된 포도원 품꾼의 비유 역시 행위없이 믿음만으로 얻는
구원을 증거한다고 말한다.

십자가 상에서 구원받은 강도의 믿음은 전도할 때 많이 사용되기
도 한다. 구원받은 강도는 죽기 전에 회개하여 그 즉시로 구원을 받
았으며 따라서 누구든지 예수님을 영접하고 입으로 시인하면 그는
곧바로 구원을 받는다고 한다. 강도의 구원은 구원의 확신이 없거
나 믿음이 약한 자에게도 많이 제시된다.

성도가 때로 시험에 들거나 약한 믿음으로 인해 자신의 구원에
대해 의심할 때 구원받은 강도의 예를 들며 구원은 자신의 행위와
무관하게 그리스도의 공로로 전가받는 것이므로 성도는 구원받은
것에 대해 불안해 할 필요가 없다고 가르친다.

그러나 과연 이같은 가르침이 성경의 가르침에 근거한 것이며 강

도의 믿음이 칭의의 구원을 뒷받침하는가 하는 점은 다시 생각해 보아야 한다. 실제로 성경에 나타난 강도의 믿음은 그 반대의 사실을 교훈하고 있기 때문이다. 강도의 믿음을 자세히 기술한 누가복음의 말씀을 살펴 보면 그 믿음의 실체를 알 수 있을 것이다.

이 본문의 말씀을 자세히 주의한다면 강도가 십자가 상에서 예수님을 보고 회개했다는 말은 도리어 신빙성이 없다는 것을 알 수 있다. 구원받은 강도에게는 흉악한 사형수가 보임직한 폭력적 언사나 악감, 자기 비하, 원망, 혹은 절망이나 죽음에 대한 공포 등의 심리 상태가 전혀 보이지 않는다. 대신에 다른 강도의 잘못된 것을 꾸짖어 바로 잡는 의로움(40절), 네가 하나님을 두려워 아니하느냐는 말 속에 담겨진 그의 하나님께 대한 경외함과 영적인 일에 대한 주의와 분별력(40절), 우리는 행한 일에 보응을 받는다고 말함에서 나타난 자신의 죄에 대한 분명한 인식(41절), 이 사람의 행한 것은 옳지 않음이 없느니라(41절) 라는 말씀에서 보여지는 것처럼 예수의 민간에 행한 많은 선한 일들과 천국복음에 대한 말씀들을 미리 알고 믿는 믿음이 있었다. 그러한 가운데 강도는 자신처럼 십자가에 달려 죽어가는 한 청년이 하나님의 아들이심과 천국의 주인이심을 바라보고(42절) 주님께 의뢰하여 죽음 가운데 영생의 소망을 가진 자였다.(42절)

예수님 당시 이스라엘의 메시아관은 메시야가 나타나 이스라엘을 로마의 압제에서 구하고 이 땅위에 현세적인 하나님 나라를 건설할 것이라는 인식으로 팽배해 있었다. 그런 메시아가 도리어 로마의 힘에 의해 최악의 십자가형을 당한다는 것은 메시아로서는 있을 수 없는 일이었다. 그것은 그가 메시아가 아니라는 사실을 명백히 증거하는 것이나 다름 없었다. 이런 인식은 당시의 일반적인 상식이었다.

때문에 이스라엘은 "네가 만일 하나님의 아들이어든 자기를 구원하고 십자가에서 내려오라 하며 그와 같이 대제사장들과 서기관들과 장로들과 함께 희롱하여 가로되 저가 남은 구원하였으되 자기는 구원할 수 없도다 저가 이스라엘의 왕이로다 지금 십자가에서 내려올지어다 그러면 우리가 믿겠노라"(마27:40-42)고 소리쳤다.

관원들은 물론 로마 군병들마저 동일하게 "관원들도 비웃어 가로되 저가 남을 구원하였으니 만일 하나님의 택하신 자 그리스도여든 자기도 구원할지어다 하고 군병들도 희롱하면서 나아와 신 포도주를 주며 가로되 네가 만일 유대인의 왕이어든 네가 너를 구원하라"(눅23:37)고 소리쳤다. 이스라엘은 로마에게 힘없이 굴복하는 메시아는 상상할 수 없는 일이었다.

예수님이 십자가에 못박혔을 때 이스라엘에는 그 누구도 예수를 그리스도라고 말하는 자가 없었다. 오히려 예수님은 메시아라는 사실 때문에 고소를 받았으며(눅23:2) 예수님의 죄패에는 '유대인의 왕'이라 적혔고 이를 보고 유대의 제사장들은 '자칭 유대인의 왕'으로 적으라고(요19:21) 하며 예수가 메시아라는 사실을 부정하였다. 제자들은 모두 도망하거나 흩어지고 대부분의 이스라엘 백성들과 관원들은 예수님이 메시아라는 사실을 비웃고 희롱하였다. 모두들 한 목소리로 네가 메시아거든 너부터 구원하라고 소리치며 이스라엘의 그 누구도 예수를 메시아라고 믿는 자가 없었다.

이런 상황에서 예수를 하늘의 왕이요 그리스도라고 말한다는 것은 미친 사람이거나 특별한 믿음을 가진 것이거나 둘 중의 하나일 것이다. 그런데 구원받은 강도는 자신처럼 처참한 죽음을 당하는 무력한 인간 예수를 그리스도라고 믿고 있다. 절대 메시아일리 없는 명백한 증거가 나타나는 현실 속에서 강도는 예수가 하늘의 왕이심을 믿었으며 비슷한 죽음의 고통을 겪으면서도 예수께 자신의 영혼을 의탁하였다. 더욱이 하나님나라에 대한 강도의 고백은 놀라운 것이다. 강도는 "당신의 나라이 임하실 때에" 라는 고백을 함으로써 하나님의 나라가 당시의 이스라엘이 믿던 것처럼 당장 현세적으로 임하는 것이 아니며 예수의 죽음으로 끝장나는 것이 아니라 예수께서 하나님나라에 들어가고 계시며 장차 하늘의 왕으로서 계실 것임을 바라보고 있었다.

강도는 눈에 보이는 모든 현실을 거부하고 오직 영의 눈으로 예수를 바라 보았으며 사람들의 말이나 자신의 경험을 생각하기보다 하나님의 뜻을 바라보고 소망하였다. 이것은 오늘날 모든 교회가 예수를 메시아로 고백하는 것과는 상황과 차원이 다르다. 강도의 고백은 오늘날의 신자들이 오해하는 것처럼 전도의 권유를 통해 믿은 초신자의 영접고백이 아니다. 강도는 아무도 메시아임을 믿지 않는 최악의 상황에서 유일하게 메시아임을 고백한 것이며 인간의 생각과 현실을 뛰어넘는 영적인 믿음을 보여준 것이다.

성경에는 구원받은 강도가 회개했다는 기록이 없다. 찬송가 중에는 "너는 기억하고 있나 구원받은 강도를 저가 회개하였을 때 낙원 허락받았다"라는 찬송가가 있지만 성경의 기록에는 강도가 회개했다는 기록이 없다. 성경 어디에도 강도가 "저는 죄인입니다" 라든지 "저의 죄를 용서하소서"라고 기록한 부분이 없다. 사람들은 "우리는 우리의 행한 일에 상당한 보응을 받는 것이니 이에 당연하거니와" 라는 구절이 강도가 회개한 구절이라고 주장한다. 그러나 이 구절은 강도가 예수님께 고백한 말이 아니고 다른 강도를 꾸짖을 때 한 말이다. 그것도 그 자리에서 갑자기 죄를 뉘우치는 것이 아니라 이미 자신의 죄를 자인하고 있었다. 강도는 십자가에서 갑작스럽게 회개한 것이 아니다. 그는 이미 예수의 복음을 듣고 그것이 참임을 믿고 있었다. 그 분이 메시아임을 알고 같이 십자가에 매달리는 상황에서도 믿음이 흔들리지 않고 다른 강도와 함께 세상을 꾸짖은 강한 믿음을 가진 자였다.

강도는 눈에 보이는 증거들을 거부하고 믿음으로써 예수를 소망함으로 당대의 누구도 보여주지 못한 뛰어난 믿음을 보여주었다. 그럼에도 많은 사람들은 강도의 특별한 믿음을 오늘날의 초신자들의 믿음과 동일시하며 마치 강도가 회개하여 그 즉시로 구원을 받은 것처럼 말한다. 그들은 많은 상황과 실제적 근거들을 무시하고 강도의 믿음을 단지 죽기 전에 회개하여 구원 받은 초신자의 믿음쯤으로 애써 이해하려 한다. 강도의 믿음은 그런 초보적인 믿음이 아니다. 그가 파렴치하고 극악무도하였으나 순간적 은총으로 회개하여 구원받았다고 생각하는 것은 옳지 않다. 그는 민란에 관계된 정치범으로써 로마에 반란을 일으킨 자에게만 해당하는 십자가형을 받은 자이며 예수님도 로마에 대항한 정치범으로 몰려 십자가를 받으신 것이고, 십자가형을 면한 바라바는 로마에 대항하여 민란을 꾸미고 민란 중에 살인한 자였다.(막15:7) 강도는 요즘 말로 하면 민족주의자요 애국투사였다. 그는 현세적인 이스라엘에 대한 소망에 목숨을 걸었으나 실패하였고 다시 예수 안에서 영적인 이스라엘을 소망하게 된 자였다.

강도는 죽기 직전에 회개한 죄인이 아니라 하나님 앞에 온전한 믿음으로 안식에 들어가기에 합당한 자였다. 마치 온 이스라엘이 가나안을 눈 앞에 두고 "애굽으로 돌아가자"며 밤새 곡성할 때 "저들은 우리의 밥이라"고 담대하게 외친 여호수아와 갈렙같은 온전한 믿음을 가진 자였다. 사람의 눈과 믿음으로 현실을 보지 않고 하나님의 눈과 온전한 믿음으로 현실을 보고 세상을 뛰어 넘는 믿음을 가진 자였다.

강도는 최후의 죽음에 서신 예수께서 하늘의 메시아이심을 증거하고 하나님께 영광을 드린 자였다. 그것은 성령의 예비하심과 인도하심이었다. 그것은 마치 성령께서 아기 예수를 위하여 시므온과 안나를 예비하심과 같았다. 시므온은 아기 예수가 메시아임을 증거하기 위하여 성령의 지시하심을 받아 노구의 몸을 이끌고 죽지 않고 기다리고 있다가 내 눈이 주의 구원을 보았다고 증거하였다.(눅 2:30) 안나는 과부된 지 팔십사 년 동안 성전에서 금식하며 기도하며 하나님을 섬겼다. 그녀도 준비된 온전한 믿음으로 아기 예수를 보았고 아기에 대하여 증거하였다. 이 두 사람이 성령의 지시를 받아 아기 예수에 대해 증거한 것처럼 강도 역시 성령의 인도를 따라 죽음 앞에 계신 메시아를 온전한 믿음으로 증거하였다.

2. 공력의 비유

다음으로 성화는 구원의 문제가 아니라 상급의 문제일 뿐이라는 주장의 근거가 되는 공력비유를 살펴 보자.

"우리는 하나님의 동역자들이요 너희는 하나님의 밭이요 하나님의 집이니라 내게 주신 하나님의 은혜를 따라 내가 지혜로운 건축자와 같이 터를 닦아 두매 다른 이가 그 위에 세우나 그러나 각각 어떻게 그 위에 세우기를 조심할지니라 이 닦아 둔 것 외에 능히 다른 터를 닦아 둘 자가 없으니 이 터는 곧 예수 그리스도라 만일 누구든지 금이나 은이나 보석이나 나무나 풀이나 짚으로 이 터 위에 세우면 각각 공력이 나타날 터인데 그 날이 공력을 밝히리니 이는 불로 나타내고 그 불이 각 사람의 공력이 어떠한 것을 시험할 것임이니라 만일 누구든지 그 위에 세운 공력이 그대로 있으면 상을 받고 누구든지 공력이 불타면 해를 받으리니 그러나 자기는 구원을 얻되 불 가운데서 얻은 것 같으리라 너희가 하나님의 성전인 것과 하나님의 성령이 너희 안에 거하시는 것을 알지 못하느뇨 누구든지 하나님의 성전을 더럽히면 하나님이 그 사람을 멸하시리라 하나님의 성전은 거룩하니 너희도 그러하니라"(고전3:9-17)

이 공력의 비유에 대한 일반적인 해석은 다음과 같다. 모든 신자들은 그리스도의 터 위에 세우는 자들이다. 신자들은 각각 자신의 행위로 터 위에 세우나 마지막 심판날에 불로써 그 세운 행위를 심판받는다. 누구든지 그 세운 행위가 그대로 있으면 상을 받고 불에 타면 해를 받을 것이나 설사 모든 것이 불에 탄다 할지라도 구원만은 잃지 않는다. 구원은 인간의 행위와 관련이 없고 오직 은혜로 받기 때문이다.

필자는 이러한 공력비유의 해석 때문에 3개월을 고민한 적이 있었다. 그 때 공력비유에 대한 20여 개의 주석서를 살펴 보았는데 하나같이 위의 해석과 동일한 것이었다. 모든 주석서는 한결같이 신자들의 공력이 불타 상급 받을 것이 없어도 구원은 잃어버리지 않는다는 것을 결론으로 제시하고 있었다.

하지만 필자는 이같은 해석을 쉽게 납득할 수 없었다. 만일 그러한 해석이 맞다면 그야말로 구원은 성화없이, 열매없이 가능한 것

 사도의 창조론

이 되며 굳이 구원의 완성을 주장할 필요도 없을 것이기 때문이다. 그러나 성경은 그 어디에도 성화나 열매없는 구원을 말하거나 부끄러운 구원을 언급하는 곳이 없다.

필자는 기로에 서서 기도하였다. 위와 같은 해석이 과연 하나님의 뜻인지, 만일 그렇다면 필자는 창조론에 대한 모든 연구를 포기하겠다고 하나님께 기도하였다. 기도가 한달을 지날 무렵 필자는 지금까지와는 다른 관점으로 공력비유를 해석하게 되었다.

바울이 공력의 비유를 제시하는 데에는 그 배경이 있다. 고린도교회의 분열이 그 배경이다. 고린도교회는 바울이 개척하였으나 바울이 떠난 후에 분열로 인한 파당이 발생하였다. 고린도 교인들은 바울파, 아볼로파 혹은 베드로파 등으로 분열되고 있었다. 특히 아볼로는 바울 이후 고린도교회를 가르치면서 높은 학식과 뛰어난 구변으로 영향력이 증대하였다. 문제는 아볼로에게 세례를 받은 자들이 늘어나면서 아볼로를 중심으로 한 파당이 생겨나고 그로 인해 바울파나 다른 파당들이 형성되기 시작한 것이었다. 이것은 세례 준 자와 자신을 동일시하는 고린도인의 문화적 관습과 깊은 연관이 있다. 이 때문에 바울은 자신이 그리스보와 가이오 외에 세례를 주지 아니했으며 나의 이름으로 세례를 받았다 말하지 못하게 하려 했다고 기록하였다.(고전1:14)

공력비유를 기록하기에 앞서 바울은 고린도 교인들에게 도대체 바울이 누구이며 아볼로가 무엇하는 자인가를 묻는다. 그리고 바울과 아볼로는 하나님의 동역자들임을 설명한다. 즉 바울은 심는 자이고 아볼로는 물을 주는 자이며 각각 자신의 은사대로 일하여 상을 받는 일꾼들이라고 말한다. 이어서 바울은 너희는 하나님의 밭이요 전이라고 덧붙이며 자신이 지혜로운 건축자와 같이 고린도교회의 터를 닦았다고 한다. 그리고 다른 사람이 그 터 위에 세운다고 말한다.

여기서 논란이 되는 것은 이 터 위에 세우는 자들이 누구인가 하는 점이다. 이 부분에는 두 가지의 해석이 있다. 일반적인 해석은 터 위에 세우는 자들이 '모든 성도'를 의미한다고 보는 것이다. 소수의 어떤 사람들은 터위에 세우는 자들이 모든 성도가 아니라 사역자들이라고 해석한다. 필자는 문맥상으로 보아 이 터 위에 세우는 자들은 후자인 사역자로 보아야 한다고 생각한다. 아다시피 고전1-4장은 고린도의 분열을 다루고 있다. 바울은 분열의 대상이 되는 동역자들이 우월을 경쟁하는 자들이 아니라 맡은 은사대로 서로 협력하는 자들임을 설명하기 위해 밭의 비유를 제시하며 이어서 공력의 비유를 통해 바울은 터를 닦았으나 다른 사람이 그 위에 세운다고 말함으로 밭의 비유와 마찬가지로 하나님의 전을 세우는 일역시 동역으로 협력하는 일임을 설명하고 있다. 이어서 4:6절을 통해 이 일에 나와 아볼로를 가지고 협력하는 본(illust)을 보였으니 너희도 서로 대적하여 교만한 마음을 먹지 말라며 분열을 그칠 것을 가르친다. 그러므로 문맥의 흐름을 따르면 공력비유는 밭의 비유처럼 사역자들의 동역을 설명하는 중대한 예화로써 제시되고 있기에 성전을 세우는 자는 다름 아닌 사역자임을 알 수 있다.

그런데 만일 일반적인 해석처럼 세우는 자를 모든 성도라고 보게 되면 문맥의 자연스러움은 여지없이 흔들리고 만다. 세우는 자가 성도라면 바울은 동역을 말하다가 갑자기 터를 세운 자신의 사역을 부각시키는 셈이 되며 다른 사역자와의 동역의 내용은 온데 간데 없어지고 만다. 그리고 고린도교회 전체의 분열 문제를 다루다가 아무 이유없이 갑자기 성도 개개인으로서의 교회와 상급을 설명하는 것으로 문맥의 흐름이 뒤바뀌게 된다. 그러면 이 일에 나와 아볼로를 가지고 본(illust)을 보였다고 설명한 4:6절은 그것이 동역에 관한 본인지 아니면 자신의 사역과 성도 개인의 상급에 관한 본인지 혼란스럽게 된다.

그렇기에 문맥의 자연스런 흐름으로 보아 성전을 세우는 자들은 하나님의 사역자라고 보는 것이 마땅할 것이다. 바울은 공력비유에 앞서 고린도 교회를 하나님의 밭으로 비유하면서 하나님의 밭을 경작하는데 바울은 씨를 뿌리고 아볼로는 물을 주었다고 말하였다. 그리고 밭의 비유를 끝내며 심는 이나 물주는 이는 각각 자기의 상을 받는다고 분명하게 명시한다.

상을 누가 받는가. 밭의 사역자들이 받는 것이다. 바울은 이어서 너희는 하나님의 밭이며 동시에 성전이라고 표현함으로써 밭의 비유를 자연스럽게 성전을 세우는 비유로 연결짓는다. 밭과 성전은 동일하게 고린도 교회 전체를 지칭한다. 밭에서 씨를 뿌리는 자나 성전에 터를 세우는 자는 동일한 사역자이며 바울 자신을 일컫는다. 그리고 밭에서 물을 주는 자와 성전을 세우는 자는 동일한 직분을 맡은 사역자이며 아볼로 혹은 다른 사역자들을 일컫는다.

바울은 밭과 전이라는 동일한 비유를 통해 사역자들은 서로 협력하며 각각 자신의 일한대로 상급을 받는 자들임을 재차 강조하는 것이다. 사역자들이 성전을 세우는 일에 있어서도 밭의 경우처럼 터를 닦는 자와 세우는 자로 나뉘어 있다. 그들은 밭의 비유와 동일하게 각각 동역하며 자기의 일한 대로 상을 받는다. 따라서 이 두가지 비유는 바울이 동일한 의도를 갖고 동일한 내용으로써 사역자들이 서로 협력하는 자들임을 반복하여 설명하는 것임을 알 수 있다. 그럼으로써 나와 아볼로를 가지고 본을 보였다고 한 4:6절의 의미를 자연스럽게 만든다.

이제 공력비유의 핵심에 접근해 보기로 하자. 공력비유에 있어 가장 중요한 논점은 나무나 풀이나 짚 혹은 금이나 은이나 보석이라는 재료가 무엇을 의미하는가에 있다. 대부분의 사람들은 이 재료들이 성도의 행위라고 해석한다. 그럼으로써 성도가 세운 행위의 공력이 소멸되어도 구원만은 받는다는 주장을 정당화하려고 한다. 이러한 주장은 어거스틴이 그의 저서인 은총론에서 명시한 이래[59] 천주교와 개신교를 막론하고 어느 곳이나 동일한 주장이다. 그러나 이것 또한 전체 문맥의 흐름과 어울리지 않는다.

원래 이스라엘에서는 먼저 하나의 머릿돌을 모퉁이에 세운 후에 거기에 맞춰 다른 돌들을 쌓듯이 세워 나가는 식으로 집을 짓는다. 이 기초돌을 모퉁이 돌이라 하는데 누가는 "건축자들의 버린 돌이 모퉁이의 머릿돌이 되었느니라"(눅20:17)고 기록함으로 예수께서 친히 교회의 모퉁이돌이 되셨음을 증언한다. 이스라엘과 달리 고린도의 건축법은 먼저 평평하게 터를 닦은 후에 건물을 세우는 식으로 집을 짓는다. 그래서 바울은 고린도의 관습에 맞춰 자신이 성전의 터를 닦았다고 표현하였지만 그것은 유대식으로 보아 모퉁이 돌을 하나 놓은 것과 같은 의미라 할 것이다.

하나님의 성전은 이 모퉁이 돌을 중심으로 세워진다. 돌들이 하나 둘 쌓여 아름다운 하나님의 성전이 완성된다. 누가의 기록대로 이 성전의 머릿돌은 예수님이다. 그렇다면 머릿돌에 연하여 세워지는 다른 돌들은 무엇을 상징하는가. 성도들의 선한 행위를 상징하는가? 아니면 성도들의 공력을 상징하는가? 아닐 것이다. 성전이 성도들의 행위로 지어진다는 것은 이치에 맞지 않는 소리이다. 하

---

59) 어거스틴. 〈하나님의 도성〉. 조호연 김종흡 역. 크리스천다이제스트. 1997. p1062

나님의 성전은 성도들의 어떤 행위나 공력이 아니라 바로 성도 자신들로 세워지는 것이다. 성도 한 사람 한 사람이 하나님의 전을 건축하는 부분이 되고 재료가 된다. 이는 마치 머리되신 주님께 몸된 성도들이 붙는 것과 같은 것이다.

바울은 에베소서에서 이렇게 적고 있다. "예수께서 친히 모퉁이돌이 되셨느니라 그의 안에서 건물마다 서로 연결하여 주 안에서 성전이 되어 가고 너희도 성령 안에서 하나님의 거하실 처소가 되기 위하여 예수 안에서 함께 지어져 가느니라"(엡2:20-22) 바울은 성도인 너희가 성전이 되기 위하여 지어져 간다고 적고 있다. 곧 성도의 몸으로써 성전이 지어짐을 설명하고 있다. 이는 고린도 교인들에게 너희가 하나님의 전이요 너희가 하나님의 집이라고 말할 때에도 다를 바 없다. 곧 고린도 교인 각자가 바로 성전의 부분이자 재료가 되어 하나님의 성전으로 세워짐을 의미하는 것이다.

고린도의 주요 건축 재료는 석재이다. 그런데 바울은 건축 재료를 언급하는데 있어서 고린도의 가장 중요한 건축 재료인 석재를 제외하고 있다. 대신에 나무나 풀이나 짚, 금이나 은이나 보석 등을 언급한다. 공력비유에는 이 여섯 종류의 재료가 등장하지만 상급을 받는 기준은 하나이다. 3:15절의 말씀대로 그것이 불타면 해를 받으며 그것이 그대로 있어야만 상급을 받는다. 공력비유에서 바울은 성전의 건축재료를 크게 두 부류로 구분한다. 곧 썩어지고 불타는 재료와 썩지 않고 불타지 않는 영구한 재료를 구분한다. 바울의 재료에 대한 구분은 그 의도하는 바가 명확한 것이다. 하나님의 거룩한 성전을 짓는데 있어서 나무나 풀은 건축재료가 될 수 없음을 밝히려는 것이다. 더군다나 나중에 그 재료들에 소멸하는 불이 임하면 모두 사라져 버릴 것인데 바울이 어찌 그런 것을 재료로써 인정하겠는가. 따라서 바울은 성전의 재료로 쓰이는 여러 종류를 언급하는 것이 아니라 단지 합당한 것과 합당치 않은 것을 논하며, 성전의 재료가 되는 것과 성전의 재료가 되지 못하는 것을 구분하고 있는 것이다. 이로써 바울은 하나님의 성전을 세우는데 있어서 썩지 않으며 영구하고 아름다운 재료로 세워야 함을 분명하게 확증하고 있다.

계시록 21장에는 하늘에서 내려오는 거룩한 성 예루살렘이 소개되고 있다. 예루살렘 성은 신부가 신랑을 위하여 단장한 것 같은데(계21:2) 그 성전은 신부 곧 어린 양의 아내(계21:9)라고 증언한다. 그 성의 빛은 지극히 귀한 보석 같고 벽옥과 수정같이 맑으며 성의 열두 기초석은 모두 열두 가지의 각종 보석으로 되어 있고 성의 모든 부분들도 정금과 보석으로 치장되어 있다. 계시록에서 하나님의 성전은 온갖 보석으로 단장한 그리스도의 신부로 묘사된다. 즉 하나님의 성전은 보석같은 성도로 의인화되어 있다. 이는 하나님의 성전이 지극히 아름답고 거룩한 성도들의 연합체임을 상징하는 것이며 하나님의 성전이 곧 보석같은 신령한 성도의 몸으로 세워져 있음을 의미하는 것이다. 만일 여기에 어떤 나무나 풀같은 썩거나 값어치 없는 재료가 들어 있다면 그것들은 당장 쓰레기 취급을 받을 것이 틀림없다.

그러므로 하나님의 성전을 세울 때 성도의 행위로 세운다고 하는 것은 성경에 맞지 않는 것이다. 하나님의 성전은 성도의 어떤 행위로 세우는 것이 아니라 성도 자신으로 세우는 것이다. 하나님의 성전은 금이나 은이나 보석같은 거룩한 성도들로 세운다. 만일 거기에 썩어 없어질 육신의 성도가 들어 있으면 그리스도의 심판으로 모두 쫓겨난다. 하나님은 그들을 바깥 어두운 곳에 내어 쫓으시며 맛을 잃을 소금처럼 밟히게 하신다. 나무나 풀같은 자들은 육신에 속한 자들이며 불법을 행하는 자들이며 썩어지는 자들이다. 하나님은 그들을 맹렬한 심판의 불로써 소멸하신다.

어떤 사람들은 성전을 세우는 재료들이 성도의 행위가 아니라 사역자들의 가르침이라고 주장하기도 한다. 그러나 성전을 세우는데 있어서 사역자들의 노동과 재료는 구분되어야 한다. 사역자들의 가르침은 성전을 세우는 노동─공력이지 성전을 만드는 재료가 될 수 없음을 인식해야 한다. 사역자들은 성전을 세우는 노동을 하는 자들이며 그 재료를 보석으로 변화시키는 것은 하나님이 하시는 일이다. 마치 사역자가 물을 주나 자라게 하시는 분은 하나님인 것과 같다. 그리고 바울이 심은 것에 물을 준 사역자들이 자기의 상을 받은 것처럼 바울이 터를 닦은 자리에 성전을 세우는 공력을 들인 자도 그 공력의 결과에 따라 각각 상을 받을 것이다.

바울은 공력비유를 마치며 이렇게 적고 있다. "너희가 하나님의 성전인 것과 하나님의 성령이 너희 안에 거하시는 것을 알지 못하느뇨 누구든지 하나님의 성전을 더럽히면 하나님이 그 사람을 멸하시리라 하나님의 성전은 거룩하니 너희도 그러하니라"(고전3:16-17) 이 구절은 언뜻 보면 공력비유와 별로 관계없는 말씀처럼 보인다. 관주 성경에는 공력비유와 분리된 단락으로 표시되어 있기도 해서 다른 내용으로 생각할 수도 있다. 하지만 이 구절은 공력비유와 깊이 관련된 말씀이다. 서로 짝이 되어 공력비유의 의미를 강화하고 있다.

이 16-17절 말씀은 정확하게 삼단논법으로 구성되어 있다. 사도 바울은 다음과 같이 말하고 있다. ⓐ 너희는 하나님의 성전이다.(16절) ⓑ 하나님의 성전은 거룩하다.(17절 하반절) ⓒ 너희도 거룩하다.(17절 하반절) 여기서 바울은 ⓐ=ⓑ이고 ⓑ=ⓒ이면 ⓐ=ⓒ가 되는 삼단논리로써 "너희는 하나님의 성전이기 때문에 거룩해야만 한다"는 사실을 논리적으로 입증한다. 그리고 이 삼단논법의 가운데에 "누구든지 성전을 더럽히면 하나님이 그 사람을 멸하시리라"는 경고 말씀을 삽입하고 있다. 따라서 이 16-17절 말씀은 다음과 같이 해석된다. "너희는 하나님의 성전이므로 거룩해야만 한다. 만일 누구든지 거룩치 못하여 성전을 더럽히면 하나님이 그 사람(재료)을 멸하신다."

16-17절의 삼단 논법에서 바울은 성도-성전-거룩을 동의어로 취급한다. 그리하여 누구든지 성전을 더럽히면 그를 멸하신다는 의미를 분명히 해석할 수 있게 만든다. 이 말씀은 언뜻 보면 누구든지 교회에 문제를 일으키는 자는 하나님이 그 사람을 벌하실 것이라는 말씀 쯤으로 보기 쉽다. 그러나 이 말씀은 너희는 성전의 한 부분이므로 거룩해야 하는데 그렇지 못한 자는 하나님이 그를 멸하실 것이라는 의미로 해석하는 것이 타당하다. 이 말씀을 이렇게 해석하는 이유는 이 말씀이 공력비유에 대한 결론적 경고로써 제시되기 때문이다. 바울은 앞서 공력비유에서 하나님의 성전에서 썩는 재료는 불로 소멸될 것임을 밝힌 바 있다. 두렵건대 재료의 소멸은 거룩치 못한 성도의 소멸을 의미한다. 이것은 밭의 채소가 열매를 내면 하나님께 복을 받고 가시와 엉겅퀴를 내면 버림을 당하고 불사름이 되리라(히6:7-8)는 경고와 일치하는 말씀이다.

나무나 풀은 거룩한 성전의 재료로써 부적격한 재료이다. 달리 말해 거룩치 못한 육체의 재료들이다. 그렇기에 거룩한 하나님의 심판 때에 소멸될 수밖에 없다. 바로 이 점 때문에 바울은 하나님의 성전은 거룩하며 너희도 거룩해야 한다고 17절에서 경고한 것이다.

누구든지 거룩치 못한 성도로써 하나님의 성전이 되려고 하면 그것은 하나님의 성전을 더럽히는 것이 되기 때문에 소멸되고 말 것이라는 점을 분명하게 경고하고 있다.

그리하여 공력비유는 다음의 두 가지 사실을 확증한다. 첫째, 성전을 세우는 사역자들은 각각의 노동(공력)의 결과에 따라 상급을 받는다는 사실이다, 고린도의 사역자들은 바울이 복음을 전하여 세운 교회를 세우고 양육해야 하는 자들이다. 그러나 그들이 열심히 일한다고 해서 모두 신령하고 거룩한 성도가 되는 것은 아니기에 사역자는 물론 성도 각자가 두려움으로 구원에 이르도록 자라야 한다. 자라고 변화되어 성전의 기둥이 되게 하시는 분은 하나님이시다. 단 사역자들은 그들이 불의한 삯꾼이 아닌 이상 자신들이 사역한 결과 때문에 멸망을 당하지는 않는다. 사역자들이 열심히 일했어도 그에 미치지 못하는 결과가 나올 수도 있다. 하지만 그것은 사역자의 상급에만 관련될 뿐 사역의 결과 때문에 구원을 잃지는 않는다. 하지만 평생을 사역했는데도 하늘의 재료로 완성된 자가 없다면 그것은 얼마나 부끄러운가.

둘째로 성전의 재료인 성도들은 거룩해야만 하나님의 성전이 될 수 있다는 사실이다. 공력비유는 성화가 구원과 무관하며 단지 상급에만 관련됨을 뒷받침하는 비유가 아니라 그 반대를 의미하는 비유이다. 오직 거룩한 자, 하늘로부터 난 보석같은 자만이 하나님의 성전이 되며 구원될 수 있음을 의미하는 비유가 된다. 공력비유는 성화가 구원과 무관한 것이 아니라 도리어 성화가 구원 여부를 결정하는 필수적인 요건임을 증명하는 말씀이다.

3. 포도원 품꾼의 비유

마지막으로 포도원 품꾼의 비유를 살펴 보자.

천국은 마치 품꾼을 얻어 포도원에 들여 보내려고 이른 아침에 나간 집주인과 같으니 저가 하루 한 데나리온씩 품꾼들과 약속하여 포도원에 들여 보내고 또 제 삼 시에 나가 보니 장터에 놀고 섰는 사람들이 또 있는지라 저희에게 이르되 너희도 포도원에 들어가라 내가 너희에게 상당하게 주리라 하니 저희가 가고 제 육 시와 제 구 시에 또 나가 그와 같이 하고 제 십일 시에도 나가 보니 섰는 사람들이 또 있는지라 가로되 너희는 어찌하여 종일토록 놀고 여기 섰느뇨 가로되 우리를 품꾼으로 쓰는 이가 없음이니이다 가로되 너희도 포도원에 들어가라 하니라 저물매 포도원 주인이 청지기에게 이르되 품꾼들을 불러 나중 온 자로부터 시작하여 먼저 온 자까지 삯을 주라 하니 제 십일 시에 온 자들이 와서 한 데나리온씩을 받거늘 먼저 온 자들이 와서 더 받을 줄 알았더니 저희도 한 데나리온씩 받은지라 받은 후 집주인을 원망하여 가로되 나중 온 이 사람들은 한 시간만 일하였거늘 저희를 종일 수고와 더위를 견딘 우리와 같게 하였나이다 주인이 그 중의 한 사람에게 대답하여 가로되 친구여 내가 네게 잘못한 것이 없노라 네가 나와 한 데나리온의 약속을 하지 아니하였느냐 네 것이나 가지고 가라 나중 온 이 사람에게 너와 같이 주는 것이 내 뜻이니라 내 것을 가지고 내 뜻대로 할 것이 아니냐 내가 선하므로 네가 악하게 보느냐 이와 같이 나중 된 자로서 먼저 되고 먼저 된 자로서 나중 되리라(마 20:1-16)

이 포도원 품꾼에 대한 해석은 일반적으로 다음과 같다. 포도원은 교회요 일꾼들은 성도를 의미한다. 일꾼들은 각각의 처지에 따라 일찍 믿기도 하고 늦게 믿기도 한다. 어떤 경우에는 죽기 전에 믿기도 하지만 그래도 그들은 약속받은 한 데나리온 즉 약속받은 구원을 받는다. 구원이란 일꾼들이 얼마나 일을 많이 했느냐가 아니라 단지 일의 양과 무관하게 포도원 주인의 은총으로 주어지기 때문이다. 이러한 해석에 의해 사람들은 구원이란 행위와 아무 관련이 없으며 오직 하나님의 은총으로 거저 주어지는 것이라고 믿고 있다.

포도원 품꾼의 비유는 누구에게나 똑같은 구원을 나누어 주는 것이 핵심이 아니다. 이 비유에서 핵심과 결론이 되는 것은 "이와 같이 나중 된 자로서 먼저 되고 먼저 된 자로서 나중 되리라"는 16절 말씀이다. 그런데 이 16절 말씀의 내용은 품꾼의 비유 앞에 등장하는 부자 청년의 이야기에도 똑같이 기록되어 있다. 부자 청년의 이야기에서도 "그러나 먼저 된 자로서 나중 되고 나중 된 자로서 먼저 될 자가 많으니라"(마19:30)는 말씀이 나온다. 따라서 품꾼의 비유를 해석하려면 먼저 부자 청년의 이야기부터 해석을 시작하는 것이 마땅할 것이다.

한 부자 청년이 주님께 와서 "선생님이여 내가 무슨 선한 일을 하여야 영생을 얻으리이까"(19:16)하고 물었다. 주님께서 계명들을 지키라고 말씀하시니 청년이 이 모든 것을 다 지키었다고 대답하였다. 그러자 주께서는 네 소유를 다 팔아 가난한 자들에게 주고 나를 쫓으라고 말씀하셨다. 이 말은 들은 청년은 많은 재물 때문에 근심하며 돌아 갔고 주님은 부자가 하늘나라에 들어가는 것이 낙타가 바늘구멍으로 들어가는 것보다 어렵다고 말씀하셨다. 이 사건을 본 제자들이 심히 놀라서 "그런즉 누가 구원을 얻을 수 있으리이까"라고 물었다. 주께서 사람으로 불가능하나 하나님으로서는 가능하다고 대답하셨다. 그러자 베드로가 말하길 우리가 모든 것을 버리고 주를 쫓았으니 무엇을 얻으리리까 물었다. 그 때 주님께서는 여러 배를 보상받고 영생을 상속할 것이라 대답하시며 "그러나 먼저 된 자로서 나중 되고 나중 된 자로서 먼저 될 자가 많으니라"고 경고하셨다.

베드로와의 대화에 이어서 주님은 바로 이 품꾼의 비유를 말씀하셨고 부자 청년의 이야기와 동일한 결론을 반복하여 말씀하셨다. "이와 같이 나중 된 자로서 먼저 되고 먼저 된 자로서 나중 되리라"(마20:16)고 하셨다. 그럼으로써 부자 청년의 이야기와 품꾼의 비유는 같은 의미를 갖는다는 점을 보여 주신다. 따라서 이 품꾼의 비유를 제대로 해석하려면 부자 청년의 이야기를 염두에 두고 그 연관성을 생각하면서 품꾼의 비유에 대한 해석을 시도하는 것이 좋을 것이다.

주님은 품꾼의 비유에서 천국은 마치 품꾼을 구하는 포도원의 집주인과 같다고 하신다.(마20:1) 집주인은 아침, 삼 시, 육 시, 구 시, 십일 시에 걸쳐서 각각 한 데나리온을 약속하며 품꾼들을 구하였다. 날이 저물어 계산할 때 모두에게 동일하게 주니, 먼저 온 자들이 더 받을까 하여 기대하고 있다가 실망하여 집주인을 원망하며 왜 한 시간만 일한 자와 온종일 수고한 우리에게 같은 품삯을 주느냐며 불평하였다. 그러자 주인은 자신은 약속대로 하였고 잘못이 없는데 "내가 선하므로 네가 악하게 보느냐"며 품꾼들을 꾸짖었다. 이로써 주님은 비유를 마치는 가운데 "이와 같이 나중 된 자로서 먼저 되고 먼저 된 자로서 나중 되리라"고 결론을 내리셨다.

이 결론에서 '이와 같이' 라는 단어는 중대한 실마리를 제공하는 단어다. '이와 같이'에 해당하는 헬라어 '후토'는 '이 길로', '이 방법을 따라'라는 의미이다. 즉 주님은 이와 같은 방법을 따라 먼저된 자와 나중 된 자가 구분된다는 것이다. 이와 같은 방법은 무엇을 말하는가? 그것은 집주인과 다른 생각을 가진 품꾼들이 집주인과 마찰함으로 나중된 자로 드러남을 말한다. 품꾼의 비유에서 집주인과 품꾼은 서로 다른 생각을 갖고 있었으며 그로 인해 충돌하였다. 사실 품꾼들의 생각은 딱히 악하다고 볼 수 없으며 오히려 현실적이며 충분히 그럴 수도 있는 생각이라 할 수 있다. 반면에 집주인은 독특한 방법으로 계산을 하고 있다. 이럴 경우 먼저 온 자들이 손해 본 듯한 생각이 들게 마련이다. 괜히 먼저 왔다는 불평을 할 수도 있고 집주인의 계산 방식이 불만스러울 수도 있다.

그런데 주님은 이런 방식을 통해서 먼저 된 자와 나중 된 자를 구분한다고 말씀하고 계시다. 이런 방식이란 집주인의 일방적인 방식을 의미한다. 이런 방식은 집주인만의 방식이며 천국의 집주인인 하나님의 방식이다. 더 많은 자에게 구원의 은혜를 주시려는 것이 집주인의 방식이다. 그런데 다른 품꾼들은 이런 천국(집주인)의 방식에 반대하며 불평하고 원망한다. 원망하는 품꾼들은 집주인과 다른 생각과 다른 계산을 하고 있다. 이들에 대하여 집주인은 내가 선하므로 네가 악하게 보느냐고 꾸짖는다.

바로 여기에 먼저 된 자와 나중 된 자를 분리하는 방식이 있다. 곧 먼저 된 자와 나중 된 자를 구분하는 방식은 시차가 아니라 생각 차이이다. 누구든지 집주인과 생각이 다르면 그는 먼저 왔어도 나중된 자로 꾸지람을 듣는다. 집주인(천국)과 같은 방식으로 생각하고 행하는 자는 나중에 왔어도 먼저 온 자들이 될 수 있다. 먼저 온 자들은 아무리 집주인(천국)의 일을 많이 했어도 천국의 방식으로 생각하고 행하는 자가 아니라 자신의 생각과 계산으로 행하는 자들이다. 이들은 먼저 왔으나 집주인과 반목하며 집주인을 악하게 보는 자들이며 결국 포도원을 떠나는 자들이다.

이제 나중된 자들의 정체가 분명해진다. 나중 된 자들이란 곧 천국에 먼저 참여하였지만 천국의 생각을 갖지 못하고 자신의 생각을 끝까지 고수하는 자들을 의미한다. 그들은 자신의 관점과 생각으로 계산하며 불평한다. 그들은 철저하게 자기 중심적인 시각으로 천국을 보고 판단하고 있다. 자신의 계산 방식 때문에 천국을 원망하기까지 한다. 그래서 집주인에게 천국이 선하므로 네가 악하게 보느냐며 야단을 맞는다. 결국 그들은 네 갈길로 가라며 집주인에게 쫓겨난다.

19장에 나온 부자 청년은 바로 이런 품꾼들과 같은 같은 자였다. 청년은 영생을 얻기를 원했고 계명을 지켰으며 천국의 법과 말씀들을 많이 알고 있었다. 그는 다른 사람들에 비해서 많은 것을 가졌고 천국에 대해서도 많은 관심과 노력을 기울인 자였다. 사람의 눈으로 볼 때 누구보다 천국에 가까이 간 자 같았다. 그러나 청년이 막상 천국의 집주인인 예수님을 만났을 때는 천국과 다른 생각을 드러냈다. 천국이신 주님은 청년의 소유를 팔라고 요구했다. 즉 자기의 소유에 집착된 계산 방식을 팔아 버리고 천국의 방식인 주님을 따르라고 명하셨다. 청년은 주님을 이해할 수 없었다. 땅의 방식으로 볼 때 그것은 손해보는 일이요, 다른 사람을 좋게 하지만 자신은 망하는 일이었다. 청년은 주님을 좇을 수 없었다. 청년의 생각과 주님의 생각은 땅과 하늘의 차이처럼 차이가 났다. 결국 청년은 주님을 떠났고 주님은 땅의 부자는 천국에 들어가기가 어찌나 어려운지 차리리 낙타가 바늘구멍으로 들어가는 것이 더 쉽다고 말씀하셨다.

여기서 우리는 청년의 이야기와 품꾼의 비유가 서로 공통점을 갖는다는 사실을 발견할 수 있다. 청년은 품꾼들과 생각이 같고 예수님은 집주인과 생각이 같다. 청년은 곧 먼저 일하러 온 품꾼들과 같은 자이고 예수님은 천국의 집주인과 같은 존재이다. 예수님과 집주인은 천국의 방식으로 계산하고 있고 청년과 품꾼들은 자기 중심적인 생각과 계산대로 천국을 바라보고 있다. 하지만 천국은 먼저 온 자들이 생각하는 그런 곳이 아니었다. 그들의 계산 방식은 천국에 맞지 않는다. 그래서 땅에서는 자기 중심적인 청년이 천국을 거부하고 떠난다. 반면에 천국에서는 집주인이 천국에 들어온 품꾼들을 쫓아낸다. 여기 머물지 말고 네 갈길로 가라며 야단친다.

부자 청년은 먼저 된 자이다. 젊은 나이에 남들보다 먼저 천국에 대한 관심을 갖고 먼저 노력하였으며 사람의 눈으로 볼 때 누구보다 천국에 먼저 들어갈 수 있는 자였다. 먼저 와서 일한 품꾼들처럼 어렸을 때부터 천국의 계명을 지키기 위해 힘써 일한 자였다. 그러나 청년은 자기 소유가 아까워 천국문에 이르지 못하고 돌아 섰다. 땅의 자기 욕심과 계산을 버리지 못한 자였기에 천국에 이르는 좁은 문을 눈 앞에 두고 들어갈 수 없는 자였다.

청년이 떠나 가자 베드로는 "우리가 모든 것을 버리고 주를 좇았사오니 그런즉 우리가 무엇을 얻으리이까"(마19:27)라고 물었다. 그러자 주님께서는 여러 배를 받고 영생을 상속할 것이나 그러나 먼저 된 자가 나중 될 자가 많으리라고 경계하셨다. 많은 사람들이 천국을 향해 나아가지만 그들 중에 많은 자들이 나중이 될 것이라고 하셨다. 여기서 나중이 된다는 의미는 둘째나 셋째가 되는 서열을 뜻하는 의미가 아니다. 여기서 나중된 자의 의미는 부자 청년과 같은 자를 말한다. 먼저 믿고 먼저 일했으나 천국의 집주인과 하나되지 못하고 예수님을 떠난 청년과 같은 자를 말한다. 집주인과 더 오래 일했으면서도 집주인의 선함을 깨닫지 못하고 자기의 악감을 드러내어 집주인에게 쫓겨난 품꾼들을 말한다.

땅의 인간이 천국의 집주인과 같은 생각과 계산을 한다는 것은 실제로는 불가능하다. 사람은 자기 훈련이나 덕성을 쌓는 것으로 천국의 마음을 가질 수 없다. 사람이 천국의 집주인과 같은 마음을 갖고 천국의 마음을 얻는 것은 땅의 천연적인 본성이 하늘의 신령한 본성으로 거듭나야만 가능하다. 본성이 바뀌지 않고 성령으로 거듭나지 않은 자는 천국의 마음을 갖기가 불가능하다. 그런데 성령으로 거듭나는 것은 몇 마디 믿음의 고백이나 초보적인 믿음의 수준 가지고 될 일이 아니다. 그것은 속사람이 성장하여 온전한 믿음을 가지고 자신의 모든 것을 하나님께 바쳐야만 하는 일이다. 자신의 희망, 욕구, 의지, 자아 등에 대하여 철저한 죽음을 경험하고 자신을 하나님께 거룩한 번제로 불태워 버려야만 거듭남을 받을 수 있다. 이렇게 거듭남의 과정을 거친 자들은 다시는 사람의 생각과 욕심을 따라 살지 않으며 오직 하늘의 생각만을 좇아 행한다. 땅의 본성을 버리고 천국의 본성을 입었기에 천국의 생각을 하고 천국의 집주인과 같은 생각을 하게 된다.

천국의 집주인과 먼저 온 포도원 품꾼들의 가장 큰 차이점이 여기에 있다. 천국의 집주인은 천국의 생각과 천국의 마음으로 생각하고 계산한다. 천국의 집주인은 그의 모든 관심과 계산이 타인과 타인의 유익을 위하여 있다. 한 마디로 집주인의 사랑은 자기 자신을 향하지 않고 밖을 향하여 있는 사랑이다. 반대로 먼저 온 품꾼들은 가장 큰 관심과 계산이 자신과 자신의 유익을 위하여 있다. 품꾼들의 사랑은 밖을 향하지 않고 자신들을 향해 있는 자들이다. 자기 중심으로 타인과 천국을 바라보는 이런 자들은 아무리 오래 일한다 해도 결코 신령한 천국의 계산을 할 수 없다.

나중에 믿은 자들이 먼저 되는 것은 그들이 천국의 집주인과 같은 생각을 가졌기 때문이다. 그들의 사랑과 관심은 집주인과 타인을 향하여 있으며 다른 사람들의 유익과 기쁨을 위하여 있다. 이런 자들은 자신을 위하여 행하기 보다 타인을 위하여 행하기를 좋아한다. 비록 나중에 들어왔지만 이들의 마음은 천국과 집주인의 마음에 일치되어 있다. 집주인의 생각을 기뻐하고 감사하며 그 마음과 하나가 되어 있다. 이런 자들이 바로 천국에 합당한 자들이요 나중 되었으나 먼저 되는 자들이다.

책을 마치며

이제 우리는 어떻게 하면 사도의 창조론이 제시하는 창조의 목적을 성취할 수 있는가에 관심을 기울여야 한다. 곧 어떻게 성화를 성취하고 성령의 열매를 맺을 수 있는가에 주의해야 한다. 그래야만 창조의 목적을 성취하고 영생에 이를 수 있기 때문이다.

하지만 오늘날 대부분의 성도들은 성화를 이루는 일에 어려움과 실패를 겪는다. 사실 성화를 성취하고 성령의 열매를 맺는 일은 사람의 믿음으로는 불가능하다. 오직 성령으로 말미암은 믿음, 온전하고 견고한 믿음만이 성화를 가능하게 만든다.

따라서 필자는 곧 출간될 '사도의 구원론'을 통해 이레니우스의 창조론에 따른 구원을 조망하여 성화의 과정과 방법에 대해 안내할 것이며 성화의 결정적인 과정을 증거할 것이다. 그것은 믿음의 선진들이 가졌던 하늘의 믿음, 세상을 이기고 사단을 이길 수 있는 온전하고 견고한 믿음을 얻는 핵심적인 구원의 과정이다.

또한 본서에서 제대로 다루지 못했던 예정론에 대한 책도 출간을 준비하고 있다. 본 사도의 창조론을 제대로 이해한 사람이라면 사도의 구원론과 사도의 예정론에 대해 관심을 가지실 줄 믿는다.

부디 요한에 의해 완결된 사도적 진리들이 오늘날 다시금 빛을 발하여 사단의 견고한 진들을 파쇄하고 거룩한 무리들이 진리를 좇아 일어나는 역사가 있기를 바란다.

이 일들을 의로운 손으로 일으키실 하나님께 모든 영광을 올리며 글을 마친다.